Ich war ein Paparazzo

Christoph Seitz

Ich war ein Paparazzo

Die Deutsche Bibliothek – CIP-Einheitsaufnahme

Seitz, Christoph:
Ich war ein Paparazzo / Christoph Seitz. - Köln : vgs, 1998
ISBN 3-8025-2587-6

Der Autor dankt Ralf Grengel vom Berliner Redaktionsbüro *Powerplay* für die Unterstützung bei der Realisierung dieses Buchprojekts.

Umschlaggestaltung: CCG Werbeagentur, Köln
Titelfoto: Charlie Sheen und „Andreas" vor der Lost Hills Sheriff Station, 22. 12. 1996.
        © Christoph Seitz
Sender-Logo: © SAT.1 New Business Development (NBD) '98
Redaktion: Kurt-Jürgen Heering
Produktion: Wolfgang Arntz
Druck: Kösel, Kempten
Printed in Germany
ISBN 3-8025-2587-6

Bildnachweis: alle Fotos © Christoph Seitz – Foto S. 8 unten: © Marcel P. Henninger

Besuchen Sie unsere Homepages im www:
http://www.vgs.de und: www.satz1.de

Inhalt

Vorbemerkung

Die folgende Geschichte beruht auf tatsächlichen Ereignissen. Einige Namen wurden geändert und einige Vorfälle chiffriert, um die Anonymität der Personen, die nicht im öffentlichen Leben stehen, sicherzustellen. Die Namen der Prominenten wurden nicht geändert.

Die Fotos in diesem Buch wurden ausnahmslos bereits in Zeitungen, Zeitschriften und Magazinen veröffentlicht. Ihr erneuter Abdruck hier erfolgt aus dokumentarischen Zwecken.

Berlin, Januar 1998
Christoph Seitz

I

Sean Connery – Ein Kuß ist nur ein Kuß … oder?

Schon seit eineinhalb Stunden starrte ich auf dasselbe Mietshaus auf der anderen Straßenseite, die ganze Zeit in derselben Position: den Kopf schräg nach links hinten gedreht, das Funkgerät in der linken, das 350er Objektiv in der rechten Hand. Die verdunkelten Fenster meines Wagens mußte ich geschlossen halten, um nicht aufzufallen. Die Sonne knallte auf das schwarze Autodach, der Schweiß lief mir in Strömen das Gesicht runter. Ich vertrieb mir die Zeit mit Kaugummi kauen, während das Radio leise „Wonderworld" von Oasis vor sich hin dudelte.

Ich durfte nichts verpassen. Immer wieder fragte ich mich: Was um alles in der Welt will er in diesem Haus? Was mochte sich hinter dem gelben Mauerwerk und den geschlossenen Jalousien abspielen? Das dreistöckige Gebäude lag zwar am Crescent Drive mitten im noblen Beverly Hills, aber es sah etwas heruntergekommen aus. Mein Instinkt sagte mir, daß eine Filmlegende wie er hier nichts zu suchen hatte. Er war ein Superstar, Multimillionär, verkehrte nur in den feinsten Kreisen. Seine Freunde und Geschäftspartner wohnten in den Villenvierteln weiter oben am Sunset Boulevard. Ich fand einfach keine plausible Erklärung dafür, warum er hier war – es sei denn, es hatte mit verbotener Liebe zu tun.

Dieser Gedanke ließ mich einfach nicht mehr los. Und war das nicht eine naheliegende Erklärung? In Hollywood war sein wanderndes Auge ein offenes Geheimnis, böse Zungen behaupteten, daß er fürs Amüsement hin und wieder sogar bezahlte. Immer wieder gingen in den Redaktionen der Klatschmagazine Anrufe von Informanten ein, die ihn in verfänglichen Situationen gesehen haben wollten. Manchmal riefen die „Damen" auch gleich selbst in den Redaktionen an, um von ihren angeblichen Liebesnächten zu berichten. Doch selbst die einschlägigsten Blätter verzichteten meist auf Stories solcher Art, da es nie handfeste Beweise gab

– zum Beispiel Fotos. Schließlich war er ein Publikumsliebling, und Schmuddelgeschichten ohne Beweise konnten Leser verärgern, die einfach nicht wahrhaben wollten, daß auch ein Gentleman wie Sean Connery fremdging.

Soviel zu den Gerüchten. Aber an diesem sonnigen Freitag, dem 31. Mai 1996, hatte ich so oder so schon genug gesehen, um schwitzend auf meine Chance zu warten.

Angefangen hatte alles am Abend zuvor, als im Bezirk Westwood Connerys neuer Actionthriller *The Rock* vorgestellt worden war. Der Star war natürlich bei der Premiere anwesend, und wie immer bei solchen Veranstaltungen konzentrierten wir uns darauf, anschließend seiner Limousine zu folgen. Um exklusive Paparazzi-Fotos von Connery zu bekommen, mußten wir wissen, wo er in L.A. abgestiegen war.

Natürlich waren wir an diesem Abend nicht die einzigen. Und so kam Connerys Limo schließlich mit einem halben Dutzend Autos voller Autogrammjäger und Paparazzi vor den luxuriösen Bungalows des *Beverly Hills Hotel* zum Stehen. Wir machten uns sofort wieder aus dem Staub, während die anderen Jäger aus ihren Autos sprangen, um dem Superstar ins Gesicht zu blitzen oder um Autogramme zu betteln.

Am nächsten Morgen postierten wir unseren Assistenten Jonathan in seinem grünen Pick-up vor den Bungalows. Mein Partner Andreas und ich waren um 8 Uhr im *Sunset Marquis Hotel* zum Frühstück mit unserer italienischen Agentin Rosetta verabredet. Als um 8.15 Uhr mein Telefon klingelte und auf dem Display Jonathans Nummer erschien, fiel mir fast die Gabel in den Obstsalat. Ich wußte sofort: Jetzt wird's ernst! Jonathan berichtete, daß Connery gerade losgefahren war – ohne Chauffeur.

Wir zögerten keinen Moment und ließen Rosetta sitzen. Jonathan und Connery waren in wenigen Minuten eingeholt, doch leider mußten wir feststellen, daß auch ein Assistent Sylvains die Verfolgung aufgenommen hatte. Sylvain war einer der wenigen ernst zu nehmenden Konkurrenten. Er war Schweizer und arbeitete schon seit ein paar Jahren in L.A. Seinen letzten „Hit" hatte er erst vor wenigen Wochen gelandet, als Sharon Stone für eine *Vanity Fair*-Story am Strand von Malibu vor den Kameras posierte. Sylvain hatte Wind davon bekommen und selbst heimlich Fotos geschossen. Weil Stone bei diesem Shooting teilweise nur in einem Wollpulli mit nichts drunter am Strand herumgehüpft war, hatte Sylvain für seine Bilder mehr als 100 000 Dollar kassiert.

Die Fahrt endete schließlich am Melrose Place, wo Sean Connerys

Filmproduktionsfirma *Castle Rock Entertainment* ihren Sitz hat. Es dauerte nicht lange, da tauchten auch Sylvain und sein Partner George auf. Damit war für uns eigentlich klar, daß wir keine exklusiven Fotos bekommen würden.

Stunden vergingen, ohne daß etwas passierte. Je länger wir warteten, desto frustrierter wurde ich. Was, wenn er den ganzen Tag im Büro bliebe, um irgendwann wieder ins Auto zu steigen und ins Hotel zurückzufahren? Gegen 13 Uhr schickten wir Jonathan los, um etwas zu essen zu holen. Er kam gerade zurück, da zog das Team von Sylvain plötzlich ab. Ich konnte es kaum glauben: Sie verschwanden und kamen nicht wieder. Wir atmeten auf – das war ein Riesenglück für uns.

Kaum eine halbe Stunde später erschien Connery plötzlich vor seinem Büro. Er trug eine dunkelgrüne Hose und ein schwarzes Polohemd, auf seinem rechten Unterarm prangten Seemanns-Tätowierungen. Er ging zu seiner Luxus-Karosse und fuhr los. Wir folgten ihm kreuz und quer durch Beverly Hills, ohne daß er uns bemerkte. Die meiste Zeit hing er am Autotelefon, es schien so, als ob er von jemandem geleitet wurde.

Schließlich bog er in den Crescent Drive ein, dann links in eine kleine Seitenstraße und noch einmal links in eine dieser Gassen, die Anwohner benutzen, um von hinten in die Garagen ihrer Mietshäuser zu fahren. Tatsächlich kam sein Wagen vor einer Garage zum Stehen. Nach ungefähr einer Minute ging das Tor auf, und Connery fuhr langsam hinein.

Nun begann das Rätselraten: Was trieb er hier? Da ich keine andere Erklärung fand, tippte ich auf ein heimliches Schäferstündchen. Das schmuddelige Mietshaus, die Warterei vor der Garage, der Fakt, daß er offenbar nie zuvor hier gewesen war – alles paßte zusammen.

Andreas parkte seinen Wagen in der Gasse, rund 50 Meter von der Garage entfernt, ich stellte mich vor das Haus auf die andere Straßenseite, und Jonathan wartete in einer Querstraße, jederzeit bereit, die Verfolgung aufzunehmen. Wir hatten keine Ahnung, was passieren würde. Connery konnte vorne oder hinten aus dem Haus herauskommen, an einem Fenster auftauchen – oder einfach wieder wegfahren, ohne daß wir das Rätsel gelöst, geschweige denn Fotos gemacht hätten.

Und so saß ich also schwitzend und auf das Mietshaus starrend im Auto, die Funke in der linken, die Kamera in der rechten Hand. Nach einer halben Stunde bekam ich schlechte Laune. Es war immer das gleiche: Wir wurden angefüttert und enttäuscht, wieder angefüttert und wieder enttäuscht ... Sicher, wir hatten in den letzten Wochen schon einige beachtliche Erfolge gehabt, zum Beispiel die Fotos von Anna Nicole

Smith beim „Abspecken" im Fitneßstudio. Oder Sharon Stone mit einem Date beim Golfspielen. Tom Cruise mit nacktem Oberkörper beim Joggen am Strand. Und für unsere Verhältnisse hatten wir damit einen ganzen Haufen Geld verdient, mehr jedenfalls, als ich in einem Jahr bei der *BILD*-Zeitung gemacht hatte. Mein alter Kumpel Jonathan aus Phoenix arbeitete für Andreas und mich, und wir hatten als gleichberechtigte Partner unsere eigene Foto-Agentur *CA Images* gegründet. In der Paparazzi-Szene galten wir als die neuen, unschlagbaren Hotshots.

Dafür, daß ich erst vor vier Monaten Hals über Kopf aus Berlin abgehauen war, lief eigentlich alles wunderbar. Aber in diesem Moment fragte ich mich trotzdem, ob sich dieser ganze Quatsch überhaupt lohnte. Mir gingen das heimliche Verfolgen und das ewige Warten auf die Nerven. Vor allem aber fragte ich mich: Was machen wir eigentlich? Wir schnüffelten ständig in der Privatsphäre von Leuten rum, die nichts verbrochen hatten, außer berühmt zu sein; und das war gewiß kein hinreichender Grund, sie in dieser Weise zu belästigen. Sicher zog der eine oder andere Star auch seinen Nutzen aus den Paparazzi-Fotos, aber die meisten waren genervt, regelrecht angewidert. In Hollywood galten Leute wie wir als der letzte Dreck. Viele Paparazzi taten so, als hätte ihr Job etwas Glamouröses an sich. Manche redeten sich sogar ein, ihr Job wäre notwendig, eine Mission im Dienste des Volkes. Für mich war das alles Quatsch. Ich mochte unsere Arbeit nicht – aber wer mit 25 Jahren die Aussicht hat, in wenigen Jahren in Rente zu gehen, kann so etwas leicht verdrängen.

Plötzlich ein Knistern ... Ich atmete tief durch und hielt die Funke an den Mund: „Andreas?"

Keine Antwort.

„AaaaAndreas?"

Immer noch keine Antwort. Typisch Andreas! Manchmal spielte er in seiner kindlichen Art am On/Off-Schalter seines Funkgeräts rum und knipste es dabei versehentlich aus. Das machte mich jedesmal rasend, schließlich war Kommunikation ungemein wichtig in unserem Job.

Dann knisterte es erneut.

„Christoph?"

„Ja, was ist los?"

„Ey ... die haben sich geküßt ..."

„Was? Wer? Von wem redest du?" Mein Gehirn schlug Purzelbäume, ich konnte keinen klaren Gedanken fassen. „Geküßt?"

„Ja, direkt vor dem Haus . . . Er hat 'ne Frau geküßt, eben gerade. Und ich habe alles fotografiert . . .“

Diese Bilder brachten uns weltweit mehr als 120 000 Dollar ein. Ich hatte an diesem einen Tag mehr Geld gemacht als in allen Jahren mühsamer Schufterei zusammen. Die Zweifel, die ich während der endlosen Warterei gehabt hatte, waren damit erst einmal für lange Zeit verflogen.

II

Von Berlin nach Hollywood

Der Blick aus dem siebten Stock des Springer-Hochhauses hat nicht viel zu bieten: ein riesiger Angestelltenparkplatz, ein paar graue Fünfstöcker und darüber der Himmel, im Spätherbst immer grau wie Asche. Am 29. Oktober 1995 war es gegen 17.30 Uhr draußen bereits stockduster. Durch die Kochstraße fegte ein eisiger Wind, hin und wieder schauerte es. Ich spürte nicht die geringste Lust, auch nur einen Fuß vor die Tür zu setzen. Während ich mich auf den Feierabend einstellte, klingelte plötzlich das weiße Telefon. Ich wußte, daß am anderen Ende der Leitung einer meiner Chefs war. Wenn im Produktionsraum die Ausgabe für den nächsten Tag zusammengestellt wurde, riefen sie immer auf dem weißen Telefon an; das schwarze wäre mir lieber gewesen. Der Tag war ruhig verlaufen, und ich hatte mich bereits abgemeldet. Wenn sie jetzt noch anriefen, bedeutete das Arbeit. Ich wollte aber nur noch nach Hause. Dennoch hob ich ab.

„Seitz!" Ich drückte mir selbst die Daumen.

„Christoph, mein Lieber!"

Am anderen Ende war Redaktionsleiter Stollmann. Wir verstanden uns sehr gut, waren fast Kumpel, aber ich hatte doch den nötigen Respekt vor ihm. Und an seiner fröhlich-freundlichen Stimme konnte ich erkennen, daß mein Feierabend noch weit, weit entfernt war.

„Stolle, was is' los? Ich bin gerade am Gehen."

„Uhhh, ich glaube, daraus wird nichts. Du mußt jetzt ganz tapfer sein, Christoph. In 'nem kleinen Dorf südlich von Berlin hat ein Mann sich und seine vier Kinder heute mittag auf der Landstraße totgefahren, während die Ehefrau zwei Kilometer entfernt im Wohnzimmer saß. Ey, auf gerader Straße, gegen 'nen Baum, alle tot! Ich weiß, es ist sauspät, aber wir brauchen das noch für die aktuelle Ausgabe. Die Information haben bislang

15

nur wir. Wenn du also Fotos bekommst, wäre das morgen 'ne Riesengeschichte. Fahr bitte da raus, okay?"

Ich saß in der Klemme. ‚Nein' sagen konnte ich nicht, dafür war die
Geschichte zu wichtig für die *BILD*-Zeitung, und ich war ihr Polizeireporter. Aber die Umstände! Es war spät, ich würde mich durch den Berufs-
verkehr kämpfen müssen, dann noch 30 Kilometer Landstraße, alles im
Eiltempo. Vor Ort sollte ich die Ehefrau ausfindig machen, Fotos von den
Opfern besorgen und mit Angehörigen sprechen. Theoretisch mußte ich
bis 20 Uhr wieder in der Redaktion sein, um die Produktionszeiten einzu-
halten. Absoluter Wahnsinn!

„Ich freue mich zwar nicht darüber, aber ich fahre hin", antwortete ich.
„Alles klar, ich zähl' auf dich."

Mit einem mulmigen Gefühl im Bauch zog ich los. Mir war klar, daß
mich nackter Familien-Schmerz erwarten würde, aber mir blieb nichts
anderes übrig. Mit überhöhtem Tempo raste ich Richtung Brandenburg.
Im Dorf angekommen, dauerte es nicht lange, bis ich das Haus der Familie gefunden hatte. Jeder in der kleinen Gemeinde wußte, was wenige
Stunden zuvor geschehen war. Ich faßte all meinen Mut zusammen und
klopfte an die Haustür des Flachbaus, der direkt an der Hauptstraße lag.
Ein junge Frau öffnete die Tür.

„Ja, bitte?" Sie sprach sehr leise, ihre Augen waren rot unterlaufen.

Mein ernstes Gesicht war nicht gespielt, dazu mußte ich mich nicht
zwingen. In diesem Moment haßte ich meinen Job wie nie zuvor. „Guten
Abend! Ich habe gehört, was passiert ist." Ich machte eine kurze Pause.
„Wäre es möglich, kurz mit Ihnen zu sprechen?"

Die junge Frau, offenbar ein Familienmitglied, schien neben sich zu
stehen und hatte wahrscheinlich nicht den blassesten Schimmer, daß ich
von der Presse war. Jedenfalls ließ sie mich ohne nachzuhaken ins Haus.
Als ich das Wohnzimmer betrat, wurde mir fast schlecht. Ungefähr zehn
heulende Menschen hatten sich um eine kleine Frau versammelt. Sie war
ganz in Schwarz gekleidet, ungefähr 35 Jahre alt. Den Kopf leicht
gesenkt, drückte sie sich ein Taschentuch ins Gesicht. Es war klar, daß
dies die Mutter der toten Kinder war. Was gerade im Kopf der jungen
Witwe vorgehen mußte, war unvorstellbar. Sie starrte mich mit roten,
wäßrigen Augen an, und auch die anderen Trauernden schauten fragend
in meine Richtung.

„Ich möchte Ihnen mein Beileid aussprechen. Könnte ich mich kurz
mit Ihnen unterhalten?"

Nun begann das übliche Erklären und Rechtfertigen meines Erscheinens. Wie oft in solchen Situationen stellte ich mich lediglich als Journalist vor. Irgendwie schaffte ich es, mich zu der Frau aufs Sofa zu setzen. Ein paar Minuten lang erzählte sie von ihrem Familienleben, holte sogar ein Fotoalbum aus dem Schrank, blätterte darin und drückte mir vereinzelt Bilder in die Hand. Ich wollte gerade fragen, ob ich ein paar Fotos mitnehmen oder abfotografieren dürfte, als plötzlich der Bestattungsunternehmer hereinkam. Er realisierte sehr schnell, daß ich kein gewöhnlicher Journalist war, und flüsterte einem der Männer im Raum etwas ins Ohr, der daraufhin auf mich zukam und mich höflich bat, zu gehen. Als ich aufstand, hatte ich immer noch eines der Fotos in der Hand. Plötzlich befand ich mich in einem Riesendilemma: Ich würde dieses Haus kein zweites Mal betreten, dies war also die einzige Chance, ein Foto zu bekommen. Morgen würde es hier nur so wimmeln von Journalisten. Wenn wir diese Geschichte am nächsten Tag exklusiv im Blatt haben wollten – mit Foto! –, durfte ich das Bild nicht zurückgeben. Aber niemand hatte es mir mitgegeben, ich würde es praktisch geklaut haben. So etwas hatte ich noch nie getan, es widersprach meinem Arbeitsethos. Wie von einer unsichtbaren Kraft geschoben, ging ich den Flur entlang Richtung Ausgang und trat schließlich in die kalte Nacht hinaus.

Draußen betrachtete ich erneut das Foto. Es zeigte vier glückliche Kinder, alle blickten lachend in die Kamera. Für die Zwecke unserer Zeitung konnte es kein besseres Foto geben, es sei denn, der Vater wäre auch noch darauf zu sehen gewesen. Meine Chefs würden begeistert sein, wenn ich ihnen das Foto auf den Tisch legte. Was tun? Ich stand unter einem enormen Druck. Natürlich hätte ich behaupten können, kein Bild aufgetrieben zu haben. Aber wie hätte ich dagestanden? Nein, ich konnte das Foto nicht zurückbringen, absolut nicht. Und ich glaube, es gibt kaum einen Boulevard-Reporter, der in dieser Situation anders gehandelt hätte. Also schaffte ich mir eine billige Ausrede, um mein Gewissen zu beruhigen: ‚Es hat ja keiner gesagt, ich dürfe das Foto nicht mitnehmen!' Und um mich zusätzlich vor mir selbst zu entlasten, beschloß ich, die Entscheidung meinem Chef zu überlassen. Kaum saß ich im Auto, rief ich ihn an und erzählte, was passiert war.

„Ich bringe das Foto nur mit, wenn ihr die Verantwortung übernehmt, falls es Ärger gibt", sagte ich.

„Alles klar", antwortete Stolle, „bitte beeil dich!"

Am nächsten Tag stand der Bericht über den tragischen Unfall auf Seite 1 der Berlin-Brandenburg-Ausgabe von *BILD*. IN EINER SEKUNDE,

ALLE 4 TOT! lautete die Schlagzeile, darunter das Foto der lachenden Kinder.

Um 10 Uhr rief der Anwalt der Witwe an und drohte mit einer Klage, weil das Foto gestohlen worden sei. Um 12 Uhr besuchte eine ältere Kollegin der *BILD*-Zeitung die trauernde Mutter, um die Wogen zu glätten. Sie war natürlich nicht die erste Reporterin, die an diesem Tag hier auftauchte – und als sie das Haus verließ, standen bereits Vertreter von *Schreinemakers live!* vor der Tür, um die Frau für einen Fernsehauftritt zu verpflichten.

Am Tag darauf kam die Story bundesweit in *BILD*, diesmal mit Fotos der weinenden Mutter und des toten Ehemannes. Der Artikel rief zu Spenden auf, da die Familie durch den Verlust des Ehemannes auch in große finanzielle Nöte geraten war. Eine Woche später hatte die Witwe ein Dutzend Job-Angebote, ein neues Haus und rund 40 000 Mark an Spenden erhalten.

Die ganze Geschichte, mein eigenes Verhalten eingeschlossen, hatte einen bitteren Nachgeschmack bei mir hinterlassen. Und der paßte zu meiner allgemeinen Stimmung Ende November 1995. Ich war unzufrieden und unmotiviert, irgend etwas mußte sich ändern, das spürte ich. Ich wußte nur nicht genau was, aber es war eine ähnliche Stimmung wie 1991, kurz nach dem Abitur.

Nach dem Schulabschluß zog ich zunächst nach Sylt, arbeitete ein paar Wochen in der Küche des Lister Fischrestaurants *Gosch* und ging in der Freizeit Windsurfen. *Gosch* war aber doch nicht das Wahre, und so ging es zurück nach Berlin, wo ich mehrere Wochen auf dem Bau jobbte. Mit dem gesparten Geld fuhr ich nach Portugal, wo ich eine Portugiesin kennenlernte, mit der ich den größten Teil meines Urlaubs verbrachte. Zurück in Berlin, jobbte ich abermals ein paar Wochen und zog dann für drei Monate zu meiner Freundin nach Portugal. Ich wußte immer noch nicht, was ich nun machen wollte. Irgendwann bekam ich Panik und flog zurück nach Berlin; meine Freundin folgte ein paar Monate später.

Die Rettung kam durch meine Schwester Sybille, die in Berlin als Rundfunk- und Fernsehjournalistin arbeitet. Sie verhalf mir im Frühjahr 1992 zu einem Volontariat beim *Berliner Abendblatt*, zwar nur ein Anzeigenblatt, aber immerhin. Als Anfänger war ich für die üblichen Kleingärtner- und Kaninchenzüchter-Geschichten zuständig, aber ich war nicht nur Reporter, sondern oft auch Redakteur, Fotograf und Layouter in einer Person – und außerdem brachte ich von meinen Terminen noch so manche

Anzeige mit. Obwohl dieses Blatt sicher keine der besten Adressen war, lernte ich doch die Gesetze und Regeln des Zeitungs-Journalismus kennen und hatte den Volos der „echten" Zeitungen einiges voraus. Denn die bewegten sich nur auf Kommando ihrer Chefs, während wir beim *Abendblatt* auf uns selbst gestellt waren.

Dem *Abendblatt* folgte ein halbes Jahr *Tagesspiegel* in der Redaktion der kurzlebigen *Kiez*-Wochenbeilage. Danach ging es im Rahmen eines EG-Förderprogramms für ein Jahr zurück nach Portugal zu der Tageszeitung *Público*, der größten und angesehensten im Land. Diese Zeit in Lissabon war ungemein wichtig für meine Zukunft, da ich dort, ohne gegen Vorurteile ankämpfen zu müssen („Ach, Du hast beim Anzeigenblatt gelernt?"), freien Lauf hatte. Meine Reportagen über britische Umweltschützer im Kampf gegen den radikalen Eukalyptus-Anbau, über Pauschaltouristen an der Algarve oder Windsurf-Nomaden an der Küste wurden groß gebracht. Besonders stolz war ich darauf, daß die Chefredakteure mich, einen Deutschen, dafür auserwählten, über den 50. Jahrestag des Attentats auf Hitler oder den Wahlkampf Helmut Kohls zu schreiben.

Im Herbst 1994 unterbrach ich den Auslandsaufenthalt, um für sechs Wochen in Hamburg ein Praktikum beim *STERN* zu machen. Die Vorurteile waren wieder da, aber ich konnte sie ausräumen mit einer Reportage über „Die neuen Deutschen" – junge Menschen, die auf Grund ihrer Herkunft und Hautfarbe als Ausländer angesehen werden, aber den Adler auf dem Paß haben und bayerischer reden als Franz-Josef. Die Geschichte wurde auf vier Doppelseiten gedruckt – für einen Zweiundzwanzigjährigen nicht schlecht.

Nach Abschluß des Portugal-Stipendiums landete ich schließlich im April 1995 in der Berlin-Brandenburg-Redaktion der *BILD*-Zeitung. Ein bißchen merkwürdig war das schon, da ich in einem eher linken Elternhaus aufgewachsen war. Zu meiner Schulzeit demonstrierte ich gegen alles und jeden, und Boulevard-Blätter waren für mich schlechthin von Übel. Als ich das Gymnasium verlassen hatte, sah ich alles ein bißchen anders; nicht daß ich nach rechts geschwenkt wäre – das definitiv nicht –, aber ich dachte realistischer. Bis heute habe ich Freunde aus allen Spektren der politischen Lager, und das einzige, was wirklich zählt, ist die Frage, was sie in ihrem jeweiligen Umfeld machen.

Das war auch mein Motto bei der *BILD*. Von Anfang an war klar, daß ich meinen gesunden Menschenverstand niemals an den Nagel hängen würde. So gut wie alle Geschichten, die ich schrieb, waren dann auch eher unpolitisch. Ziemlich schnell stellte sich heraus, daß ich ein sehr

guter Polizeireporter war. Ich wühlte in den hintersten Dörfern Branden-
burgs nach Fotos von Hinterbliebenen, sprach exklusiv mit Angehörigen
von Opfern und war dabei der Konkurrenz oft eine Nasenlänge voraus.
Ich gab nicht auf und hatte zudem das Talent, noch so verschlossenen
Menschen den Mund zu öffnen. Und das vielleicht Wichtigste: Ich versuchte, das Leid der Menschen zu respektieren; Mitgefühl mußte ich
nicht vortäuschen, das war meist von selbst da.

Die größten Lorbeeren erntete ich im Sommer 1995 mit einer
Geschichte über ein zwölfjähriges Mädchen, das an einem Badesee nahe
der polnischen Grenze verschleppt, sexuell mißbraucht und brutal
erschlagen worden war. Mit Hilfe meiner Kollegen fand ich als erster
Reporter den völlig verstörten Vater des Kindes, der mir ein Interview
und Fotos seiner Tochter gab. Kurz nach der Festnahme des Mörders
führte ich Exklusiv-Interviews mit dessen Frau und seiner Mutter – Stoff
genug für eine vierteilige Serie, die BILD bundesweit brachte. Fataler-
weise ist der Täter bis heute nicht rechtskräftig verurteilt worden – trotz
seines ursprünglichen Geständnisses und einer vernichtenden Beweislage.

Die Reportagen über den „Mord vom Pinnowsee" waren eine entscheidende Erfahrung für mich: Als fester freier Mitarbeiter der BILD hatte ich
nicht nur die Rechte an den Fotos des Opfers und des Mörders, sondern
auch an Bildern der Angehörigen, sofern ich sie selbst gemacht hatte. Kaum
waren die ersten Artikel erschienen, meldeten sich Redakteure von Magazinen und Fernsehsendungen aus ganz Deutschland, um meine Bilder zu kaufen – vom Neuen Blatt bis hin zu Spiegel TV. Und alle boten mir sehr viel
Geld. In diesen Sommermonaten nahm ich locker mehr als 20 000 Mark
ein. Erstmals wurde mir bewußt, wie einfach und ertragreich der Vertrieb
von Fotos sein konnte – vorausgesetzt, sie waren exklusiv und qualitativ gut.

Kurz nach meinem Einstieg bei BILD lernte ich Andreas kennen. Ich
wußte, daß er ein freier Fotograf war, hatte ihn aber bislang nicht weiter
beachtet. An diesem Tag war das anders. In seinem typischen Outfit –
schwarze Reebok-Sneaker, 0815-Jeans, Schlabberhemd und schwarze
Polenmarkt-Lederjacke – kam er wie so oft in die Redaktionsräume
gewirbelt. Andreas war immer in Eile, konnte nie rasten, nie zuhören, war
ständig hibbelig wie ein Erstkläßler kurz vor Schulschluß.

„Ich hab' die Krabbe gekriegt", erzählte er stammelnd einem Kollegen,
„... endlich ... nach drei Tagen", während sein Blick die Schreibtische
inspizierte. Schließlich kam er auf mich zu: „Kann ich mal dein Telefon
benutzen?"

„Kannste nicht woanders hin?" fragte ich herablassend. Es nervte mich immer, wenn Kollegen, vor allem vermeintlich unwichtigere, mich bei der Arbeit störten. Andererseits war ich doch neugierig darauf, was er vorhatte. Also machte ich Platz.

Was dann folgte, haute mich um. Die wegen Dopings gesperrte Leicht-athletin Kathrin Krabbe war zu dieser Zeit hochschwanger, aber es gab noch keine Fotos von ihr in diesem Zustand. Andreas hatte im Telefon-buch die Adresse des Sportgeschäfts herausgesucht, das Krabbe in Neu-brandenburg betrieb. Drei Tage lag er auf der Lauer, dann tauchte sie end-lich auf – und Andreas drückte auf den Auslöser . . .

Der *BILD* hatte er die Fotos bereits für 1000 DM verkauft, und jetzt machte er sich daran, Zeitungen und Magazine im In- und Ausland anzu-rufen und ihnen die Bilder anzubieten. Da einige Fotoredakteure die Krabbe-Fotos vor dem Kauf sichten wollten, schloß Andreas seinen Lap-top an meinen ISDN-Anschluß an und schickte das zuvor eingescannte Material kostenlos in die Systeme der Redaktionen. Drei Stunden später hatte er rund 10 000 DM eingenommen – mit meinem Telefon. Ich war baff.

Wenige Tage darauf schickte mich die Redaktion auf einen gemeinsa-men Termin mit Andreas. Es handelte sich wieder einmal um eines der sogenannten „bunten" Themen, bei denen es vor allem auf die Qualität der Fotos ankommt. Andreas hatte den Ruf, unseren Foto-Chef selten zu enttäuschen – und ich bekam so zum ersten Mal seine chaotische, ner-vende, aber äußerst effiziente Arbeitsweise hautnah mit.

Es ging um die einzige Autovermietung in Berlin, die den gehaßliebten Trabbi anbietet, der zu dieser Zeit schon fast völlig von den Straßen ver-schwunden war. Unsere Chefs wollten eine Story über die Firma mit dem Namen *Hasi* bringen, am besten natürlich eine originelle. Bei einem Tele-fonat mit dem Chef der Firma versuchte ich, einen interessanten Dreh zu finden. Als er mir erzählte, daß immer mehr asiatische Touristen das Auto für eine Spritztour mieteten, war die Sache klar. Also holten wir uns einen Miet-Trabbi im typisch-blassen Ostgrün ab und knatterten damit zum Brandenburger Tor – einem der sichersten Plätze, um Touristen aus Asien zu finden. Doch wie immer in solchen Momenten war ausgerechnet jetzt kein einziger Japaner, Koreaner oder Thai in der Nähe des Tores aus-zumachen. Polnische Straßenhändler boten die übliche Ware an – russi-sche Soldatenmäntel, Abzeichen, Kitsch und Schnickschnack en masse –, aber nirgendwo ein Touristen-Bus, keine sich gegenseitig fotografieren-den Besucher aus Fernost, keines der üblichen Klischee-Motive.

Es war bereits 13 Uhr, wir durften nicht lange fackeln, bis spätestens 16 Uhr mußte die Story, geplant als Seitenoptik der Seite 3, zum Redigieren im Computer stehen. Allmählich wurde ich nervös.

Nach einer halben Stunde kamen endlich drei asiatisch aussehende Menschen unter dem Tor durchgelaufen. Ohne zu zögern, gingen wir auf die drei zu.

„Excuse me, do you speak English?" Ich setzte mein freundlichstes Lächeln auf, das ebenso erwidert wurde. Nur auf eine Antwort wartete ich vergeblich.

„German? Mhhm, sprecht ihr deutsch?" Die drei Koreaner starrten immer noch und lächelten konsequent weiter.

Verdammt, dachte ich, das wird nie klappen. Wie sollten wir ihnen beibringen, daß wir ein Foto mit asiatischen Touristen und einem Trabbi brauchten, wenn wir uns nicht mal mit ihnen verständigen konnten?

Doch nun trat Andreas in Aktion: Er dirigierte die drei verdutzten Touris Richtung Trabbi und erklärte ihnen per Zeichensprache, daß er ein paar Fotos von ihnen und dem Trabbi vor dem Brandenburger Tor machen wollte. Tatsächlich machten die drei ohne zu protestieren mit. Innerhalb von zehn Minuten hatte Andreas zwei Filme verschossen. Ein Foto zeigte einen der Asiaten im Kofferraum, während die anderen beiden aus den Seitenfenstern herausschauten und lachend winkten. Ein andermal lehnten sich alle drei unter der geöffneten Motorhaube über den Zweitakter, die Hände staunend ans Kinn gesetzt.

Zurück in der Redaktion, hackte ich 15 Zeilen in den Computer. Dann ging es in die Chefetage, wo wir das Lob unserer Bosse ernteten, die gerade mit viel Amüsement die Schlagzeile für unsere Seitenoptik dichteten. Am nächsten Tag las Berlin in der *BILD*: KOREANER VERRÜCKT NACH DEN KLEINEN STINKERN.

Als Andreas am nächsten Tag den Trabbi zur Vermietung zurückbrachte und erzählte, daß sein Auto gerade in Reparatur war, bekam er prompt einen Mietwagen ausgehändigt – umsonst! Der *Hasi*-Chef war sehr zufrieden, schließlich hatte er durch unseren Artikel Tausende Mark an Werbekosten gespart.

In den folgenden Wochen ging ich öfter mit Andreas zu Terminen, und immer wieder überraschte er mich mit seinem Elan, eine Geschichte fotografisch auf die Reihe zu kriegen. Ich habe nie erlebt, daß er vorzeitig aufgab oder unmotiviert war. Und ich erfuhr immer mehr über ihn selbst.

Mit 16 war der gebürtige Ostberliner, der damals schon hin und wieder für Berliner Zeitungen gearbeitet hatte, als Austauschschüler ein Jahr in Raleigh, North Carolina, gewesen und hatte dort Fotos für eine Lokalzeitung gemacht. Zurück in Berlin, brach er die Schulausbildung ab, kaufte sich einen gebrauchten Trabbi, pilgerte durch Deutschland und arbeitete frei für den *Kölner Express* und andere Blätter. Er erwies sich dabei als erstklassiger Sportfotograf und dokumentierte so Dutzende von Spielen der Fußball-Bundesliga. Bald hatte er erkannt, daß es in erster Linie darauf ankam, schneller zu sein als die Konkurrenz. Kaum pfiff der Schiedsrichter zur Halbzeitpause, rannte Andreas in die Stadiontoiletten, entwickelte dort seine Filme, scannte sie in den Laptop ein und schickte die Fotos vom Presseraum der Stadien oder via Funktelefon an die Redaktionen.

Einen seiner ersten großen Erfolge als Boulevard-Fotograf hatte er in Berlin – jedoch handelte es sich nicht um ein Fußballspiel, sondern um einen schaurigen Krimi. In einem Park in Lankwitz war in einer Plastiktüte der Kopf – und nur der Kopf – der Tochter eines bekannten Berliner Industriellen gefunden worden. Die *B.Z.* schickte Andreas dorthin. Zwar wimmelte es hinter den Polizeiabsperrungen bald nur so von Fotografen, aber Andreas war wieder einmal schneller und schlauer als alle anderen. Noch bevor die Polizei den vom Körper abgetrennten Kopf unter einer Decke versteckte, drückte er auf den Auslöser und hatte so das einzige Pressefoto in der Hand, das von dem grausigen Beweisstück existierte. Am nächsten Tag „zierte" es riesengroß die Titelseite der *B.Z.*

Gerade 18 geworden, beschloß Andreas, nach England zu gehen – Arbeit würde er dort schon finden, davon ging er einfach aus. In London präsentierte er diversen Blättern seine Fotomappe, und schon bald fuhr er tatsächlich quer durchs Land und dokumentierte für den *Mirror* und die *Sun* Fußballspiele. Seine effektive Arbeitsweise brachte ihm auch auf der Insel Anerkennung und Respekt – nur nicht das große Geld.

Vermutlich war dies der kleine Unterschied zwischen uns beiden, zumindest damals. Ich hatte zu Beginn meiner journalistischen Karriere nicht damit gerechnet, in naher Zukunft überdurchschnittlich viel Geld zu verdienen. Als junger Schreiber hat man kaum die Aussicht, schnell eine gutdotierte Position zu erreichen. Und so versuchte ich einfach nur gute Arbeit zu leisten und wartete ab, was geschehen würde. Andreas hingegen hatte sich von Anfang an zum Ziel gesetzt, schnell viel Geld zu machen, er machte keinen Hehl daraus, daß er Millionär werden wollte.

In England kam ihm dann die Idee, nach Amerika zu gehen, ins Land der auch für Fotografen unbegrenzten Möglichkeiten. Außerdem kamen für Andreas ohnehin nur englischsprachige Länder in Frage, weil er keine andere Fremdsprache beherrschte. Nach anderthalb Jahren England kehrte er nach Berlin zurück, fest entschlossen, nur so lange hier zu arbeiten, bis er genug Geld gespart hatte, um den großen Sprung zu wagen. Als ich ihn kennenlernte, war er gerade 19 Jahre alt – und ein paar Monate später, im Sommer 1995, machte er sich tatsächlich aus dem Staub und ging nach Amerika. Für lange Zeit sollte ich nichts von ihm hören.

Als sich das Jahr 1995 dem Ende zuneigte, spürte ich, daß mein Elan, Stories für *BILD* zu verfassen, mehr und mehr nachließ. Der heiße Sommer war vorüber, und es gab immer weniger wirklich heiße Geschichten. Ich hatte schon wochenlang keinen Knüller mehr gehabt, sondern verbrachte tagaus, tagein mit den immer gleichen Polizei-Fällen: Unfälle, Brände, Morde, Diebstähle ... Was ich anfangs noch als aufregend und herausfordernd empfunden hatte, wurde allmählich zur Routine. Außerdem registrierte ich, daß meine Gefühle gegenüber den Opfern und Angehörigen von Gewaltverbrechen und Unglücksfällen abstumpften. Ich wurde zum Boulevard-Roboter, nahm langsam, aber sicher dieselben zynischen Züge an, die ich bei älteren Kollegen beobachtete und ablehnte. IN EINER SEKUNDE, ALLE 4 TOT! raubte mir die letzte Motivation zum Weitermachen.

Glücklicherweise begann ein paar Tage später mein Urlaub. Schon vor Monaten hatten mein Freund Schradar und ich beschlossen, auf die Cook-Islands zu fliegen, eine kleine Inselgruppe im Südpazifik, wo das Wasser türkis ist und die Palmen sich fast waagerecht über den weißen Strand neigen. Als ich Ende November in Tegel auf den Flieger wartete, spürte ich, daß sich ein neuer Lebensabschnitt für mich anbahnte.

Wir hatten eine Woche Zwischenstopp in Los Angeles eingeplant. Schradar, ein alter Ossi, war noch nie dagewesen, und ich wollte unter anderem Andreas besuchen, der nun schon ein halbes Jahr hier lebte. Wir hatten in letzter Zeit öfter telefoniert, und er hatte mir erzählt, daß der Start in Amerika alles andere als berauschend gewesen war. Andreas hatte sich systematisch bei allen erdenklichen Zeitungen und Magazinen vorgestellt, aber es gab kaum Aufträge. Lediglich ein paar deutsche Zeitungen gaben ihm hin und wieder einen Job. Die Wende kam, als die amerikanische Boulevard-Bibel, der *National Enquirer*, ihn beauftragte, Liz Taylor beim Verlassen eines Krankenhauses zu fotografieren. Zwar waren auch andere Fotografen vor Ort, aber Andreas war wie immer schneller und schoß das einzige Foto. Als das nicht sehr spektakuläre Bild auch von Magazinen in anderen Ländern gedruckt wurde, entschied sich Andreas, ab sofort nur noch Promis zu fotografieren – auf eigene Faust und eigene Rechnung. Seitdem hatte er schon einige kleinere Erfolge verbuchen können, doch er meinte, es sei zu zweit vermutlich sehr viel leichter, an gute Fotos heranzukommen. Ob ich nicht Lust hätte, ebenfalls nach L.A. überzusiedeln?

Zwar war es schon immer mein Traum gewesen, einmal in Amerika zu arbeiten, aber bisher hatte ich mich zu solch einem mutigen Schritt nicht durchringen können. Jetzt aber sah alles anders aus: Ich war unzufrieden in Berlin und hatte eigentlich nichts zu verlieren. Und so beschloß ich, einmal vor Ort zu schauen, was Andreas so trieb.

Schon als ich am Flughafen ins Freie trat und die kalifornische Luft schnupperte, ahnte ich, daß es kein Entkommen mehr gab. Palmengesäumte Straßen, das Meer, das warme Wetter, relaxte Menschen – alles erinnerte mich daran, wie wohl ich mich bei früheren Aufenthalten in Amerika gefühlt hatte. Mir wurde schnell klar, daß sich hier tatsächlich die Chance auftat, Berlin zu verlassen. Ich war aufgeregt und tagträumte viel in dieser Woche.

Andreas fuhr mit uns durch die Gegend und zeigte uns ein paar Staradressen, die er herausbekommen hatte. Wir sprachen viel darüber, wie man am leichtesten Fotos bekommen könnte – Fotos, mit denen viel Geld zu machen war. Mein Partner in spe kannte sich inzwischen ganz gut mit den üblichen Preisen aus. Fünfstellige Dollarbeträge für ein gutes Set Bilder waren seiner Meinung nach locker drin, man müßte es nur schlau anstellen, Geduld aufbringen und dann im richtigen Moment professionell zuschlagen.

Anschließend flogen Schradar und ich weiter auf die Cook-Islands, wo wir Weihnachten feierten. Weit entfernt von allem, was mich in irgendeiner Weise belasten konnte, dachte ich noch einmal gründlich nach. Ich redete viel mit meinem Freund über meine Pläne, und für ihn war die Sache völlig einfach: „Du wärst bescheuert, wenn du es nicht machen würdest."

Daß kurz vor unserer Abreise die fünfjährige Beziehung mit meiner Freundin endgültig in die Brüche gegangen war, sprach zusätzlich für einen Schnitt. Und überhaupt: Hatte ich nicht schon während meiner Schulzeit davon geträumt, in die große, weite Welt zu ziehen und Abenteuer zu erleben? Irgendwann mußte ich ja mal damit beginnen, diesen

Traum zu verwirklichen, und L.A. war bestimmt kein schlechter Ort für solch einen Anfang.

Zurück in Berlin, war es nur noch eine Frage der Zeit, bis ich die Koffer packte. Ich konnte an nichts anderes mehr denken – und jeder, dem ich von meinem Vorhaben erzählte, riet mir, den großen Schritt zu wagen. Schließlich war es soweit: An einem grauen Dezembertag beschloß ich in der Springer-Kantine – bei subventionierter Bockwurst mit Pommes – meine Zelte in Berlin abzubrechen und nach Los Angeles zu gehen. Ich wollte Paparazzo werden. Ende Januar 1996 kündigte ich bei *BILD*, hob rund 15 000 DM Erspartes von meinem Konto ab und buchte ein One-Way-Ticket nach L.A.

III

Aller Anfang ist schwer

Als ich Ende der Achtziger das erste Mal nach L.A. kam, hatte ich die naive Vorstellung, alles in Hollywood sei glamourös und luxuriös. Wie viele andere Touristen mußte ich aber bald feststellen, daß dieser Stadtteil ziemlich langweilig ist. Bis auf das *Chinese Theater*-Kino, den *Walk of Fame* und die riesigen HOLLYWOOD-Lettern hoch oben in den Hügeln gibt es kaum etwas zu sehen – außer Souvenirläden und überraschend vielen Obdachlosen. Die großen Filmstudios haben sich fast ausnahmslos ins benachbarte San Fernando Valley verzogen, die alten Promi-Villen in den Hügeln verlieren immer mehr an Glanz, und die Stars von heute wohnen weiter westlich – in Beverly Hills, Bel Air, Brentwood, Pacific Palisades oder Malibu.

Andere Ecken Hollywoods sind zwar weniger langweilig, dafür aber um so gefährlicher. Hier wird mit Crack gedealt, Gangs liefern sich auf offener Straße Schießereien, „rich white boys" sollten sich in manchen dieser Straßen am besten gar nicht erst blicken lassen. Und ausgerechnet in einer dieser Gegenden hatte Andreas sich unmittelbar nach seiner Ankunft in L.A. eingemietet – in der Yucca Street, die mit zu den schlimmsten in ganz Hollywood gehört. Über dem Bürgersteig hängen Überwachungskameras, und wenn die Yucca Street andere Straßen kreuzt, trifft man auf Barrieren, die vor der Polizei flüchtende Fahrzeuge in bestimmte Richtungen zwingen. Um in Andreas' schäbige Wohnung im Yucca Plaza, wie der Gebäudekomplex hieß, zu gelangen, benötigte man einen Geheimcode und drei verschiedene Schlüssel.

Seit meinem Besuch in L.A. wenige Wochen zuvor hatte Andreas sich glücklicherweise eine neue Wohnung besorgt, in die ich anfangs einzog. Sie lag in dem Studentenviertel Westwood, wo sich auch die University of California Los Angeles (UCLA) befindet. Andreas' Mitbewohner in dem fünfstöckigen Wohnungskomplex waren Studenten, allesamt um die 20 Jahre alt, die meisten asiatische Einwandererkinder. Fast jeden Abend wurden hier wilde Partys gefeiert – wir waren umgeben von College-Kids, wie sie im Buche standen.

Doch wir hatten andere Dinge im Kopf, ich schlitterte sofort in meinen ersten Paparazzo-Job.

In den Tagen vor meiner Ankunft hatte Andreas das Haus von Alicia Silverstone beobachtet. Bekannt geworden war die damals 19jährige Schauspielerin vor allem durch die *Beverly Hills, 90210*-Parodie *Clueless* und Videos der Rockgruppe *Aerosmith;* in diesem Sommer spielte sie im vierten *Batman* an der Seite von George Clooney das „Batgirl".

Silverstone wohnte zu dieser Zeit in einem eher unauffälligen Haus in den Hollywood Hills, oberhalb des Hotels *Chateau Marmont* und rund 200 Meter Luftlinie vom Sunset Boulevard entfernt. Andreas hatte seinen Toyota Geländewagen 50 Meter entfernt von Alicias Haus geparkt, so daß er das Gebäude durch die getönte Heckscheibe hindurch beobachten konnte. Schon am ersten Tag fotografierte er morgens gegen 10 Uhr, wie die Schauspielerin das Haus verließ und mit Hund und „personal trainer" joggen ging. Bilder von Alicia beim Joggen hatte allerdings wenige Wochen zuvor bereits ein anderer Paparazzo aufgenommen, das würde also nicht viel bringen.

Zwei Tage später wartete Andreas wieder vor dem Haus. Diesmal kam Alicia mit einem männlichen Begleiter auf die Straße. Der Typ war um die 30 Jahre alt, schlank, hatte kurze, braune Haare und trug eine Sonnenbrille. Er stieg in einen grünen Ford Explorer, und Alicia Silverstone gab ihm durchs offene Fenster einen langen Abschiedskuß. Andreas war damals frisch verliebt in seine gerade erst für 2500 Dollar erstandene Canon ES5000 Videokamera und filmte die Szene, statt zu fotografieren.

Das war ein Riesenfehler. In Amerika gab es damals zwar mehrere TV-Magazine, die Paparazzi-Videos ausstrahlten, und Andreas hatte auch schon Material an sie verkauft. Aber Fotos ließen sich weltweit vermarkten, Videos nur in Amerika. Es wäre schlauer gewesen, erst zu fotografieren und, wenn die Situation es erlaubt hätte, danach zu filmen. Also hatte er eine gute Gelegenheit zum Fotografieren verpaßt. Natürlich hätte er das Video für ein- oder zweitausend Dollar verkaufen können, aber dann wäre die Geschichte rausgewesen, und andere Fotografen hätten sich möglicherweise ebenfalls vor dem Haus postiert, um Fotos zu bekommen. Die Exklusivität wäre damit verloren gewesen.

Deshalb hatte Andreas niemandem von dem Video erzählt. Nun war es unsere Aufgabe, so schnell wie möglich Kuß-Fotos zu bekommen, bevor die Affäre allgemein bekannt wurde. Ich konnte nicht ahnen, daß es fünf Wochen dauern sollte, bis wir Erfolg haben würden – der längste Job, an dem wir je gearbeitet haben ...

Schon in den ersten Tagen nach meiner Ankunft in L.A. hatte ich für 6000 Dollar einen Geländewagen gekauft. Es war derselbe Typ wie Andreas' Wagen, nur ein bißchen älter und schwarz – das perfekte Auto zum Observieren. Denn Kisten dieser Art fuhren viele mexikanische Gärtner, die in den Nobelvierteln arbeiteten, so daß es nicht weiter auffiel, wenn eine von unseren Karossen in einer „teuren" Straße stand. Und drinnen war genügend Platz, um es sich gemütlich zu machen. Durch die getönten Scheiben konnte man von draußen nicht entdeckt werden, außerdem ließ sich die Heckscheibe automatisch herunterlassen, so daß wir durch den leicht geöffneten Schlitz fotografieren konnten. Brachte man an der Windschutzscheibe noch einen Sonnenschutz an, dann war es im Auto so dunkel, daß man selbst dann nicht gesehen wurde, wenn die Heckscheibe bis zu 20 Zentimeter geöffnet war.

Bis Ende März 1996 blieb ich in Andreas' Wohnung, die aus einem großen Zimmer mit eingebauter Küche bestand. Ich schlief in der einen Ecke des Raumes in einem Army-Schlafsack auf dem Boden, Andreas in der anderen Ecke auf einer Matratze. Wir standen jeden Morgen pünktlich um 7 Uhr auf und fuhren mit beiden Autos den Sunset Boulevard nach Osten Richtung West Hollywood. Dieser Stadtteil hat mit dem eigentlichen Hollywood nur wenig zu tun. Die Gegend ist überschwemmt von Bars, Restaurants, Cafés, Clubs und Geschäften aller Art. West Hollywood ist ein bevorzugter Wohnsitz von Künstlern, darunter ein extrem hoher Anteil von Homosexuellen, die die Atmosphäre stark prägen. Touristen kennen vor allem den Sunset Plaza, eine Reihe von Luxus-Restaurants sowie die Boutiquen entlang dem Sunset Boulevard. Oberhalb des Sunset Plaza, in den Hügeln, findet man die Millionen teuren Villen der Prominenten.

Am Plaza befand sich auch das inzwischen abgerissene *Ben Frank's Diner*, ein typisches Breakfast- und Hamburger-Restaurant, in dem die Preise akzeptabel sind und die Bedienung jedem Gast ein freundliches „How are you today?" entgegenwirft. Dort aßen wir jeden Morgen um 7.30 Uhr unsere Rühreier auf Toast, dazu gab's schönen dünnen Kaffee mit viel Milch und Zucker. Dies war der letzte Moment, den wir in Freiheit genießen konnten, danach hieß es warten, warten, warten – im Auto, versteckt. Manchmal nur eine Stunde, manchmal zwei oder drei, manchmal den ganzen Tag, bis es zu dunkel wurde zum Fotografieren. Wir stellten uns abwechselnd in verschiedene Positionen, immer so, daß mindestens einer von uns beiden sehen konnte, wann Alicia Silverstone das Haus verließ. Der andere stand in einer Seitenstraße, die Verständigung lief über Funkgeräte.

Ich verbrachte die meiste Zeit mit Zeitunglesen, Briefeschreiben, Schlafen oder absolutem Nichtstun – es sei denn, ich stand gerade auf Beobachtungsposten. Derjenige, der diese Aufgabe hatte, mußte praktisch nonstop auf ein und dieselbe Stelle starren, jede Sekunde konnte zählen. Wenn wir Glück hatten, verließ Alicia das Haus schon am Vormittag, dann war die nervige Warterei schnell vorüber.

Im Februar 1996 fuhr die Schauspielerin fast täglich in die *Sony*-Film-Studios in Culver City, wo der von ihrer eigenen Firma produzierte Kinofilm *Excess Baggage*, der im Sommer 1997 in Amerika anlief, gedreht wurde. Seit Andreas und ich als Team arbeiteten, hatte sie das Haus nicht mehr zu Fuß verlassen, und ihr Freund war auch nicht mehr aufgetaucht. Meistens fuhr sie sofort nach der Arbeit wieder nach Hause, ohne daß irgend etwas passierte, das man hätte fotografieren können. Manchmal steuerte sie auch ein Bürogebäude oder ein Fitneßstudio an, aber fast immer ging es schnurstracks in Tiefgaragen, wo es auch nichts zu fotografieren gab. Am schlimmsten war die Warterei, wenn Silverstone stundenlang im Studio blieb. Wir mußten uns dann schräg gegenüber des Haupteingangs auf den Parkplatz von *Trader Joe's*-Öko-Supermarkt stellen und darauf warten, daß sie irgendwann wieder rauskam. Hin und wieder fragten uns Supermarkt-Angestellte, warum wir so lange da parken würden, gaben sich aber mit der Ausrede, wir warteten auf einen Freund, stets zufrieden. Einmal bestellten wir sogar den Pizza-Dienst – der Fahrer staunte nicht schlecht, als er seine Kunden in einem Auto sitzen sah.

Geschlagene fünf Wochen lang passierte absolut nichts. Es war wie verhext. Erst am 9. März 1996 bekamen wir Fotos, in Beverly Hills, vor dem Haus des Freundes. Sie zeigen, wie beide zu Alicias Auto laufen, händchenhaltend, aber leider nur von hinten. Dies waren bestimmt nicht die Motive, die wir uns erhofft hatten, aber immerhin: beide auf einem Bild und in einer Situation, die zeigte, daß sie zusammen waren.

Beim Verkauf der Bilder stellte sich dann auch noch heraus, daß wir unsere Zeit verschwendet hatten. Das US-Magazin *Globe* zahlte immerhin noch 1500 Dollar, ansonsten gab es nur Verkäufe an Teenie-Magazine wie *PopRocky* und *Bravo*, die jeweils ein paar hundert Dollar hinblätterten. Wir machten vielleicht 4000 Dollar insgesamt. Unser Pech war, daß zwei Wochen zuvor *People* einen Artikel über Alicia und ihren Lover gebracht hatte – zwar ohne Fotos, aber die Geschichte war raus. Außerdem hatten wir uns hinsichtlich der Popularität der jungen Schauspielerin verspekuliert. Für Paparazzi-Bilder war Silverstone noch nicht interessant genug, wirkliches Star-Appeal bekam sie erst 1997 durch *Batman and Robin*. Und auch Alicias Freund Adam Sandler, ein ehemaliges Mitglied der beliebten Comedy-Show *Saturday Night Live*, war für einen guten Verkauf nicht hip genug.

Nach diesen fünf Wochen war ich platt, ich glaubte nicht mehr daran, daß wir jemals viel Geld verdienen würden. Was, wenn es immer so lange dauern würde? Was, wenn sich die Fotos immer so schlecht verkauften? Mir ging langsam, aber sicher das Geld aus, wenn nicht bald etwas passierte, mußte ich wieder nach Berlin zurück.

Eine andere Episode aus dieser Phase zog mich noch tiefer runter. Brad Thompson, der Foto-Chef des *National Enquirer*, hatte uns am 23. Februar mitgeteilt, daß Larry Fortensky, Bauarbeiter und Ex-Ehemann der Hollywood-Legende Elizabeth Taylor, angeblich eine neue Freundin hatte. Er gab uns eine Adresse in Orange County, ungefähr 50 Meilen südlich von L.A., wo diese Freundin wohnen sollte. Die Adresse von Larry hatten wir schon, er wohnte in einem Haus im Valley, das Liz ihm geschenkt und das früher einem ihrer Bodyguards gehört hatte.

Da der Anruf an einem dieser todlangweiligen Tage kam, an denen Alicia auch nachmittags ihr Haus noch nicht verlassen hatte, beschlossen wir, sofort nach Orange County zu fahren, um die Adresse zu checken. Nach zwei Stunden im Stau kamen wir endlich an. Es sah nicht vielversprechend aus – ein riesiger zweistöckiger Wohnungskomplex und viele Autos. Wir wußten, daß Larry Fortensky eine Harley Davidson und einen dunkelblauen 5er BMW fuhr, konnten aber beides nirgendwo entdecken. Und in der fraglichen Wohnung war nicht einmal Licht. Inzwischen war es dunkel, deshalb fuhren wir nach L.A. zurück. Am nächsten Tag wollten wir es noch mal versuchen, diesmal vor Larrys Haus im Valley – ein Foto von Liz Taylors Ex mit einer Neuen, das konnte sich lohnen.

Der nächste Tag bescherte uns ein Desaster. Andreas hatte vor zwei

Monaten schon einmal in Fortenskys Straße gestanden und wußte, daß Larry geradezu paranoid auf Autos mit verdunkelten Scheiben reagierte. Er blickte sich nervös um, wenn er das Haus verließ, und fuhr so schnell, daß es fast unmöglich war, ihm unauffällig zu folgen. Als wir pünktlich um 8 Uhr morgens ankamen, stand kein einziges Auto in der Straße. Es wäre also viel zu auffällig gewesen, unsere Kiste in Foto-Reichweite zu postieren. Doch schräg gegenüber unseres „Zielobjekts" befand sich eine Baustelle, auf der ein paar Mexikaner arbeiteten. Das war unsere einzige Chance, und so stopften wir unsere Fotoausrüstung sowie etwas Verpflegung in Rucksäcke, parkten die Autos außer Sichtweite und liefen zur Baustelle. Die Mexikaner starrten uns ungläubig an, aber als ich auf spanisch etwas von „investigación" nuschelte, schwiegen sie und beachteten uns nicht weiter.

Zunächst legten wir uns flach aufs Dach des Hauses, weil wir von dort am meisten sehen konnten. Doch dort waren wir auch am auffälligsten, und außerdem brannte uns die Sonne immer stärker auf den Pelz, selbst jetzt, im Februar, hatten wir schon weit über 20 Grad. Nach zwei Stunden verlegten wir unseren Beobachtungsposten in eines der leeren Zimmer. Gegen Mittag tauchte Larry zum ersten Mal auf. Das Garagentor seines Hauses öffnete sich weit genug, daß wir ihn und seine Harley ausmachen konnten. Eine Stunde lang hörten wir nur Geräusche. Er war nicht allein, vielleicht arbeiteten sie an der Harley. Gegen 13 Uhr trat der berühmte Ex-Ehemann erstmals vor die Garage – in Jeans und mit offenem Hemd spritzte er mit einem Wasserschlauch die Einfahrt vor dem Haus ab. Zwar blickte er mehrmals in unsere Richtung, schien aber nichts zu bemerken. Allerdings standen wir auch rund 50 Meter Luftlinie entfernt hinter einem Fenster, und davor war ein Strauch, der uns zusätzlich Deckung gab.

Doch dann starrte Fortensky regelrecht in unsere Richtung. Plötzlich drehte er das Wasser ab, legte den Schlauch auf den Boden und lief zur Baustelle. Mir blieb die Luft weg, mein Herz schlug wie verrückt – er hatte uns entdeckt.

„Was zur Hölle ist hier los?" brüllte er aus zehn Meter Entfernung.

Andreas hatte sein Teleobjektiv bereits auf den Boden gelegt, doch ich hielt die Videokamera weiter in Stellung.

„Ihr kleinen Wichser, was bildet ihr euch eigentlich ein?" Jetzt war er bereits im Haus und kam auf mich zu. Vorsichtshalber nahm ich die Videokamera runter. Larry fuchtelte wild mit den Armen: „Verpißt euch auf der Stelle, oder ihr könnt euer blaues Wunder erleben!"

Inzwischen war der Freund von Larry hinzugekommen. Auch er brüllte. Als die beiden die Kameraausrüstung entdeckten, rannte ich auf die Straße, um weiterzufilmen. Falls sie gewalttätig würden und das Equipment zerstörten, wollte ich wenigstens Beweise haben. Andreas blieb drinnen, um die Kameras zu schützen – immerhin lagen dort rund 10 000 Dollar herum.

„Laßt die Sachen in Ruhe!" hörte ich Andreas rufen.

Jetzt bemerkten Larry und sein Kumpel, daß ich immer noch filmte, und kamen nach draußen. Ich nahm die Kamera runter, um zu retten, was noch zu retten war.

„Hey, was haben wir denn schon Schlimmes getan? Wir haben doch nur ein bißchen fotografiert. Ist doch kein Grund, uns gleich zu verprügeln."

„Nur ein bißchen fotografiert? Hinterherspioniert habt ihr mir. Fotoapparate, Videokamera ... sieht ja aus wie eine professionelle Überwachung, du Penner."

„Okay. Aber deshalb müssen wir uns doch nicht gleich prügeln. Wir packen unsere Sachen und sind verschwunden."

Die Wogen schienen sich zu glätten. Jedenfalls wich die Zornesröte langsam aus Larrys Gesicht.

„Wenn ich irgendein Foto in den Zeitungen sehe, kriegt ihr 'ne Klage an den Hals", sagte er und zeigte mit dem Finger auf die Baustelle. „Das ist ein Privatgrundstück hier, ihr könnt eine Menge Ärger bekommen."

Die mexikanischen Bauarbeiter standen unterdessen mit offenenen Mündern da und beobachteten gespannt, was hier ablief. Als wir zu unseren Autos gingen, kam uns Larry nach und notierte sich die Nummernschilder.

„Ich bekomme raus, wer ihr seid, also seht euch vor ..."

Noch im Auto begann eine wilde Diskussion zwischen Andreas und mir. Mein Partner meinte, es sei alles gar nicht so dramatisch, er würde die Fotos auf jeden Fall dem *Enquirer* anbieten und denen die Entscheidung überlassen. International würde er sie auf jeden Fall verkaufen. Ich war skeptischer, nahm die Drohung sehr ernst und spürte keine Lust, verklagt zu werden. Denn das wäre der Anfang vom Ende meines USA-Abenteuers gewesen.

Als der Adrenalin-Schub langsam abklang, kam auch Andreas zur Vernunft. Er telefonierte mit dem *Enquirer* und erzählte, was vorgefallen war. Thompson hatte kein Interesse, die Bilder zu drucken. Und wir wollten sie nur in Australien anbieten – die Gefahr, daß Larry davon erfahren würde, war ziemlich gering. Außerdem wollten wir am Abend noch mal hinfahren und uns entschuldigen; vielleicht würde seine Wut ja verrauchen.

Nachdem Andreas die Negative in den PC eingescannt hatte, schickte er sie zwei australischen Magazinen. Danach fuhren wir erneut ins Valley. Bereits auf dem Freeway klingelte Andreas' Funktelefon. Am anderen Ende war Mary, die Foto-Chefin des australischen Boulevard-Magazins *Woman's Day*, die uns für 2500 Dollar die Wasserschlauch-Bilder abnahm. Kurz darauf standen wir vor Larrys Haus. Ich war ziemlich aufgeregt und fragte mich, ob er uns öffnen würde.

„Wer ist da?" quakte es durch die Sprechanlage.

„Wir ... die Fotografen, die heute nachmittag hier waren, könnten wir mal kurz mit Ihnen sprechen?" fragte ich.

„Was wollt ihr?"

„Wir würden uns gerne entschuldigen ..."

Die Tür öffnete sich, und Larry musterte uns von oben bis unten. Freundlich wirkte er immer noch nicht.

„Ja, wie gesagt, wir würden uns gerne entschuldigen!"

Larry starrte auf unsere Hände. „Mikrofone habt ihr nicht dabei, oder?"

„Nein, wir wollen uns ernsthaft bei Ihnen entschuldigen, das war nicht okay, was wir heute gemacht haben." Ich schleimte, wollte seine Sympathie. Andreas stand stumm neben mir und versuchte, ein Grinsen zu unterdrücken.

„Für wen arbeitet ihr?"

„Wir sind Freelancer", antwortete Andreas.

„Jungs, ihr könnt nicht einfach auf Privatgelände klettern, das ist Hausfriedensbruch. Ich meine meine Drohung ernst, ich will die Fotos nirgendwo veröffentlicht sehen."

„Aber die sind doch harmlos", bemerkte Andreas mit einem leichten Grinsen. Ich warf ihm einen bösen Blick zu.

„Darum geht es nicht", erwiderte Larry, „es geht darum, wie ihr diese Fotos macht, dieses Rumschnüffeln, das ist doch scheiße, versetzt euch doch mal in meine Lage ... Aber wenigstens entschuldigt ihr euch ja ... Aber ich will euch hier nicht mehr sehen, das müßt ihr verstehen. Ich habe verdammt viel durchgemacht in letzter Zeit. Die Scheidung von Liz war sehr hart für uns beide. Und daß zwischen uns Krieg ist, stimmt auch nicht, das sind Erfindungen der Boulevard-Presse. Wir telefonieren ständig und verstehen uns sehr gut. Es hat halt nicht mehr geklappt. Und in so einer Zeit hat man echt keine Lust, mit Paparazzi Indianer zu spielen."

Ich konnte nicht glauben, daß er uns, den Paparazzi, so freimütig aus seinem Leben erzählte. Leute wie wir waren doch der letzte Dreck für ihn. Aber unsere Mission war erfolgreich, Larry hatte sich beruhigt.

„Na gut, also wie gesagt, es tut uns leid", sagte ich, „kommt nicht wieder vor." Dann verschwanden wir.

Als ob es der Pleiten nicht schon genug gewesen wäre, stand uns in diesen Wochen noch eine dritte Niederlage bevor.

Wenige Tage nach der Alicia-Geschichte erzählten uns die Leute vom *Enquirer*, Tom Hanks würde mit seiner Familie auf der Karibik-Insel St. Barths Urlaub machen. Auf ihre Kosten hinschicken wollten sie uns aber nicht, da ein einheimischer Paparazzo bereits Fotos gemacht und an die Konkurrenz verkauft hatte. Aber wenn wir Lust hätten, hinzufliegen und Fotos zu machen, würden sie uns die Ergebnisse für gutes Geld abkaufen.

Da Andreas ohnehin in einem solchen Luxus-Urlaubsort Informanten auftreiben wollte, beschlossen wir, das Risiko einzugehen. Vielleicht würden wir ja tatsächlich noch Fotos bekommen. International konnten wir sie bestimmt verkaufen, immerhin handelte es sich um einen Schauspieler, der zuletzt für *Philadelphia* und *Forrest Gump* zweimal in Folge einen Oscar kassiert hatte. Und ich war für eine Reise immer zu haben, auch wenn ich dafür die letzten Dollar zusammenkratzen müßte.

Und so landeten wir Ende März im Paradies. Abgesehen von der Schönheit der Insel und ein paar relaxten Stunden am Strand wurde der Trip jedoch ein absoluter Reinfall. Als wir Tom Hanks und seine Familie nach drei Tagen endlich an einem Strand ausmachten, packten sie gerade zusammen. Wir bekamen gerade mal ein Foto, mehr war nicht drin, weil die Zeit nicht ausreichte, um uns in den Dünen zu verstecken. Später verloren wir auch noch das Auto des Schauspielers aus den Augen – wir waren einfach zu vorsichtig.

Am nächsten Tag erfuhren wir dann, daß der Star noch am selben Tag abreisen würde. Wir warteten stundenlang am Flughafen, bis Hanks endlich in einem Miet-Jeep angerollt kam, aber sofort samt seiner Familie in einem Privat-Jet verschwand. So schossen wir nur ein paar langweilige

Bilder, die uns zwar ein paar tausend Dollar brachten, womit aber nicht einmal die Kosten gedeckt waren.

Am nächsten Tag flogen wir nach L.A. Ich rechnete damit, in wenigen Tagen meine Sachen zusammenpacken und schweren Herzens nach Deutschland zurückkehren zu müssen ...

IV

Nastassjas Superman

Auf dem Tom Bradley International Airport in L.A. wartete Francis in ihrem Landrover auf uns. Sie hatte Andreas in St. Barths angerufen, weil sie uns etwas Interessantes mitteilen wollte. Daß sie freiwillig angeboten hatte, uns abzuholen, war bestimmt kein reiner Freundschaftsdienst – es ging um Geld. Francis war unsere erste Informantin, vor wenigen Wochen hatten wir sie durch Patricia, eine deutsche Klatsch-Reporterin, kennengelernt. Für ein Honorar ab 100 Dollar aufwärts gab sie uns Insider-Informationen aus der Welt der Stars und Sternchen, in der sie seit ihrer Heirat mit einem Schickimicki-Multi ein und aus ging.

Als wir gegen 20 Uhr den Century Boulevard vom Flughafen Richtung Freeway 405 fuhren, lag der übliche feuchte Meeresdunst über der Stadt. Es war angenehm warm, und ich kann mich noch sehr gut an diesen Abend erinnern, weil mit ihm ein neuer Abschnitt meines Amerika-Abenteuers beginnen sollte.

Nastassja Kinski bewohnt mit ihren beiden Kindern ein für Hollywood-Verhältnisse eher unauffälliges Haus in Bel Air, zu dem man sich vom Sunset Boulevard ziemlich lange den Berg hochschlängeln muß. Dafür wird man oben mit traumhaften Blicken sowie sauberer, kühlerer Luft belohnt. Dies ist eine der besten Wohngegenden in L.A. Nastassjas Nachbar ist der Platten-Mogul Quincy Jones, ihr Ex-Ehemann.

Die Adresse von Kinskis neuem Lover Serien-*Superman* Dean Cain kannte selbst Francis nicht, aber wir wußten, daß *Lois and Clark – The New Adventures of Superman* in den Hallen der *Warner Bros. Studios* in Burbank entstand. Doch das Gelände hatte zu viele Zufahrten, als daß man alle gleichzeitig hätte überwachen können. Zudem mußten wir herausfinden, welches Auto Cain fuhr. Und ohne Genehmigung durfte

37

der Studiopark weder befahren noch betreten werden – es sei denn, man war Angestellter oder besuchte jemanden, der hier arbeitete. Nichts davon traf auf uns zu. Natürlich hätten wir uns auf Nastassja konzentrieren können, aber die Schauspielerin hatte einen sehr unregelmäßigen Tagesrhythmus. Manchmal verließ sie das Haus den ganzen Tag nicht. Um auf Nummer Sicher zu gehen, mußten wir auch ihrem vermeintlichen Lover nachschnüffeln. Und Cain hatte fünf Tage die Woche im Studio zu tun, wir konnten ihn theoretisch immer abfangen. Außerdem hätten sich auch Fotos von ihm alleine gelohnt.

Ein Geistesblitz von Andreas sorgte dafür, daß wir unsere Chance bekamen. Wir standen auf einem Parkplatz nahe der Haupteinfahrt zu den *Warner Studios* am Barham Boulevard. Gleich nebenan liegt ein *Taco-Bell*-Schnellrestaurant, das hauptsächlich von Studio-Angestellten frequentiert wird, und wir stellten fest, daß die Leute mit *Taco-Bell*-Tüten von den Sicherheitskräften nicht kontrolliert wurden. Jeden Tag um die Mittagszeit wiederholte sich das gleiche Bild: Massen von Studioangestellten kehrten mit einer Tüte in der Hand zur Arbeit zurück. Wir mußten uns nur genauso verhalten wie sie, ganz selbstverständlich durchlaufen, am besten in der typischen Produktionsassistenten-Montur: T-Shirt, Shorts, Turnschuhe und Sonnenbrille. Und mit dem unheimlich wichtigen Gesichtsausdruck, der den Produktions-Assi vom „security guard" unterscheidet, der auf der Leiter noch weiter unten steht.

In der bizarren Studio-Welt von Hollywood, in der sich Kabelträger für Regisseure halten und die Chauffeure der Stars Allüren haben wie ihre Chefs, gibt es jede Menge Fließbandarbeiter, die von dem großen Kuchen ein paar Krumen abbekommen möchten. Und sie wissen genau: Nur durch ständiges Schleimen eröffnet sich ihnen vielleicht einmal die Chance, zufällig als Schauspieler entdeckt zu werden oder einen „studio executive" zu überreden, eines der selbst verfaßten Drehbücher zu lesen, die seit Jahren in irgendwelchen Schreibtischen liegen. Mißgunst, Neid, Arroganz und extremes Ellenbogendenken stehen auf der Tagesordnung. In dieser Atmosphäre haben sich gewisse ungeschriebene Regeln und Gesetze entwickelt, die dem Außenstehenden lächerlich erscheinen, aber die man sich, wenn man sie einmal durchschaut hat, leicht zunutze machen kann. Kurz und gut: Wir wußten nun, wie wir auf das *Warner*-Gelände kamen!

Unbehelligt in die Nähe dieser heiligen Hallen zu gelangen ist für den professionellen Paparazzo von hohem Wert. Denn bei *Warner* wurde zu dieser Zeit nicht nur *Superman* gedreht, sondern weitere beliebte Serien wie *Friends* – jedes Foto von einem der sechs jugendlichen Hauptdarsteller war ein sicherer Verkauf –, *Suddenly Susan* mit Brooke Shields oder *Emergency Room* mit George Clooney. Außerdem wurde ein paar Monate später *Batman and Robin* hier gedreht. Zwei Paparazzi, die auf dem Gelände versuchten, Fotos von Arnold Schwarzenegger und den anderen Darstellern in ihren Kostümen zu schießen, wurden von Sicherheitskräften entdeckt. Ihnen drohten Prozesse und hohe Geldstrafen. Die Studios verstehen keinen Spaß, wenn andere mit ihren Produkten Geld verdienen.

Zum Glück waren wir vorsichtig und nahmen nie Kameras mit aufs Studiogelände; selbst Funkgeräte hätten schon zu auffällig sein können, zur Kommunikation mußten Pieper und Funktelefon ausreichen. Hätte man uns dumm angesprochen, was nie passiert ist, hätte meine Standardausrede gelautet: „Ich bin hier mit einem Freund verabredet." Das Schlimmste, was hätte passieren können, wäre ein Rauswurf gewesen.

Die Schauspieler fuhren mit eigenen Autos zur Arbeit und parkten direkt vor der „stage", also der Bühne oder Halle, in der ihre Serie gedreht wurde. Es war leicht herauszufinden, wo welche Serie gedreht wurde, es genügte, irgendeinen Studio-Angestellten zu fragen, der „unwichtig" aussah und zumindest kein Funkgerät am Gürtel hatte, womit er die Security rufen konnte. Studio-Mitarbeiter mit Funkgerät sind meist sehr mißtrauisch, da sie auf der Angestellten-Leiter nicht mehr ganz unten stehen und deshalb sofort einen Beschützer-Mechanismus für ihre Studios und Stars entwickeln.

Die Infrastruktur des Studio-Geländes erinnerte an eine kleine Stadt. Es gab „Wohngegenden", das heißt Straßenzüge mit schmucken Fassaden rechts und links, die als Kulissen dienten, aber in Wirklichkeit Büros beherbergten; und es gab eine Art Fabrikgelände, wo die einzelnen Hallen standen, alle ordentlich durchnumeriert. Auch Parkplätze, eine große Kantine und ein Fitneßstudio fehlten nicht. Überall liefen Leute geschäftig durch die Gegend, Autos und Elektro-Mobile rollten im Schrittempo über den Asphalt, man grüßte sich. Machten wir es den anderen gleich, fielen wir nicht auf, man mußte nur in Bewegung bleiben. Manchmal lief ich stundenlang über das Gelände, bis endlich ein Star losfuhr und ich Andreas draußen über Telefon rechtzeitig davon informieren konnte.

Nach ein paar Tagen sah ich, wie Dean Cain die *stage 14* verließ, wo *Lois and Clark* gedreht wurde, in einen schwarzen Ford Bronco mit abgetönten Scheiben stieg und langsam Richtung Haupteingang am Barham Boulevard fuhr. Andreas wartete draußen, fuhr jetzt zum Eingang und nahm die Verfolgung auf. Über Funktelefon gab mir Andreas die

Route durch, so daß ich nach Verlassen des Geländes folgen konnte. Es ging Richtung Westen auf den Hollywood Freeway, der in den Ventura Freeway überging. Zehn Minuten später hatte ich die beiden eingeholt. Cain fuhr nicht besonders schnell, Andreas war vorsichtig gewesen, der smarte „Superman" hatte bislang nichts gemerkt. Nun ging es Richtung L.A., und am Sunset Boulevard bog Cain nach Westen ab. Ein paar Minuten später parkte er seinen Geländewagen vor einer unscheinbaren Villa in Stadtteil Brentwood.

Der Bereich vor der Haustür war gut einzusehen, es gab keine Mauer, und Cain parkte sein Auto tatsächlich hier vorne. Das erleichterte es uns später zu überprüfen, ob er zu Hause war.

Bis heute habe ich unsere Informantin Francis nicht völlig durchschaut. Sie war intelligent, sprach zwei Sprachen fließend – was bei Amerikanern nicht die Regel ist –, und ich vermute, daß sie aus einem reichen und zudem gebildeten Elternhaus kam. Man konnte sich jedenfalls mit ihr über mehr als nur Belanglosigkeiten unterhalten.

Was mich verwunderte, war, daß sie uns nie Vorurteile entgegenbrachte. Für jemanden mit ihrem Background wäre es eigentlich selbstverständlich gewesen, unsere Arbeit zu verabscheuen und uns abzulehnen. Francis stammte aus Beverly Hills, sie kannte jeden und jede im Entertainment-Business – aber sie hinterfragte kein einziges Mal, warum wir diesen Job machten. Vermutlich war ihr klar, daß es uns nur um Geld ging – und ihr wohl auch.

Allerdings steckte sie auch in einer ziemlich dummen Lage. Mit 18, frisch aus der Highschool entlassen, hatte sie sich von einem iranischen Textilienhändler praktisch von der Abschlußfeier wegheiraten lassen. Ich bin mir sicher, daß es nicht nur seine Millionen waren, die Francis anzogen, sondern auch sein Alter, seine Erfahrung, das vermeintliche Beschützer-Gefühl, das ältere Männer manchen jungen Frauen vermitteln. Vermutlich hatte sie ihren eigenen Vater, einen Jet-Set-Industriellen, nicht sehr oft zu sehen bekommen.

Francis war so blind vor Liebe, daß sie mit ihrem Vater brach, der den Ehemann nicht akzeptierte. Wie viele Mädchen aus Beverly Hills hatte sie ursprünglich Schauspielerin werden wollen, was sie mit Hilfe ihres Vaters wahrscheinlich auch geschafft hätte. Doch statt sich auf ihre Karriere zu konzentrieren, genoß sie nun lieber das faule Leben der nichtarbeitenden Ehefrau mit Turbo-Porsche, Golden Card und zahllosen Reisen im Privatjet.

Der millionenschwere Vater enterbte seine Tochter, als Francis nach zwei Jahren Ehe schwanger wurde – der Iraner sah die Zeit für Kinder gekommen. Als sich sieben Jahre später das zweite Baby ankündigte, half auch die Schönheitschirurgie nicht mehr: Francis ging auf die Dreißig zu, ihr Körper sah einfach nicht mehr wie der einer Zwanzigjährigen aus. Der Iraner verlor das Interesse an seiner Frau, und bevor Francis wußte, was die Stunde geschlagen hatte, war er in sein Heimatland verschwunden. Immerhin ließ er die Kinder in Kalifornien, jedoch kein Geld für seine Familie, lediglich das Haus in Bel Air sowie zwei Nobel-Karossen blieben zurück. Alimente konnte Francis nicht einklagen, da ihr Mann nie seinen iranischen Paß abgegeben hatte.

Da saß sie nun mit Kindern, Haus, Autos und ein paar Tausend Dollar, aber ohne Ausbildung und ohne Aussicht, einen normalen Job zu finden. Am Anfang halfen Freunde aus der High Society aus und richteten einen Solidaritätsfonds ein, in den anonym eingezahlt werden konnte. Dank satter Spenden gab es ein Jahr lang keine Probleme. Doch die Freunde erwarteten, daß sich Francis auf eigene Beine stellen würde – aber darauf hätten sie ewig warten können, Arbeiten war Francis einfach zu fremd. Kleinere Rollen in schlechten Filmen brachten nicht genug ein, da Francis weder das Haus in Bel Air noch ihren Lebensstil aufgeben wollte. Also brauchte sie Geld. Und so schöpfte sie ihr einziges Potential aus – Insider-Wissen über Hollywood-Größen.

Ihre Tage verbrachte Francis immer auf dieselbe Art: die Kinder in Kindergarten und Schule bringen, dann ins Fitneßstudio, Lunch in einem schicken Restaurant, möglichst auf Rechnung irgendeines älteren wohlhabenden Mannes, die Kinder wieder abholen und ein, zwei Stunden mit ihnen auf einen Spielplatz. Danach übernahm eine Babysitterin die Kleinen, während Francis anderen wichtigen Tätigkeiten wie Shopping nachging. Am Abend folgte ein Dinner, wieder auf Rechnung eines übergewichtigen Verehrers, und anschließend ging es meist noch in irgendeinen Club. Francis' Motivation für diese täglichen Trips durch die Hollywood-Szene war die, erneut einen wohlhabenden Mann zum Heiraten zu finden. Der – für uns wichtigere – Nebeneffekt war, daß sie fast täglich in Restaurants, im Fitneßclub oder beim Friseur irgendeinen Star traf. Dann rief sie uns an, und wir machten uns auf den Weg.

Daß Francis aus Geldnot „Verrat" an Promis übte, konnte ich noch nachvollziehen. Aber in einem Punkt hörte mein Verständnis auf: Weshalb lieferte sie uns auch Nastassja ans Messer, die laut Francis „eine sehr gute Freundin" aus alten Tagen war? Vermutlich war es schiere Hoffnungslosigkeit, die sie über Leichen gehen ließ, und obwohl sie für ihre Hilfe gut von uns bezahlt wurde, empfand ich oft Mitleid für sie.

Häufig rief Francis uns an mit den Worten: „Also, ich habe gerade mit ihr telefoniert, sie macht jetzt das und das, geht dort und dort hin ..." Was Kinski ihrer alten Freundin vertraulich ins Telefon plauderte, landete wortwörtlich bei uns. Und so erhielten wir nicht nur die für uns wichtigen Informationen, wann Nastassja den nächsten Termin bei ihrem Friseur am Rodeo Drive hatte, sondern bekamen auch sehr intime Details über das Verhältnis zwischen der hübschen Deutschen und ihrem amerikanischen Lover zu hören. Allerdings machten wir damit kein Geld, sondern nutzten das Insider-Wissen nur, um an Fotos heranzukommen.

Glücklicherweise dauerte diese Geschichte nicht so lange und verlief auch nicht so enttäuschend wie unsere früheren Jobs. Fünf Tage lang verfolgten wir mal ihn, mal sie, bis wir am 14. April endlich den entscheidenden Tip bekamen. Francis teilte uns telefonisch mit, daß die beiden zum Spiel der Lakers gehen würden.

Das war Musik in unseren Ohren. Es war bekannt, daß Dean Cain ein Basketball-Freak war. Bei Heimspielen im Forum in Inglewood wurden immer Plätze neben der Spielerbank für ihn freigehalten, da Promis bei den Spielen zusätzlich Zuschauer anziehen. Ob wir allerdings beim Spiel auch Fotos machen konnten, war fraglich, da auf die Schnelle keine Akkreditierung mehr zu bekommen war.

Um kurz vor 11 Uhr klingelte mein Funktelefon. Andreas teilte mir mit, Nastassja sei gerade losgefahren. Sie befand sich bereits auf dem Sunset, fuhr also in Deans Richtung. Dort wartete ich bereits, wollte jetzt aber Andreas entgegenkommen, um ihn bei der Verfolgung zu unterstützen. Nastassja war leichter zu observieren, sie schien sich überhaupt keine Sorgen wegen Paparazzi zu machen. Bei Deans Auto hingegen war wegen der verdunkelten Scheiben nur schwer auszumachen, ob er in den Rückspiegel schaute oder nicht. Wir setzten darauf, daß Kinski zu Dean fahren würde – und tatsächlich führte ihr Weg direkt zu seinem Haus.

Nach ungefähr einer Stunde verließen die beiden das Haus und fuhren mit seinem Auto Richtung Forum. Die letzten 20 Minuten dorthin verbrachten wir im Stau, gemeinsam mit vielen Basketball-Fans. Im Stau geschieht es leicht, daß man jemanden verliert, etwa wenn der Verfolgte gerade noch bei Gelb über eine Ampel fährt, der Verfolger aber bei Rot steckenbleibt. In der Dichte des Verkehrs hat man dann kaum noch eine Chance, ihn wieder einzuholen. Wir mußten also dranbleiben, und obwohl

Dean Cain nicht bemerkte, daß wir ihn verfolgten, verloren wir den Bronco im Parkplatz-Wirrwarr rund um das Stadion – Promis haben natürlich reservierte Parkplätze in Eingangsnähe – aus den Augen.

Nun hieß es Karten kaufen und unsere Fotoausrüstung durch die Eingangskontrolle schleusen. Das Glück war auf unserer Seite, es gab noch ein paar Tickets für die besseren Plätze, die wir benötigten, um in eine gute Fotoposition zu kommen. Für hundert Dollar das Stück bekamen wir Sitze in den unteren Reihen, direkt gegenüber den Spielerbänken. Das 600 mm-Objektiv, ein 350er, mehrere Kamera-Gehäuse, Dutzende Filme, Extra-Batterien, Funkgeräte, ein Fernglas und eine Videokamera verschwanden in Rucksäcken, die sich von denen der anderen Fans nicht unterschieden. Da die Taschen nicht kontrolliert wurden, konnten wir ohne Probleme Stellung beziehen.

Noch während sich die Teams unten aufwärmten, hatten wir Nastassja und Dean schon mit dem Fernglas ausgemacht. Sie unterhielten sich mit anderen Promis, unter ihnen auch Jack Nicholson, der bei fast jedem Heimspiel der Lakers anwesend ist. Als wir das 600er auf ein Einbein schraubten, zogen wir sofort Blicke auf uns. Zwar war das Fotografieren von den Zuschauerplätzen aus erlaubt, aber nur für private Zwecke – und mit unserem Equipment sahen wir nicht gerade so aus, als ob wir fürs heimische Album fotografierten. Wir ignorierten die dummen Sprüche und nahmen die Arbeit auf. Abwechselnd operierten mal Andreas, mal ich mit der großen, schweren Linse, während der andere die Videokamera bediente.

Was sich in den Suchern abspielte, war nicht spektakulär, aber es genügte. Oft legte Nastassja zärtlich ihren Arm auf oder um Deans Schulter, und die beiden tauschten mehrmals tiefe Blicke aus. Auf einen Kuß warteten wir vergeblich, aber daß es am Rand des Spielfeldes heftig knisterte, war trotzdem nicht zu übersehen. Wir verschossen in Ruhe einen Film nach dem anderen. Auch Jack Nicholson mußte dran glauben – seine Grimassen und heftigen Reaktionen auf das Spielgeschehen waren einfach perfekt für die Kamera.

„Entschuldigen Sie, könnten Sie mir verraten, was Sie da machen?" Wenige Meter neben uns stand plötzlich ein Ordner.

„Fotos", antwortete Andreas in seiner herablassenden Art und drückte weiter auf den Auslöser.

„Entschuldigen Sie, würden Sie das bitte unterlassen? Sie brauchen eine Akkreditierung, und hier dürfen Sie sowieso nicht sitzen." Der Mann war offenbar durch Andreas' rotzfreche Art nicht einzuschüchtern.

„Entschuldigen Sie", gab Andreas jetzt noch frecher zurück, „haben diese Leute hier alle 'ne Akkreditierung?" Er zeigte auf ein paar Fans mit billigen Pocket-Kameras.

„Nein, aber die fotografieren auch nicht aus kommerziellen Gründen."

„Ich auch nicht", nuschelte Andreas, der inzwischen nicht einmal mehr zu dem Ordner aufschaute.

Der Mann verschwand ohne ein weiteres Wort, aber uns war klar, daß er Verstärkung holen würde. Um die bereits verschossenen Filme in Sicherheit zu bringen, verließ ich mit einer Plastiktüte voller Filme die Halle und lief zum Auto. Als ich nach zehn Minuten zurückkam, waren weder Andreas noch die Ordner zu sehen. Sie hatten ihn rausgeworfen.

Das Spiel würde in wenigen Minuten zu Ende sein. Über Funk verständigten wir uns, wie wir bei dem bevorstehenden Verkehrschaos die Verfolgung arrangieren sollten. Denn wir wollten noch weitere Fotos, echte Beweise für eine Romanze zwischen Cain und Kinski.

Das Chaos ließ nicht lange auf sich warten, doch das Glück blieb uns treu. Trotz unzähliger Autos konnten wir uns auch auf dem Rückweg an die Fersen des turtelnden Paares heften. Zwar mußten wir einige waghalsige Manöver in Kauf nehmen, aber wir blieben dran. An diesem Tag haben wir mehrere rote Ampeln ignoriert, illegale U-Turns gemacht und ständig das Speed-Limit überschritten. Doch die Risiken schienen sich zu lohnen. Als es über den Freeway 405 Richtung Sunset ging, galt es, die richtige Entscheidung zu treffen. Denn eines war klar: Wenn wir noch Kußfotos bekommen wollten, mußten wir vor den beiden am Ziel sein und Stellung beziehen. Aber wohin ging die Fahrt? Zur ihr oder zum ihm?

Unser beider Instinkt sagte uns, daß Nastassjas Haus das Ziel war. Andreas fuhr im Höllentempo voraus, während ich hinter dem „Superman"-Bronco blieb, um spontan reagieren zu können, falls wir uns doch geirrt hatten. Doch je länger die Verfolgung dauerte, desto klarer wurde, daß wir richtig lagen: Die beiden fuhren offensichtlich nach Bel Air. Per Funk informierte ich Andreas, daß er sich beeilen solle.

Ich ließ mich jetzt langsam zurückfallen und blieb außer Sichtweite. Mehrmals rief ich Andreas über das Funkgerät, ob er mich hören könne. Ihn anzurufen war unmöglich, da Funktelefone in vielen hügeligen Gegenden von L.A. keinen Empfang haben.

Ich war schon nahe an Kinskis Haus herangekommen, als Andreas sich meldete. „Also, sie haben sich geküßt, im Auto allerdings, aber es müßte

Dean's been seeing Nastassia almost every night since they met a few weeks ago, says an eyewitness. "Besides Lakers games, they've enjoyed romantic dinners and overnighters at Dean's pad"

Nastassia and Dean are into the action during a recent L.A. Lakers basketball game

The action heats up when the Cat People star rests her head on hunky Dean's broad shoulder

And Dean makes sure to pay special attention to Nastassia's kids, who were also at the game

Man of Steel D in secret real-life sizzling Nastass

Am 30. April 1996 brachte der *Globe* auf einer Doppelseite die Story über Nastassja Kinski und „Superman" Dean Cain – der erste größere „Hit" von *CA Images*.

auf dem Foto zu erkennen sein", sagte er und hörte sich zufrieden an. Das war ein gutes Zeichen – Andreas war schwer zufriedenzustellen.

In den folgenden Tagen vertickten wir die Bilder nach und nach rund um die Welt. Insgesamt machten wir rund 35 000 Dollar – mehr als ich in einem Jahr als Reporter verdient hatte.

Das Kußfoto im Auto, das ich qualitativ recht schlecht fand, weil man die beiden kaum erkennen konnte, hatte uns wahrscheinlich finanziell gerettet. Denn es war der Beweis für eine Romanze, jetzt konnten die Magazine richtig loslegen. SUPERMAN FALLS FOR CATWOMAN – so lautete zum Beispiel die Schlagzeile im amerikanischen *Globe*, der die Fotos auf den Mittelseiten druckte und dafür rund 13 000 Dollar zahlte. „Catwoman" war eine Anspielung auf Nastassjas Rolle in dem Musical *Catpeople*, doch das lag schon mehrere Jahre zurück.

Eine neue Hollywood-Romanze war geboren – zumindest in den Magazinen. In Wirklichkeit war die Affäre zwischen den beiden schon wieder beendet, bevor überhaupt das erste unserer Fotos von irgendeiner Zeitung gedruckt wurde. Diese Information hatten wir exklusiv – Francis hatte sie uns schon zwei Tage nach dem Lakers-Spiel gegeben. Aber natürlich behielten wir das tunlichst für uns.

V

Anna Nicole Smith –
ein Playboy-Model trimmt sich
wieder schlank

Nach langen Wochen vergeblicher Warterei wirkte dieser Triumph wie ein Adrenalinschub: 35 000 Dollar waren ein kleines Vermögen, auch wenn wir teilen mußten, blieb unterm Strich genug übrig, daß ich erst mal aufatmen konnte.

Kurz darauf zog ich bei Andreas aus und mietete für 1000 Dollar im Monat eine kleine Einzimmer-Wohnung am Meer in Santa Monica. Dann gründeten wir unsere eigene Fotoagentur – *CA Images*, benannt nach Christoph und Andreas. Die Bilder nicht mehr unter Andreas', sondern unter dem Namen der Agentur zu verkaufen, wirkte seriöser.

Wir hatten uns jetzt einen Namen gemacht in der Szene, das merkten wir zwei Wochen später: Am 27. April sollten Sean Penn und Robin Wright heiraten, und der *National Enquirer* erteilte uns den Auftrag, dieses Event zu covern. Man nannte uns eine Adresse in Santa Monica, wo der Empfang stattfinden sollte, und außerdem erhielten wir eine Liste der geladenen Gäste – und da stand so ziemlich alles drauf, was in Hollywood Rang und Namen hatte.

Als wir gegen Mittag vor der Villa in der Marguerita Street ankamen, wimmelte es schon von Fotografen. Sämtliche unserer ernst zu nehmenden Konkurrenten waren auch da: der Schweizer Sylvain mit seinem Partner George; der Amerikaner Jack Bahrami mit seinen Hiwis; und Louis, ein Franzose, auch er mit Hilfstruppe. Später sollten sich die meisten von ihnen als ziemlich miese Typen entpuppen.

In der Szene hatte sich unser kleiner Coup schon herumgesprochen, das gaben die neidischen Gesichter der anderen Fotografen deutlich zu erkennen. Wir hatten den Eindruck, daß sie Bammel hatten; denn jeder konnte sich leicht ausrechnen, daß wir keinen Zufallstreffer gelandet, sondern professionell gearbeitet hatten. Sylvain war vermutlich besonders sauer: Er ahnte bestimmt, daß wir Nastassjas Adresse von Francis hatten, die früher seine Informantin gewesen war. Er hatte jedoch geknausert, und jetzt sah er, daß sein Geiz ihn eine ganze Stange Geld gekostet hatte.

Die folgenden Stunden verbrachten wir damit, Hollywood-Größen wie Marlon Brando und Warren Beatty beim Aussteigen aus ihren Limos zu fotografieren. Da wir das Schulter an Schulter mit einem Dutzend anderer Fotografen machen mußten, blieben wir nur, weil wir weiterhin Aufträge vom *Enquirer* haben wollten. Denn sämtliche Fotos, die wir in deren Auftrag schossen, konnten wir international selbst verscherbeln.

Am wichtigsten war heute neben den ankommenden Gästen natürlich der Bräutigam, und der ließ auf sich warten. Dann fuhr plötzlich eine alte Schrottschüssel vor, das Tor zur Villa öffnete sich – und der Wagen verschwand auf dem Gelände. Sean Penn war mit einem billigen Trick ins Haus gelangt, und als das alle kapierten, brach Panik unter den Fotografen aus. Alle wollten ein Foto von Penn, doch das Tor und die Mauer waren zu hoch. Jedoch nicht für uns. Während die anderen in die Luft sprangen und mit ausgestreckten Armen blind über das Tor schossen, kletterte Andreas schnell auf meine Schultern – und bekam tatsächlich als einziger ein Foto von Penn. Auch wenn es nur einen Teil seines Gesichts zeigte, wurde es hier und da gedruckt.

Als die Gäste vollzählig eingetroffen waren, begann die nächste Runde. Bahrami ging mit seinem eigenen Hubschrauber direkt über der Villa in Stellung und blieb fast eine halbe Stunde in der Luft – gegen alle Flugbestimmungen. Louis und Andreas kreisten mit zwei kleinen, vorab bestellten Charterflugzeugen über Santa Monica; unsere Maschine zahlte der *Enquirer*. Überall auf den Dächern der umliegenden Gebäude warteten andere Paparazzi weiterhin auf ihre Chance – Penn und seine Gäste waren aus der Luft und von allen Seiten eingekreist. Kein einziger Paparazzo schoß jedoch ein Foto, das überdurchschnittlich viel Geld gebracht haben dürfte. Doch der Hochzeitsgesellschaft hatten wir das Fest gründlich verdorben, und es gab keinen Grund, darauf stolz zu sein.

Gezielt suchten wir nach weiteren Geschichten à la Kinski und Cain, die uns das große Geld versprachen. Fündig wurden wir bei Anna Nicole Smith, dem blonden Busenwunder, das Anfang der Neunziger den deutschen Männern bei einer Werbekampagne für *H & M* den Kopf verdreht hatte. Einige hatten sogar Werbefenster an Bushaltestellen eingeschlagen, um an ein Poster der nur spärlich bekleideten Schönheit zu gelangen. Später hatte das ehemalige Playboy-Model Schlagzeilen durch ihre Kurzzeitehe mit einem 92jährigen Öl-Billionär aus Texas gemacht. Der Greis war prompt gestorben, doch sein Sohn verhinderte, daß Smith das Erbe einstrich. Bei der Oscarverleihung im März 1996 sorgte Anna Nicole erneut für Gesprächsstoff: Dick wie nie zuvor posierte sie vor den Fotografen, so daß man die überzähligen Pfunde regelrecht aus den Seiten der Magazine herausquellen sah.

Die Geschichte „Anna Nicole speckt ab" sollte unser nächster Coup werden. Daß Smith eine Radikalkur plante, erfuhren wir natürlich von Francis, die uns auch Annas Adresse lieferte. Francis wohnte wie das Ex-Model in Bel Air und hatte Smith zufällig vor ihrem Haus gesehen. Dieses Haus war pink gestrichen und sah auch ansonsten schrecklich aus, paßte damit aber irgendwie zum derzeitigen Erscheinungsbild seiner Besitzerin. In der Einfahrt parkte ein rotes Mercedes-Cabrio 500 SL mit texanischem Kennzeichen.

Unser Plan war einfach: Ich würde mich mit meinem Auto etwas versetzt auf die andere Straßenseite stellen, so daß ich durch die Heckscheibe den Eingang und die Einfahrt im Blick hatte und gegebenenfalls fotografieren konnte. Andreas wartete in 200 Meter Entfernung, bereit, die Verfolgung aufzunehmen, sobald ich ihm meldete, daß Smith das Haus verließ. Um beim Einparken nicht aufzufallen und um nichts zu verpassen, war ich jeden Morgen pünktlich um 7 Uhr vor Ort. Es gibt wohl keinen Promi in Hollywood, der freiwillig um diese Uhrzeit aufsteht, unsere Chancen standen also gut, wenn wir so früh schon an Ort und Stelle waren. Bis ungefähr 8.30 Uhr hatte ich meine Ruhe. Ich saß im Auto, hörte leise Radio und las Zeitung. Ab 9 Uhr strahlte die Frühlingssonne immer stärker auf den schwarzen Lack, von Minute zu Minute wurde es heißer. Die Fenster mußte ich aus Sicherheitsgründen geschlossen halten, der Schweiß lief mir deshalb bald in Strömen den Körper hinunter.

So gegen 9 Uhr fuhr fast täglich ein grüner Jeep Cherokee vor. Da auf dem Nummernschild „Maldini" zu lesen war, gaben wir diesen Namen auch dem Fahrer, einem etwa 40jährigen Mann südländischer Herkunft. Vermutlich war er Anna Nicoles „persönlicher Assistent". Jeder Hollywood-Star hat mindestens einen Helfer, der den ganzen unwichtigen Kram erledigen muß: einkaufen, Geschenke besorgen, Bankgeschäfte erledigen usw. Maldini holte Anna Nicoles Sohn von der Schule ab, kaufte ein und fuhr seine Chefin hin und wieder zu Terminen. Obwohl wir noch kein Wort mit ihm gewechselt hatten, flößte er uns Respekt ein. Maldini lächelte selten und war ziemlich kräftig. Jedes Mal, wenn er das Haus verließ, betete ich, daß er mich nicht entdeckte. Denn da Fahrer- und Beifahrerfenster nicht völlig dunkel abgetönt waren – das ist polizeilich verboten –, hätte er mich aus nächster Nähe unter Umständen doch sehen können. Auf jeden Fall sorgte ich dafür, daß vorne keine verdächtigen Gegenstände wie Boulevard-Magazine, Filme oder gar Kameras herumlagen.

Wenn Anna Nicole bis 14 Uhr nicht das Haus verlassen hatte, brachte mir Andreas etwas zu essen. Bis wir unsere Fotos hätten, würde ich meinen Beobachtungsposten nicht verlassen. Maldini sollte das Gefühl bekommen, daß mein Auto zum Straßenbild gehörte, sich abzuwechseln hätte nur für unnötige Aufmerksamkeit gesorgt. Und auch die Nachbarn waren ein nicht zu unterschätzendes Sicherheitsrisiko – ein kleiner Tip an Anna Nicole, und unsere Geschichte wäre sofort zu Ende gewesen. Die Essens-Übergabe mutete an wie eine Szene aus einem billigen Spionagefilm. Wenn die Luft rein war, fuhr Andreas mit seinem Wagen ganz dicht an meinen heran, ich öffnete eines der Seitenfenster einen Spalt breit, und Andreas schob blitzschnell eine Portion Gyros durch.

Bis 14 Uhr war die Warterei noch erträglich, doch die Stunden nach dem Essen waren die reinste Hölle. Ich konnte mich kaum noch wach halten und gab allmählich die Hoffnung auf, daß überhaupt noch etwas passieren würde. Oft blieb ich bis 20 Uhr abends dort, so lange war es noch hell, so lange hätten wir fotografieren können.

Das erste Mal sah ich Anna Nicole Smith am 19. April 1996, dem zweiten Tag unserer Observation. Gegen 9 Uhr morgens las ich gerade die *Los Angeles Times* – wie immer so, daß das Objekt der Observierung in meinem Blickfeld lag. Alle fünf bis zehn Sekunden schaute ich kurz auf, um ja nichts zu verpassen. Plötzlich hörte ich die Tür klacken, die man von meinem Standort aus nicht sehen konnte, da sie am Ende eines etwa drei Meter langen Ganges lag, nach hinten ins Haus versetzt. Dann kam Smith. Sie trug eine knallenge Jeans, ein weißes T-Shirt, das sie vorne zusammengeknotet hatte, die blonden Haare waren hochgesteckt. Mann, dachte ich, ist die fett! Ich riß sofort das 350er hoch und schoß ein paar Bilder. Das Ex-Model ging kurz zu ihrem Mercedes, holte etwas heraus und verschwand im Haus. Für eine elend lange Woche sollte dieser Kurzauftritt auch ihr letzter bleiben. Es war wie verhext, wir bekamen sie einfach nicht mehr zu Gesicht. Allmählich kamen Zweifel auf: War sie vielleicht irgendwann in der Nacht abgehauen, während wir uns zu Hause ausruhten?

Trotzdem waren wir jeden Morgen pünktlich um 7 Uhr wieder zur Stelle. Auch wenn wir Anna Nicole weiterhin nicht zu sehen bekamen, kam doch ständig Besuch vorgefahren, und so gaben wir die Hoffnung nicht auf. Was uns zusätzlich zum Weitermachen motivierte, waren Geräusche, die aus ihrem Garten zu uns herüberdrangen. Es hörte sich an wie Eisen, das auf Eisen schlug, und zwar in so regelmäßigen Abständen, daß ich das Gefühl nicht loswurde, im Garten würde jemand Gewichte stemmen. Anna Nicole höchstpersönlich? Das mußten wir herausfinden.

Am nächsten Morgen stand Andreas bereits um 5.30 Uhr auf, zog zur Tarnung olivfarbene Klamotten an, fuhr zu Anna Nicole und suchte im Schutze der Dunkelheit nach einem geeigneten Nachbargrundstück, von dem aus er Anna Nicoles Garten beobachten und sich verstecken könnte. Ich kam wie üblich um 7 Uhr nach, und eine halbe Stunde später meldete sich Andreas erstmals über Funk.

„Also, wir haben richtig gelegen", flüsterte er. „Hier steht eine komplette Hantelbank neben dem Pool. Außerdem ist hier ein Swimmingpool, auch pink gestrichen. Du wirst nicht glauben, was in riesengroßen Lettern auf dem Boden steht: ‚Anna Nicole forever!' Die hat s'e doch nicht alle, oder?"

„Und wo bist du?" fragte ich.

„Auf dem Nachbargrundstück. Ich liege in einem Gebüsch, das direkt an ihren Zaun grenzt. Ideales Versteck."

Kurze Zeit später fuhr Maldini vor. Und dann begann die Warterei. Jede volle Stunde meldete sich Andreas, doch noch war nichts passiert. Gegen 11 Uhr tauchten Maldini und Annas Sohn kurz im Garten auf, ohne Andreas zu bemerken. Ich mochte mir nicht ausmalen, was Maldini machen würde, falls er ihn im Gebüsch entdeckte. Die nächsten sechs Stunden blieb es ruhig, doch gegen 17 Uhr wurde es brenzlig. Andreas meldete sich verzweifelt über die Funke:

„Ey, verdammte Scheiße, hier ist eben die Sprinkler-Anlage losgegangen, ich bin klitschnaß, wenn ich nicht bald hier abhaue, sind die Kameras im Arsch ..."

„Dann hau doch ab!" sagte ich ganz selbstverständlich.

„Geht nicht. Der Nachbar sitzt nur ein paar Meter von mir entfernt und zupft Unkraut. Es dauert auch nicht mehr lange, dann entdeckt der mich sowieso. Wir müssen irgendwas unternehmen. Kannst du nicht bei den Nachbarn klingeln und den Typen ablenken?"

Zwei Minuten später stand ich bei Anna Nicoles Nachbarn vor der Tür. Ich wußte, daß dort ein asiatisches Ehepaar mit seinen zwei Söhnen wohnte. Doch was sollte ich jetzt sagen? Ich klingelte, und wenige Sekunden später öffnete die Frau. Mist, der Mann war wahrscheinlich noch im Garten.

„Guten Tag, entschuldigen Sie die Störung, ist Ihr Mann zu Hause?"
„Wieso fragen Sie?" erwiderte die Frau.

„Ach, ich hatte neulich nicht weit von hier einen Unfall, und eines der Autos, das wenige Sekunden später an der Unfallstelle vorbeikam, war ein weißer Lexus ... so einer wie Ihrer ..." Ich deutete auf den Wagen, der in der Einfahrt stand. „Nun ... ich brauche noch Zeugen ..."

„Tut mir leid, wir haben keinen Unfall gesehen", sagte die Frau und knallte mir die Tür vor der Nase zu.

Ich war etwas verdutzt, aber nicht unbedingt überrascht. Schließlich waren wir hier in Bel Air. Die Leute, die hier wohnten, hatten es im Leben zu etwas gebracht, jeder Fremde, der unangemeldet vor der Tür stand, war eine Bedrohung.

Wieder im Auto, funkte ich meinen Partner an: „Andreas?"

„Ey, Alter, warum bist du nicht bei den Nachbarn?"

„Ich war schon da, die Frau hat mir die Tür vor der Nase zugeknallt."

„Also, ich gebe mir noch zwei Minuten, dann geht hier 'ne Bombe hoch..."

„Okay, ich versuch's noch mal, bleib tapfer!"

Ich klingelte ein zweites Mal, wieder öffnete die Frau.

„Bitte hören Sie mir doch erst mal zu", sagte ich in flehendem Ton, „der Fahrer des Wagens sah asiatisch aus, könnten Sie Ihren Mann nicht wenigstens einmal fragen? Könnte ich vielleicht kurz mit ihm sprechen?"

Die Frau starrte mich ein paar Sekunden ungläubig an. „Na gut, warten Sie einen Moment!" Wenig später erschien der Ehemann. Er trug verdreckte Jeans und ein Hemd mit Löchern, offensichtlich kam er aus dem Garten. Ich atmete auf. Nach einer kurzen Unterhaltung, die natürlich nichts weiter ergab, bedankte und verabschiedete ich mich. Andreas hatte sich inzwischen aus dem Staub gemacht ...

Die Warterei zehrte zunehmend an unseren Nerven. Am Mittwoch, dem 1. Mai, morgens um 9 Uhr, tauchte sie endlich wieder auf, noch voll im Futter und im Trainingsanzug. Maldini war an diesem Morgen bereits gegen 8 Uhr gekommen, und jetzt stiegen beide in seinen Wagen. Dummerweise war ich allein, denn Andreas war mit zwei Reportern von *Focus-TV* unterwegs, die einen Bericht über uns drehten – den ersten von vielen. An diesem Morgen wollten sie bei Andreas zu Hause filmen. Jetzt hatten wir den Salat.

Bei Anna Nicole war die erste Minute der Verfolgung immer die kritischste. Nachdem sie links aus ihrem Driveway herausgefahren war, bog sie nach zwei engen Kurven rechts auf eine andere Straße, die nach 100 Metern an einer Ampel auf den Sunset Boulevard traf. Wir warteten immer so lange, bis das Auto, das wir verfolgten, ungefähr auf der Straße zum Sunset war, dann setzten wir uns in Bewegung. So auch heute, und ich hatte Glück. Als ich hinter ihnen auftauchte, bog Maldini gerade rechts auf den Sunset. Ich gab Gas, bog ebenfalls rechts ab und konnte gerade noch sehen, wie der Cherokee auf dem Freeway 405 Richtung Valley fuhr.

Auf dem Freeway war die Verfolgung leichter, heikel wurde es erst wieder, als sie zehn Ausfahrten weiter auf den Ventura Boulevard Richtung Studio City bogen. Ich blieb dran, bis Maldini den Cherokee in die Tiefgarage eines Shopping Center steuerte. Ich parkte und wartete auf einer Bank vor dem Center. Nach einer halben Minute kamen Anna Nicole und Maldini aus dem Fahrstuhl und liefen direkt an mir vorbei in eine Art Innenhof. Smith trug eine Sonnenbrille, um nicht sofort erkannt zu werden, dennoch drehten sich haufenweise Leute nach ihr um. Am Ende verschwanden das Ex-Model und ihr Begleiter in einem Geschäft, auf dessen Scheiben zu lesen war: *Bill's Body Styling* – ein Fitneßstudio. Es war kaum zu glauben – genau das, was wir uns gewünscht hatten!

Jetzt ging alles sehr schnell: Anna Nicole saß wenig später auf einem Hometrainer, Maldini kam heraus und setzte sich auf einen Stuhl, etwa drei Meter vom Fitneßstudio entfernt. Durch die Scheiben war Smith deutlich zu erkennen. Ich stand nur wenige Meter entfernt und fragte mich, ob ich fotografieren sollte. Um mich herum standen haufenweise Passanten, Maldini war in unmittelbarer Nähe, und vom Fitneßstudio aus konnte mich auch jeder sehen. Es gab keine Stelle, von der aus ich Anna Nicole beobachten konnte, ohne aufzufallen. Ohne Hilfe erschien mir eine Aktion aussichtslos. Da Smith vermutlich nicht das letzte Mal hier trainieren würde, setzte ich auf eine zweite, bessere Chance.

Als ich Andreas die Neuigkeiten berichtete, meinte auch er, daß ich richtig gehandelt hätte. Am nächsten Morgen wollten wir die Sache mit vereinten Kräften angehen. Doch unsere Hoffnungen auf schnelle Fotos und gutes Geld wurden vorerst enttäuscht. Zunächst hieß es wieder: Warten!

Während ich endlose Stunden vor Anna Nicoles Haus verbrachte, quälte sich Andreas mit einem Kameramann und einem Reporter herum. Ich war froh, daß er mich damit in Ruhe ließ. Auch Andreas war nicht besonders heiß darauf, im Fernsehen zu erscheinen, aber der Vorteil an der Sache war, daß wir jedem Sender, der über uns berichtete, auch Fotos verkauften, die sie in ihren Beitrag einarbeiteten. Das brachte jedesmal ein- bis zweitausend Dollar extra. Und so nahm Andreas den Streß auf sich.

Am nächsten Abend gingen wir vorsorglich einkaufen. Da das Fitneß-studio nicht viele Möglichkeiten bot, um unbemerkt Fotos zu schießen, mußten wir in die Trickkiste greifen. In einem Bürozubehör-Geschäft kauften wir einen Filofax, den wir mit einem Teppichmesser bearbeiteten, bis wir eine Pentax-Pocketkamera darin versenken konnten, eine licht-starke, äußerst präzise Kamera. Den Filofax kleisterten wir mit Aufkle-bern zu, so daß das Loch für die Linse kaum auffiel.

Am Montag hatten wir Glück. Die *Focus-TV*-Leute wollten heute woanders drehen, Andreas war frei. Punkt 11 Uhr verließen Smith und Maldini das Haus und fuhren Richtung Valley. Beim Fitneßstudio ange-kommen, sahen wir, daß Smith die einzige Kundin war. Hinter dem Tre-sen stand nur eine einzige junge Angestellte des Studios. Und Maldini blieb auch nur ein paar Minuten, dann ging er einkaufen.

„Laß uns reingehen und für Fitneßstunden einschreiben. Du lenkst die Tussi ab, und ich versuche, ein paar Bilder zu machen", sagte Andreas.

Alles lief nach Plan. Ich erkundigte mich nach Preisen und ließ mir ein Anmeldeformular geben. Andreas lief im Studio herum und musterte die Geräte. Hin und wieder stellte er dumme Fragen. Anna Nicole stand mit dem Rücken zu uns auf einem Laufband. Das enge Trainings-Outfit betonte ihre üppigen Formen zusätzlich, ich mußte mich zwingen, nicht ständig in ihre Richtung zu starren. Andreas hielt das Filofax an der Hüfte, die Linse auf Smith gerichtet.

Allmählich gingen uns die Fragen aus.

„Sorry, aber ihr könnt' leider nicht hierbleiben", meinte die junge Angestellte. „Wir haben jetzt nur für Privat-Kunden geöffnet." Sie wies uns höflich, aber bestimmt den Weg zur Ausgangstür.

Gleich um die Ecke gab es ein One-Hour-Fotolabor, wo wir die Filme abgaben und hofften, daß die Hüftschüsse etwas geworden waren. Einen zweiten Versuch hätten wir heute kaum noch starten können – unter wel-chem Vorwand sollten wir noch einmal in die Privatstunde platzen?

Nach zwanzig Minuten war der Film entwickelt. Mit einer Lichtlupe prüften wir die Negative und: Bingo! Es gab zwei scharfe Motive, eines zeigte Smith von schräg hinten, man konnte sogar ihr Gesicht erkennen. Und auf dem zweiten Foto, das sie direkt von hinten zeigte, war überdeut-lich der Grund ihres Besuches im Fitneßstudio zu erkennen. Aber wir wollten noch mehr, Magazine kauften Bilder viel eher, wenn sie ganze Fotoserien drucken konnten.

Uns war aufgefallen, daß Anna Nicole Smith immer dann ins Studio fuhr, wenn es für die gewöhnliche Kundschaft geschlossen wurde: mittags 12 Uhr. Was sollten wir machen? Da kam uns eine grandiose Idee: Was, wenn wir eine Kiste direkt vor das Fenster des Studios stellen würden? Eine Kiste, die groß genug war, um Andreas hineinzusetzen, mit einem Guckloch, durch das er fotografieren konnte?

Am Morgen des 7. Mai 1996 fuhren wir zuerst zu einem Baumarkt in der Nähe des Fitneßstudios. Andreas hatte einen großen Karton dabei, in dem vor ein paar Tagen sein neuer Fernseher angeliefert worden war. Jetzt benötigten wir noch eine Karre, mit der ich Andreas in der Kiste vor das Fenster schieben konnte, sowie einen Overall, der mich wie einen Lieferanten aussehen ließ.

Mit dieser Ausstattung gingen wir in der Nähe des Shopping Center in Stellung und warteten auf Smith und Maldini. Um die Risiken zu verringern, wollten wir sie nicht von Bel Air aus verfolgen.

Kurz vor 12 Uhr tauchte der grüne Cherokee auf. Wir fuhren auf einen benachbarten Parkplatz und bereiteten die Aktion vor. Andreas kroch in die Kiste, bewaffnet mit einem 50 mm-Objektiv, einer Videokamera und einem Funkgerät. Als ich ihn in Embryo-Stellung daliegen sah, mußte ich lachen, das sah zu komisch aus. Anschließend versiegelte ich die Kiste mit Klebeband und schrieb oben drauf: „For Mr. Gallagher". Im Overall und mit Baseballmütze auf dem Kopf rollte ich mit meiner Last los. Andreas kam mir unwahrscheinlich schwer vor, ich mußte höllisch aufpassen, daß die Karre nicht umkippte. Ich war nervös.

Vor dem ziemlich leeren Fitneßstudio stellte ich die Kiste zwischen zwei Sammel-Briefkästen ab, die in ungefähr drei Metern Entfernung vom Fenster neben dem Fahrstuhl-Schacht standen. Dann setzte ich mich um die Ecke auf eine Bank. Nach zehn Minuten meldete sich Andreas via Funke. Er flüsterte, ich mußte mich konzentrieren, um ihn zu verstehen.

„Komm sofort her, die Postbotin macht tierisch Streß wegen der Kiste, du mußt mich woanders hinschieben."

Ich lief los, entschuldigte mich bei der zeternden Briefträgerin dafür, daß ich ihr den Weg versperrt hatte, und schob Andreas um die Ecke zu der Bank, auf der ich eben gesessen hatte.

„Laß uns kurz warten", flüsterte Andreas mir zu, „dann schiebst du mich wieder hin, okay?" Seine Stimme klang dumpf.

„Alles klar!" sagte ich. „Hast du schon Fotos?"

„Ja, ein paar gute Motive hab ich ... Aber ich glaube, es ist noch mehr drin!"

Im selben Moment sah ich die Postbotin zu ihrem Transporter laufen.

„Okay, sie ist weg, ich rolle dich wieder hin. Geht's dir noch gut da drin?"

„Na ja, ist ganz schön heiß."

„Bleib tapfer, es wird schon."

Nachdem ich Andreas wieder in die alte Position gebracht hatte, lief ich zu meiner Bank zurück, ohne noch einen Blick ins Innere des Fitneßstudios zu werfen. Ich fürchtete, daß das ganze Hin und Her den Leuten ohnehin schon aufgefallen war. Maldini war nirgends zu sehen.

Nach ein paar Minuten knackte es im Funkgerät. Zuerst dachte ich mir nichts weiter, doch dann wiederholte sich das Geräusch in regelmäßigen Abständen. Andreas? Ich drehte die Lautstärke herunter und lief zum Studio. Als ich um die Ecke bog, traute ich meinen Augen nicht: Mehrere Mitarbeiter von „Bill's Body Styling" standen starrend und staunend vor der Kiste. Ohne ein Wort machte ich mich sofort daran, das Paket aufzuladen und wegzurollen. Auf dem Parkplatz befreite ich Andreas. Das Wasser lief ihm nur so das Gesicht herunter.

„Junge, das war knapp. Die dachten, in der Kiste wäre 'ne Bombe. Eine der Tussen hat durch den Schlitz geguckt und das blinkende Licht des Funkgerätes gesehen. Da haben sie gleich von 'ner Bombe gefaselt. Schien mir besser, die Sache abzubrechen."

Aber wir hatten Glück, die Fotos waren im wahrsten Sinn des Wortes in der Kiste. Jetzt hieß es zusammenpacken und verduften. Andreas' Wagen stand direkt vor dem Center, meiner auf der anderen Straßenseite. Kurz bevor ich mein Auto erreicht hatte, sah ich Maldini und einen zweiten Mann aus dem Fitneßstudio stürmen – direkt auf Andreas zu. Anna Nicoles Assi hielt etwas in der Hand, vielleicht einen Besenstiel, und er schien verdammt wütend zu sein. Irgend jemand mußte uns beobachtet haben. Mit einigen wenigen Schritten hatte Maldini Andreas' Auto erreicht und rüttelte an der Fahrertür – jedoch vergeblich, denn sie war bereits verriegelt. Wutschnaubend schlug er mit seinem Knüppel auf das Fenster ein, und ehe ich mich versah, zersprang das Glas. Andreas setzte mit quietschenden Reifen zurück und bog auf den Ventura Boulevard ein. Maldini rannte ihm hinterher.

Zufälligerweise standen an diesem Stück des Ventura gerade mehrere Polizeiwagen. Vor einer Stunde war hier der schwarze Komiker Martin Lawrence festgenommen worden, weil er, offenbar unter Einfluß von Medikamenten, mitten auf der Straße mit einer Pistole rumgefuchtelt hatte und auch noch auf Polizisten, die eingreifen wollten, losgegangen war.

Andreas hielt sofort an und brüllte einem der Cops zu: „Der Typ dort greift mich an. Können Sie ihn bitte stoppen?"

Innerhalb von wenigen Sekunden wurden die Karten neu gemischt. Wir hatten nichts Illegales getan, jedenfalls nichts, wofür sie uns hätten belangen können. Doch mit einem Stock auf ein Auto einzuschlagen war definitiv rechtswidrig.

„Wenn ihr wollt, könnt ihr ihn festnehmen lassen", sagte einer der Cops, nachdem er uns einzeln nach den Vorgängen befragt hatte. Schließlich gab es keine Hinweise darauf, daß wir ein Gesetz gebrochen hatten. Wir hatten ihnen sogar gestanden, daß wir Paparazzi im Einsatz waren.

Wir überlegten kurz, dann beschlossen wir, den armen Maldini nicht noch weiter zu quälen.

„Ist schon okay" sagte Andreas großmütig, „Hauptsache, er läßt uns jetzt in Ruhe."

Noch am Nachmittag brachte ich das Video zu *Hard Copy*, und Andreas entwickelte in unserem Stammlabor *Foto First* in Beverly Hills die Filme. Eine Stunde später rief Valerie, unsere Kontakt-Redakteurin bei *Hard Copy*, an und erzählte, Anna Nicole habe Anzeige gegen „Unbekannt" wegen Belästigung erstattet. Darüber gebe es schon einen fertigen Beitrag, für unser Material sei deshalb jetzt kein Platz mehr. Zumal es sich bei „Unbekannt" ja wohl um uns handeln würde.

Um dem Ganzen die Krone aufzusetzen, hatte in derselben Sendung von *Hard Copy*, die den „Belästigungsbeitrag" brachte, auch Martin Lawrence einen Drei-Minuten-Auftritt. Ein Fernsehteam hatte dabei auch auf jene Polizeiautos gehalten, die unsere Angelegenheit geregelt hatten. Für einen kurzen Augenblick waren wir sogar im Bild, obwohl es sich um ein ganz anderes Thema handelte. Ohne Absicht waren wir so an diesem Tag gleich zweimal im Fernsehen.

Mit den Bildern, die wir an diesem Tag schossen, nahmen wir rund 30 000 Dollar ein.

VI

Freie „Schußbahn" auf Tom Cruise: Am Set von *Jerry Maguire*

Auch der nächste heiße Tip kam von Francis: Ihr Bruder Pete war Produktionsassi am Set von *Jerry Maguire* und wollte uns – natürlich gegen Bezahlung – während der Dreharbeiten zu Fotos verhelfen. Star des Films war Tom Cruise. Er spielte einen Sportagenten, der einem farbigen Footballer, dargestellt von Cuba Gooding jr., zum großen Geld verhelfen will. Die Stadion-Szenen wurden im Sun Devil Stadium in Phoenix, Arizona, gedreht.

Am bequemsten wäre es gewesen, wir hätten uns in den Flieger gesetzt, aber wir brauchten zumindest eines unserer Autos in Phoenix, um besser observieren und fotografieren zu können. Also fuhren wir los. Am Mittag darauf kamen wir in Phoenix an. Ich kannte die Stadt gut, da ich hier ein Jahr als Austauschschüler verbracht hatte. Auch an die Hitze war ich gewöhnt. Jetzt, am 7. Mai, hatten wir schon 35 Grad im Schatten.

Wir mieteten für Andreas ein Zimmer in einem Hotel in Tempe, dem Bezirk, in dem auch die Arizona State University und das Sun Devil Stadium liegen. Ich wollte bei Jonathan schlafen, einem alten Kumpel aus meiner Schulzeit. Im Hotelzimmer gab es eine kleine Lagebesprechung, dann nahmen wir Kontakt mit Pete auf, der sehr geheimnisvoll tat. Erst beim zweiten Gespräch – dazwischen mußten wir ewig warten – wurde er konkret.

„Also", fing er an, „paßt gut auf! Kommt in einer Stunde, also um Punkt 14 Uhr, zum Trainingsgelände, das ist nicht am Stadion, sondern ganz im Süden von Tempe, hier, ich geb' euch die Adresse ..."

Zur verabredeten Zeit gelangten wir zu einem riesigen Grasfeld mitten in einer stinknormalen Wohngegend. Am Rand des Geländes standen kleine Tribünen und ein paar flache Gebäude mit Geräte- und Umkleideräumen. Hier also trainierten die Phoenix Cardinals, ein NFL-Team, das

59

seine Spiele im Sun Devil Stadium bestritt. Zwei Stunden warteten wir hier auf einen Anruf von Pete, der uns mitteilen wollte, in welchem Auto Cruise das Set nach den Dreharbeiten verlassen würde, so daß wir ihn verfolgen und seine Adresse, wahrscheinlich ein Luxus-Hotel, herausbekommen konnten. Selbst Pete, der dem „assistant director", also dem zweiten Regisseur, unterstand, wußte nicht, wo der Superstar abgestiegen war. Cruise war zu dieser Zeit schon so abgehoben, daß selbst wichtige Helfer bei seinen Filmen nicht mehr über ihn wußten, als auf dem allmorgendlichen „production sheet" steht.

Als sich Pete am späten Nachmittag immer noch nicht gemeldet hatte, wählten wir wieder seinen Pieper an. Zehn Minuten später kam der Rückruf. Nach einer kurzen Unterhaltung legte Andreas wieder auf und berichtete, wir sollten Pete in fünf Minuten am Eingang treffen, ohne Kameras. Was das sollte, wußten wir nicht.

Als wir den kleinen Wachposten am Eingang des Geländes erreichten, kam Pete uns entgegen. Seine Selbstbeschreibung stimmte, er war groß und schlank, die Sonne hatte sein Gesicht tiefrot gefärbt. In der Hand hielt er ein Funkgerät, das fast ununterbrochen quäkte. Pete gab sich übertrieben locker, hatte ein breites Grinsen auf dem Gesicht. Ich hatte ein komisches Gefühl, was diesen Typen betraf.

„Hey, was ist los, Jungs? Schön, euch zu sehen!"

„Hallo Pete, wie geht's? Gut siehst du aus!" stiegen wir in sein Wiedererkennungsspiel ein.

Als der Wachposten auf uns zukam, winkte Pete ab: „Schon okay, das sind Freunde von mir, die können mit rein!"

Ich war ziemlich durcheinander. Wir wollten doch unentdeckt bleiben – und jetzt liefen wir hier als Petes beste Kumpels übers Set. Auch Andreas war überrascht, er zuckte mit den Schultern.

Wir gingen vorbei an Trailern, den Wohnmobilen, in denen die Schauspieler zwischen den Drehs ruhen können. Überall liefen Leute herum, viele mit Funkgeräten; alles roch nach Arbeit. Plötzlich schlug Petes Freundlichkeit in Kommandoton um. Auffällig laut schickte er uns in einen Raum, in dem ein paar Geräte und zwei Getränkeautomaten standen. Dann und wann kam irgend jemand herein, schnappte sich etwas zu trinken und verschwand wieder. Wir taten so, als würden wir uns ausruhen.

Nach drei Minuten kam Pete herein. Jetzt redete er wieder normal und teilte uns mit, daß heute tatsächlich ein paar Szenen mit Tom Cruise gedreht würden.

60

„Ja, und? Was sollen wir machen? Wir haben ja nicht mal Kameras dabei", meckerte Andreas.

„Fürs erste wollte ich euch doch nur zeigen, daß er hier ist und daß ich euch aufs Set bringen kann."

„Das ist ja auch gut, aber wir müssen vor allem Fotos machen können."

Pete schien zu spüren, daß wir sauer waren, und fragte nach unserer Zimmernummer im Hotel.

„Okay, wir treffen uns dort um 21 Uhr", bemerkte er anschließend. „Und jetzt geht einfach wieder zurück. Tom wird gegen 18 Uhr in einem schwarzen Chevy Suburban nach Hause gefahren. Der Wagen steht genau neben seinem Trailer, der silberne, gleich vorne am Eingang."

Beim Rausgehen sahen wir den silbernen Trailer, daneben stand ein Suburban mit verdunkelten Scheiben, bewacht von einem Bodyguard in Jeans, weißem Polohemd, Sonnenbrille und Army-Haarschnitt. Cruise schien gerade Pause zu haben.

Draußen atmeten wir tief durch. Die ganze Aktion war absolut unnötig gewesen, aber wir hatten Glück gehabt. Jetzt gingen wir an verschiedenen Stellen in Warteposition, jeder ungefähr 200 Meter vom Eingang des Trainingsfeldes entfernt, und beobachteten mit Ferngläsern jedes Auto, das rauskam.

Gegen 18.30 Uhr fuhr der Suburban los. Im Vorbeifahren konnte ich am Steuer den Bodyguard erkennen, der an Cruises Trailer gestanden hatte. Dies gab ich Andreas durch, der als erster die Verfolgung aufnahm. Ich folgte im Abstand von rund 100 Metern. Kurz darauf waren wir auf dem Freeway Richtung Downtown Phoenix. Der Suburban zog das Tempo an, wir verloren ihn aus den Augen. Hatten sie uns etwa schon entdeckt? Der Bodyguard fuhr jedenfalls unglaublich schnell, circa 90 Meilen pro Stunde, wo gerade 65 Meilen erlaubt waren. Nach rund zwei Minuten hatten wir den Suburban wieder im Blick, doch inzwischen waren rund 20 Autos zwischen uns.

Über der Skyline von Downtown Phoenix ging allmählich die Sonne unter, der Himmel färbte sich lila. Dann endlich, nach etwa 25 Minuten, hatte die Raserei in Scottsdale ein Ende. Der Suburban bog ab, ging jetzt auf normales Tempo zurück, und nach weiteren fünf Minuten standen wir vor der exklusiven Hotelanlage *Three Palms*. Der Suburban steuerte einen Parkplatz neben Bungalows an, die ebenfalls zum Hotel gehörten. Mindestens zwei Personen verschwanden nun zwischen den Bungalows, doch wir konnten nicht erkennen, ob Cruise dabei war, denn dafür war es bereits zu dunkel.

Zur verabredeten Zeit kam Pete völlig aufgedreht in unser Hotelzimmer gestürmt. Nachdem wir ihm von den Ergebnissen unserer Verfolgung erzählt hatten, erläuterte er endlich seinen Plan.

„Also, ich werde euch auf die Statisten-Liste setzen. Und zieht euch das rein: Ihr seid Sportfotografen, könnt eure Kameras mit reinnehmen. Morgen werden haufenweise Szenen im Stadion gedreht, viele mit Tom. Ihr steht an der Seitenlinie und könnt in Ruhe eure Fotos machen."

„Nicht schlecht", sagte Andreas, „aber werden wir da nicht auf Filme gecheckt?"

„Klar, aber ich bin derjenige, der die Kameras nach Filmen durchsucht. Um ganz sicher zu gehen, gebt ihr mir am besten die Filme, ich schleuse sie für euch ein."

Andreas und ich grinsten – wirklich kein schlechter Plan. Wir besprachen noch ein paar Einzelheiten, dann stand Pete auf. Er war schon fast draußen, da drehte er sich noch mal um. „Das kostet euch aber was, Jungs! Wie machen wir das eigentlich mit der Bezahlung?"

„Wie besprochen", sagte Andreas. „500 Dollar vorab und zehn Prozent vom Gewinn. Willst du die 500 jetzt haben?"

„Ja, das ist mir lieber!"

Andreas kramte ein paar Scheine aus der Tasche und gab sie unserem Helfer. Wir verabredeten uns für den nächsten Tag auf dem großen Parkplatz vor dem Stadion, wo sich die Statisten einfinden sollten. Unsere Namen würden auf der Liste stehen.

Später am Abend fuhr ich zu Jonathan, der im Vorort Mesa wohnte, ungefähr zehn Minuten Autofahrt von Tempe entfernt. Jonathan und ich waren zusammen auf die Dobson High in Mesa gegangen, und auch danach war ich noch mehrmals in Phoenix bei ihm gewesen, und wir hatten uns immer gut verstanden. Seit meiner Ankunft in Amerika hatten wir auch schon öfter telefoniert, und ich freute mich sehr darauf, ihn und seine Familie wiederzusehen. Ich konnte es kaum erwarten, Suzanne in die Arme zu schließen ...

Im Haus herrschte wie immer großer Trubel. Jonathans 17jähriger Bruder Josh hatte seine Kumpel zu Besuch, die Cousinen Kerry und Holly saßen mit ihren Männern und Kindern auf der Terrasse, Jonathans Mutter Nancy räumte in der Küche auf und der Pudel Mona spielte mit ein paar Katzen im Wohnzimmer. Jonathans Vater war vor zwei Jahren ausgezogen.

Ich umarmte Nancy, die ich seit drei Jahren nicht mehr gesehen hatte: „Hi, Nancy, wie geht es dir?"

„Hi! Mir geht es gut, aber wie geht es dir? Ich höre ja die wildesten Geschichten!" Sie grinste. „Du jagst Filmstars? Bist du ein Paparazzo?"

„So würde ich das nicht sagen", widersprach ich. „Wir fotografieren sie nur, wenn sie es nicht erwarten. Das ist ein hartes Stück Arbeit!"

„Und ihr verdient 'ne ganze Menge Geld damit, oder?"

„Ja, ein bißchen haben wir schon verdient."

„Na ja. Sag mal, hast du nicht einen Job für Jonathan?"

Ich mußte lachen. „Ich glaube nicht, daß ihm das Spaß machen würde, aber ich kann ihn ja mal fragen."

„Ja, tu das!"

Draußen war es angenehm warm und trocken, wie fast immer nachts in Phoenix. Der Himmel war klar, und der Pool am Ende des Gartens glitzerte im Mondlicht. An einem Tisch saßen ein paar Gestalten – Jonathan, Suzanne und einige andere, die ich nicht kannte. Als ich an den Tisch trat, schaute Suzanne zu mir auf. Küßchen links, Küßchen rechts.

Suzanne war eine enge Freundin von Jonathan. Sie war und ist unglaublich intelligent und attraktiv, in ihren Adern fließt indianisches und creolisches Blut. Bereits während der Schulzeit hatte sie nebenher als Model gejobbt. Wir waren zwar nie ein Paar gewesen, hatten uns aber immer bestens verstanden – so gut, daß wir mehr als einmal auf dem Rücksitz eines Autos gelandet waren. Ich war seit jeher eifersüchtig auf ihre Freunde und sie auf meine Freundinnen. Seit fünf Jahren war Suzanne mit demselben Typen zusammen, einem Skateboarder, den sie seit Ewigkeiten kannte. Natürlich konnte ich auch ihn nicht ausstehen.

Nach einigen belanglosen Worten kam Jonathan zu uns und führte mich zu seinen anderen Freunden: „Darf ich vorstellen, Mr. Paparazzo aus Los Angeles!"

Einen Großteil des Abends verbrachte ich dann tatsächlich damit, von meinem Job zu erzählen. Zum ersten Mal wurde mir klar, wie wenig allgemein über Paparazzi bekannt ist – und wie sehr sich alle für unseren Job interessieren, egal, ob sie unsere Tätigkeit gutheißen oder nicht. Suzanne hielt sich die meiste Zeit im Hintergrund. Manchmal tauschten wir Blicke aus, und als sie gegen Mitternacht ging, kam sie noch mal kurz zu mir herüber, gab mir einen Abschiedskuß und schlug vor, daß wir telefonieren sollten. Vielleicht würde sie mich mal in Kalifornien besuchen.

Ich plauderte noch eine Weile mit Jonathan. Wir tranken Bier, und er erzählte mir, daß er in Phoenix auf der Stelle treten würde. Aufs Studium hatte er keine Lust mehr.

„Meinst du, ich könnte mit euch arbeiten?"

„Keine Ahnung, ob dir das gefallen würde. Du würdest auch nicht soviel Geld verdienen wie wir. Ich kann ja mal mit Andreas reden, er ist nicht ganz einfach, weißt du."

„Versteh' schon, ist ja auch nicht so dramatisch, irgendwas werde ich hier schon machen können."

Um 1 Uhr nachts fiel ich todmüde ins Bett und wachte erst zehn Stunden später wieder auf. Im Haus war es sehr ruhig. Jonathan saß in der Küche und las Zeitung. Ich sprang in den Swimmingpool, um mich von der Hitze abzukühlen, und gegen viertel vor zwei begab ich mich auf den Weg Richtung Stadion.

Andreas' Toyota war schon von weitem zu erkennen. Der Parkplatz war ungefähr zur Hälfte gefüllt, vereinzelt liefen Leute zwischen den Autos entlang. Vor einem hohen Gitterzaun, der den Hintereingang zum Stadion absicherte, standen Buden, in denen sich die Statisten melden sollten. Wir bereiteten uns auf einen langen Tag vor, der heutige Dreh sollte bis nach Mitternacht dauern.

Ständig liefen Statisten an uns vorbei. Manche trugen Fotografenwesten, viele hatten ihre Baseball-Mützen verkehrt rum auf – wie aus dem Bilderbuch. Manche hielten zehn Jahre alte 50 mm-Kameras in den Händen, andere brachten Stative aus der Zeit der Jahrhundertwende mit, und manche Blitzgeräte erinnerten an Paparazzi, wie man sie in den Fünfzigern in den Straßen von Rom gesehen hatte. Sehr professionell wirkte das alles nicht. Mit unserer Ausrüstung – 600 mm- und 500 mm-Objektiv an Einbeinen, ein 350er, Videokamera, Fernglas, Batterien, Lesestoff und Funktelefon, dazu mehrere Konverter für die Objektive und ein Doppler, der das 600er mal eben in ein 1200 mm-Objektiv verwandelte – wirkten wir hier wie Exoten.

Am Meldestand gab es Komplikationen, unsere Namen standen nicht wie verabredet auf der Liste. Pete kam hastig angelaufen und erklärte der rundlichen Frau hinter dem Tresen: „Ist schon okay, die Jungs kommen noch auf die Liste! Das sind auch Statisten, sie sollen noch mit rein."

„Alles klar", sagte die Frau und trug unsere Namen ein. Na super, dachte ich, alle anderen Namen sind per Computer ausgedruckt, nur unsere handgeschrieben. Wenn es Ärger geben sollte, würden wir bestimmt auffallen.

„Da vorne könnt ihr Klamotten holen, Fotowesten und was ihr sonst noch braucht", sagte die Frau, „Kameras habt ihr ja, die sind ja kaum zu übersehen . . ." Sie grinste, schien aber nicht mißtrauisch zu sein. „Ach ja, und heute nacht könnt ihr euch hier auch die 25 Dollar Tageshonorar abholen. Ihr kriegt nachher Karten, die ihr ausfüllen müßt, dann bekommt ihr das Geld. Hier sind die sogenannten Pressekarten. Damit seid ihr offiziell Fotografen – für heute abend!"

Anschließend marschierten wir zu einem Container, wo wir unsere Fotowesten abholten – etwas, was wir noch nie gebraucht hatten; denn auffälliger als mit Fotoweste kann sich ein Paparazzo ja wohl kaum verkleiden.

Nun mußten wir durch ein Tor im Gitterzaun, an dem alle Statisten kontrolliert wurden, damit auch ja niemand Filme mit hereinnahm. Kein Problem, denn erstens hatten wir keine dabei, und zweitens war unser Kontrolleur niemand anders als Pete. Wir folgten den anderen Statisten ins Stadion und wurden ans hintere Ende des Spielfeldes gewiesen. Dort sollten wir warten und den Instruktionen der „production assistants", der „PAs", folgen. Die Statisten wurden in zwei Gruppen aufgeteilt und sollten sich auf die unteren Reihen der Zuschauerränge setzen.

Wie es der „Zufall" wollte, wurde unserer Gruppe Pete als PA zugewiesen. Jetzt baute er sich vor uns auf und gab durch ein Megaphon Anweisungen.

„Hi, Ladies and Gentlemen, ich heiße Pedro, Sie können mich aber auch Pete nennen. Ich werde heute abend so ein bißchen die Koordination hier übernehmen und dafür sorgen, daß alles glatt über die Bühne geht. Wenn alles gut läuft, müßten wir bis 2 Uhr fertig sein . . ."

Ein Stöhnen ging durch die Ränge. Zwar wußten alle, daß es lange dauern würde, aber Petes Worte hörten sich nicht gerade vielversprechend an. Jeder wußte, daß es bei Dreharbeiten immer Komplikationen gab, die einen noch so präzise vorbereiteten Zeitplan über den Haufen warfen.

„Ihr könnt euren Teil dazu beitragen, daß alles schnell vorangeht", fuhr Pete fort, „indem ihr einfach nur meinen Anweisungen folgt und euch möglichst ruhig verhaltet, es sei denn, wir wollen, daß ihr Lärm macht. Ich werde euch immer genau sagen, was ihr tun sollt. Und damit ihr euch nicht langweilt, kann ich euch versprechen, daß ihr nachher auch Tom Cruise sehen werdet . . ."

Ein paar Frauen unter den Statisten ließen ihren Gefühlen freien Lauf und jauchzten.

„Ist ja okay . . . aber haltet eure Begeisterung erst mal noch zurück, ja?" Pete lächelte in die Ränge. Auf einmal wirkte er total relaxed, war er nicht mehr der Streßkopf, den wir bisher kennengelernt hatten. „Und die ganze

Zeit über werdet ihr mich sehen, deswegen gewöhnt euch schon mal an mich, nennt mich am besten Showmaster Pete, okay?"

Den Statisten schien das Spiel zu gefallen, sie nickten, lachten und antworteten auf Petes Fragen, als wären sie tatsächlich in einer Show. Daß sie mit lächerlichen 25 Dollar abgespeist wurden, nahmen sie offenbar in Kauf, schließlich gab's ja noch Cruise als Zugabe.

Pete schaute gelegentlich auch zu uns, aber bisher hatte er uns nicht angesprochen. Er war offensichtlich in seinem Element, und die Wüstenbewohner waren leicht zu beeindrucken. Pete konnte mit ihnen spielen.

Während die anderen „Extras" – so nennt man Statisten in Amerika – aufgeregt erzählten, in welchen Filmen sie schon mitgemacht hatten, musterten Andreas und ich das Stadion. Vor uns wurden Lichtanlagen aufgebaut, kleine Kräne mit Filmkameras rollten über den Rasen, alles wirkte ziemlich geschäftig. Bis auf ungefähr 200 Statisten, die meisten davon als Zuschauer, waren die Ränge leer. Vereinzelt konnten wir Gestalten ausmachen, die auf Fahrrädern durch die Gänge der oberen Tribünen fuhren, vermutlich Sicherheitskräfte. Wir konnten offen reden, denn Deutsch verstand ja keiner. Wenn wir gefragt wurden, gaben wir uns als Austauschschüler aus, die an der Arizona State University einen Fotokurs belegt hatten. Die teuren Objektive hätten wir von der Uni bekommen. Unter den rund 50 Statisten, die Fotografen spielten, waren etliche Freaks. Manche sahen aus wie zerstreute Professoren, die ihre 30 Jahre alten Leicas mitgebracht hatten, Geräte, mit denen sie sonst wohl tote Insekten fotografierten. Andere wirkten wie Hippies, die sich auf diese Art und Weise ein paar Dollar verdienten. Und natürlich waren auch ein paar Möchtegern-Experten dabei, die über unsere Objektive fachsimpeln wollten.

Gegen 17 Uhr verschwand die Sonne hinter dem Stadion, die ersten Scheinwerfer wurden angeschaltet. Irgendwann tauchte Pete, der seit längerem verschwunden war, wieder auf und kam direkt auf uns zu.

„Ihr zwei da, kommt mal mit! Und laßt eure Kameras ruhig hier, die klaut ja keiner!"

Wir standen auf und folgten ihm hinter die Tribünen am Ende des Spielfeldes. Pete schaute sich kurz um, dann holte er aus seiner gelben Windjacke eine Plastiktüte mit rund zehn Filmen.

„Hier, ich habe noch mehr gebunkert, ihr müßt nur Bescheid sagen, wenn ihr sie braucht. Tom soll in einer Stunde das erste Mal aufs Feld kommen. Und jetzt zurück, schnell!"

Wir kehrten zu den anderen Statisten zurück und bewaffneten in einer ruhigen Minute unsere zwei Kameras mit Filmen. Dann warteten wir ab.

Nach etwa zwei Stunden, es war inzwischen stockdunkel, wurden die ersten Szenen gedreht. Wir mußten uns am Rand des Spielfeldes aufstellen und die Kameras auf Cuba Gooding Jr. halten. Gooding rannte in dieser Szene über das halbe Feld, wir sollten nur dem Spielzug folgen, da die Filmkamera auch an den Fotografen vorbeischwenkte. Andreas machte ein paar Probebilder von Gooding. Seine Kamera klickte auffällig laut, und ich schaute mich verunsichert um, ob einer der anderen etwas mitbekommen hatte – aber niemand schaute in unsere Richtung. Über zwei Stunden wurden verschiedene Szenen auf dem Feld gedreht, und zwischen den Klappen gab es ewig lange Pausen, in denen Kabelträger und andere Helfer Veränderungen an der Szene vornahmen.

Gegen 22 Uhr kam unter den Statisten plötzlich Unruhe auf. Am anderen Ende des Spielfeldes stand Tom Cruise mit verschränkten Armen am Eingang eines Stadiontunnels und schaute gelassen auf das hektische Treiben. Sofort kam einer der PAs zu uns herüber.

„Keiner richtet seine Kamera auf Mr. Cruise, ist das klar? Ich bitte um Verständnis, aber er wünscht das so. Bitte halten Sie die Kameras nur in seine Richtung, wenn es von Ihnen verlangt wird. Danke!"

Ich konnte kaum glauben, was ich gerade gehört hatte. Der Typ mußte doch paranoid sein. Andreas grinste, und als ich nach ein paar Minuten die Sicht eines PAs auf meinen Partner verdeckte, schoß er ein paar Bilder von Cruise. Wir waren allerdings viel zu weit weg, um wirklich brauchbare Ergebnisse zu bekommen. Andreas versuchte, das Einbein so ruhig wie möglich zu halten und benutzte das 600er ohne Doppler, der die Lichtstärke des Objektives nochmals verringert hätte. Außerdem waren die Motive langweilig, wenn wir was verkaufen wollten, mußten wir Cruise in Action bekommen. Also hieß es wieder einmal: Warten!

Gegen Mitternacht kam Pete zu uns. Er hatte hier und da schon mit anderen Statisten geplaudert, und als niemand in Lauschweite war, gab er uns nun die neuesten Infos.

„In den Gängen zwischen den Umkleidekabinen werden später Szenen mit Cruise und Fotografen gedreht. Das ist zwar nicht eure Gruppe, aber ich werde euch dazuholen, wartet also einfach hier auf mich."

Wieder folgten zwei endlos langweilige Stunden, bis uns Pete gegen 2 Uhr abholte. Als wir bei den Kabinen ankamen, waren schon alle „Fotografen" vor Ort. Wir wurden in einen engen Gang gepfercht, und der

Regisseur Cameron Crowe stand am Ende des Ganges und gab Anweisungen.

„Liebe Leute, ich weiß, es ist schon spät, aber diese Szene müssen wir heute noch abdrehen. Also, Mr. Gooding wird hier stehen, und Mr. Cruise kommt aus dieser Tür. Die beiden umarmen sich, reden, dann telefoniert Mr. Cruise mit einem Funktelefon. Sie müssen, sobald Mr. Cruise aus der Tür kommt, wie verrückt fotografieren und filmen. Leute mit Blitzgeräten sollten am besten ganz vorne stehen. Springen Sie den beiden förmlich ins Gesicht, rufen Sie ihre Namen, fuchteln Sie wild mit den Armen und so . . .“

Wir probten ein paar Mal ohne Schauspieler, dann rief jemand: „Achtung! Bitte Platz machen!“ Jetzt wurde Cruise durch die „Fotografen“-Meute geführt. Da er einen Kopf kleiner war als die meisten Statisten, sah ich ihn erst relativ spät. Das sollte Hollywoods Herzensbrecher Nummer eins sein? Der Schauspieler wirkte eher unscheinbar, ohne Aura. Und doch begannen die Augen vieler unserer „Kollegen“ in diesem Moment auf unerklärliche Weise zu glänzen. Einige waren für Sekunden regelrecht high.

Andreas hatte sich ganz nach vorne gedrängelt. An seinem Gürtel hing ein dickes Akkugerät, das mit dem Blitz verbunden war. Mit dem 20-35 mm-Weitwinkel-Objektiv war er nahezu unschlagbar. Er hatte mit Abstand das professionellste Equipment am Set, nur sein jugendliches Erscheinungsbild paßte irgendwie nicht zu dieser Ausrüstung. Doch dies fiel niemandem auf, ebensowenig, wie irgend jemand bemerkte, daß er einen Film in der Kamera hatte.

Dann ging alles rasend schnell. Ein paar PAs riefen „Rolling!“, was soviel bedeutet wie „Ruhe“, und Crowe ließ ein langgezogenes „Aaand Action!“ folgen. Cruise stürmte aus einer Tür, fiel Gooding in die Arme, unterhielt sich mit ihm und kramte ein Funktelefon aus der Tasche. Andreas bewegte sich wie ein echter Pressefotograf, aggressiv und doch immer mit rund 80 Zentimetern Abstand. Er schoß nur wenige Bilder, eine ganze Rolle konnte er nicht durchrattern lassen, da Filme Wechseln hier nun wirklich nicht angesagt war.

Nach rund 40 Sekunden rief Regisseur Crowe „Cut!“, das Blitzlichtgewitter nahm ein abruptes Ende. „Sehr gut“, bemerkte der Regisseur und schaute zu Andreas, „besonders du da vorne, das war super. Laßt es uns gleich noch mal machen. Tom, Cuba – alles okay?“

Die Szene wurde mehrmals wiederholt, und fast ebensooft holte sich Andreas ein Lob von Crowe ein. Und das hatte er sich verdient – in mehr als einer Hinsicht: Die Bilder, die Andreas von Cruise und Gooding schoß, waren gestochen scharf und dokumentierten die Dynamik dieser Szene. Sie hätten vom Studio als Teil eines Promo-Pakets herausgegeben werden können.

Um halb vier in der Nacht war endlich Schluß. Wir verzichteten darauf, Cruises Suburban nachzufahren – wir waren müde und wollten nur noch ins Bett. Außerdem sollte morgen noch einmal im Stadion gedreht werden.

Am nächsten Tag, es war der 9. Mai, wiederholte sich vor dem Stadion die Einlaßprozedur, nur daß wir uns nicht mehr anmelden mußten.

Dann dauerte es erneut Stunden, bis wir zum Einsatz kamen. Erst gegen 0.30 Uhr hatte Cruise endlich seinen nächsten Auftritt. Er stand lange Zeit am anderen Ende des Feldes, so daß wir kaum etwas erkennen konnten. Andreas versuchte dennoch, ein paar Fotos zu bekommen. Jedesmal, wenn seine Kamera klickte, zuckte ich zusammen. Neben uns stand einer der „Hippie-Fotografen", starrte ständig auf unsere Objektive und musterte uns von oben bis unten. Ich wurde allmählich nervös.

Als Cruise dann für ein paar Sekunden im Sucher war, hielt Andreas den Finger eine ganze Sekunde auf dem Auslöser. Der Motor jagte fünf Bilder durch, das Rattergeräusch war deutlich zu hören. Der Hippie fixierte sofort die Kamera und starrte erst Andreas an, dann mich. Auch Andreas hatte inzwischen bemerkt, daß er beobachtet wurde, und richtete das Objektiv auf andere Motive. Doch der Hippie ließ sich nicht täuschen. Plötzlich legte er seine Kamera nieder und lief zu einer Gruppe PAs. Unser Glück war, daß ausgerechnet in diesem Moment Pete zu uns herübergeschaut und die Szene mitbekommen hatte. Er schaltete schnell und lief dem Hippie mit ernster Miene entgegen.

„Sag mal, was machst du denn da?"

Der Typ war ziemlich perplex. „Was meinst 'n du?"

„Ich will wissen, was du da machst. Hat irgendeiner gesagt, daß du dich von den anderen loseisen sollst?"

„Äh ... ich wollte euch doch nur was sagen ..."

„Ich habe das heute schon ein paarmal beobachtet", unterbrach ihn Pete. „Jetzt hör mir mal zu: Das ist eine Filmproduktion hier, wir müssen uns diszipliniert verhalten, damit alles reibungslos läuft. Du kannst hier nicht einfach auf eigene Faust losziehen. Ich glaube, das beste wäre, wenn du abhaust. Nimm's mir nicht übel, aber wir müssen uns hier an bestimmte Regeln halten. Also, pack bitte zusammen und geh. Das Geld für heute kriegst du noch ..."

Der Hippie wollte protestieren, aber Pete blieb knallhart. Andreas und ich atmeten tief durch.

Als wir nach einer weiteren Stunde immer noch keine brauchbaren Fotos hatten, wurde Andreas nervös.

„Wenn die gleich vor unserer Nase filmen", sagte er, „wissen wir nicht, ob er in unsere Richtung schaut und ob Leute im Blickfeld stehen. Das wäre 'ne Katastrophe, weil wir uns nicht mehr beliebig bewegen können, ohne daß es auffällt. Was hältst du davon, wenn wir uns da oben verstecken?" Er deutete mit dem Kopf Richtung Tribüne. „Da können wir uns bestimmt irgendwo verkriechen."

Das Stadion hatte in dieser Nacht etwas Unheimliches an sich. Bis auf die zwei-, dreihundert Leute unten auf dem Rasen war es völlig leer, aber da oben gab es garantiert jede Menge leere Gänge ... und gelangweilte Sicherheitsleute.

„Wenn's unbedingt sein muß", stimmte ich mit ungutem Gefühl zu. „Vielleicht haben wir da oben ja wirklich bessere Chancen. Aber supervorsichtig sein!"

In einem günstigen Augenblick rannten wir hinter die Tribünen und gelangten über das Treppenhaus in die oberen Stockwerke. Wie erwartet, war es hier oben ziemlich unheimlich. Aus den Megaphonen dröhnten die Anweisungen der PAs, hin und wieder schrie unten jemand „Action" oder „Cut". Wir schlichen einen riesigen Gang entlang und schauten dann und wann kurz nach unten, um zu checken, wo sich Cruise befand und welchen Blickwinkel wir hatten.

Als wir plötzlich ein Summen hörten, das schnell lauter wurde, sprangen wir hinter einen Pfeiler. Sekunden später rauschte ein Golfkart an uns vorbei, am Steuer saß ein junger Mann von der „Security". Mein Herz schlug wie rasend, das war verdammt knapp gewesen. Anscheinend fuhren sie regelmäßig Patrouille, doch wir wußten nicht, in welchen Zeitabständen.

Schließlich hatten wir die bestmögliche Position erreicht. Cruise stand inmitten der Crew, ungefähr 150 Meter Luftlinie entfernt und 20 Meter unter uns. Wir legten uns hinter der letzten Stuhlreihe flach auf den Betonboden. Doch jetzt rief unten jemand „Cut!" – und wir beobachteten durch die Stühle hindurch, wie Cruise vom Feld lief und verschwand.

Sollte alles vergebens gewesen sein? Andreas kramte sein Funktelefon aus der Tasche und wählte Pete an. Doch keine Reaktion. Erst nach gut zwanzig Minuten meldete sich unser Helfer und teilte Andreas mit, daß Cruise in etwa einer halben Stunde noch einmal herauskommen würde.

Wir hatten uns mittlerweile in einer der Imbißbuden, in denen während der Spiele Hot Dogs und Getränke verkauft wurden, unter einem Tresen verkrochen. Es war 2 Uhr, ich nickte ein paarmal ein, und auch Andreas hatte Mühe, sich wach zu halten. Auf einmal hörten wir Stimmen, die immer lauter wurden. Ein Mann und eine Frau unterhielten sich und liefen höchstens zwei Metern entfernt an uns vorbei – zwei Sicherheitskräfte, nicht viel älter als wir.

Nach einer halben Stunde ertönten unten wieder Megaphone, durch die Anweisungen gegeben wurden. Sofort schlichen wir zu unserem Posten hinter den Stühlen zurück. Es war ein richtiges Roulette-Spiel, und wir wußten nicht einmal, ob sich das Ganze überhaupt lohnte. Aber wenn wir gut verkaufen wollten, brauchten wir Cruise in Action.

Minuten kamen uns vor wie Stunden. Dann hörten wir endlich wieder Crowes Stimme: „Aaaaand Action!"

Cruise stand unten auf dem Feld ein paar Football-Spielern gegenüber und redete mit ihnen. Sonst passierte nichts. Andreas schoß ein paar Bilder, und ich ließ die Videokamera laufen. Mir wäre es lieber gewesen, wir hätten uns jetzt davongemacht, doch Andreas war noch nicht zufrieden. Tatsächlich bekamen wir später noch ein paar Bilder, eines davon zeigte Cruise, wie er einen Football Richtung Zuschauer warf. Besonders aufregend war das alles nicht, aber immerhin hatten wir mit den Fotos vom Vorabend jetzt ein kleines Set, das wir den Magazinen anbieten konnten.

Auf dem Weg zurück zum Spielfeld versteckten wir die verschossenen Filme und die Videokassette vorsichtshalber in einem Mülleimer und gesellten uns wieder zu den anderen „Fotografen". Niemand hatte unsere Abwesenheit bemerkt.

Um 5.30 Uhr bedankte sich Cameron Crowe bei der Crew, den Schauspielern und den Statisten. Wir wurden offiziell verabschiedet. Auf dem Weg zum Ausgang fischten wir das Filmmaterial aus dem Mülleimer, sortierten auf dem Parkplatz noch schnell unser Equipment und fuhren los. Endlich war dieser Job vorbei, ich atmete auf.

Über der Wüste wurde es allmählich hell. Obwohl wir verdammt erschöpft waren, war an Ruhe noch nicht zu denken. Zunächst mußten wir den Mietwagen am Flughafen zurückgeben, dann ging es in Andreas' Toyota zu Jonathan. Er drückte mächtig aufs Gas, als plötzlich sein Telefon klingelte. Pete war dran. Andreas wirkte genervt.

„Ja, wir haben noch ein paar Bilder bekommen ... ja, von oben, wir hatten uns da versteckt ... ja, alles klar ... weiß ich noch nicht ... laß uns das besprechen, wenn wir die Bilder verkauft haben. Du bekommst schon deinen Anteil, keine Sorge. Ja, ich bin müde, wir gehen jetzt schlafen ... wir melden uns ... bis dann, ciao!"

Andreas wandte sich zu mir: „Der glaubt bestimmt, wir machen Zehntausende Dollars mit den Bildern, und er müßte viel Geld von uns bekommen. Dabei wissen wir noch nicht mal ..."

Er wurde von einer Polizeisirene unterbrochen. Im Rückspiegel sahen wir eine „Highway Patrol", die Lichter auf dem Dach blinkten grell, das Zeichen für uns, daß wir anhalten mußten. Ein junger Cop mit Army-Haarschnitt kam auf der Beifahrerseite zu unserem Wagen. Ich kurbelte das Fenster herunter.

„87 in einer 65-Meilen-Zone ... Sie haben es wohl besonders eilig, Sir?"

„Echt, bin ich so schnell gefahren, tut mir leid ..."

„Und angeschnallt sind Sie auch nicht!"

„Ja, sorry, tut mir leid, wir kommen gerade von der Arbeit, wir sind ganz schön müde."

„Das ist kein Grund zum Rasen! Ausweis und Fahrzeugpapiere, bitte! Ist das Ihr Wagen?"

„Ja."

„Die Adresse auf ihrem Ausweis, stimmt die noch?"

„Ja."

Der Cop ging zu seinem Wagen und setzte sich an sein Funkgerät. Dann schrieb er einen Strafzettel und kam zu unserem Wagen zurück.

„Hier, der Gerichtstermin wird Ihnen per Post mitgeteilt. Und jetzt bitte angemessen fahren!"

Andreas fuhr noch am selben Abend zurück nach L.A. Er wollte die Filme sofort entwickeln und auch schon mit dem Verkauf beginnen. Mein Rückflug war für den Tag darauf gebucht.

Sobald Andreas weg war, rief ich Suzanne an und lud sie für den Abend zum Essen ein. Wir trafen uns bei Jonathan. Sie sah hinreißend aus, wie immer: enger schwarzer Rock, oben nur mit einem hauchdünnen Shirt bekleidet, die vollen, schweren Haare zu zwei Zöpfen geflochten. Sie wirkte unwiderstehlich – und doch widerstanden wir an diesem Abend der Versuchung. Wir verbrachten einen netten Abend bei Nachos und Bier. Ich erzählte viel von L.A. und spürte, daß sie ein bißchen neidisch wurde; na ja, Phoenix war nun auch wirklich nicht der Nabel der Welt. Man konnte hier relaxed leben, aber das war es dann auch schon.

Als ich am Tag darauf in L.A. ankam, hatte Andreas die Bilder längst eingescannt und an alle denkbaren Magazine und Agenturen weltweit verschickt. Aber er sah nicht besonders happy aus.

„Die Bilder verkaufen sich verdammt schlecht", berichtete er. „In Australien wollte sie überhaupt niemand, und hier hat sie nur der *Star* genommen, für 3500 Dollar. Mal sehen, was die Agenturen noch rausholen."

„Versteh' ich nicht."

„Tja, irgendwie haben die wohl alle Schiß, weil die Bilder auf dem Set entstanden sind. Vor allem das Foto, wo er telefoniert. Das sieht wirklich nicht wie ein Paparazzi-Foto aus, eher wie ein offizielles. Ist es aber nicht, und das macht die wohl nervös ... aber egal, die Kosten haben wir wieder raus. Übrigens hat Pete schon wieder angerufen. Er glaubt nicht, daß sich die Bilder schlecht verkaufen. Ich habe ihm gesagt, daß wir ihm wahrscheinlich nicht mehr als tausend Dollar geben können. Wenn wir in Amerika nur dreieinhalb gemacht haben, dann machen die Agenturen auch nicht mehr so viel. Also, mehr als 1500 können wir ihm doch nicht geben, oder?"

„Auf keinen Fall. Und selbst das ist eigentlich schon zu viel", stimmte ich meinem Partner zu.

Bevor ich ging, warf ich noch einen kurzen Blick auf die Ergebnisse unserer Arizona-Reise. Bis auf die Fotos, die Cruise und Gooding jr. im wilden Blitzlichtgewitter vor den Umkleidekabinen zeigen, waren sie alle qualitativ ziemlich schlecht – aus zu großer Entfernung aufgenommen, leicht verwackelt, zu wenig Licht ... Staat war damit wirklich nicht zu machen.

VII

Einmal ist immer das Erste Mal: Sean Connery und die Folgen

Der Mai sollte trotz des Fehlschlags mit Cruise am Set von *Jerry Maguire* ein finanziell lukrativer Monat werden.

Unser nächstes Zielobjekt hieß Sharon Stone, seit ihrem freizügigen Auftritt an der Seite von Michael Douglas in *Basic Instinct* einer der best-bezahlten weiblichen Hollywood-Stars. Damals, im Mai 1996, wohnte sie in einer palastartigen Villa in den Hügeln von Beverly Hills, rund drei Autominuten vom Sunset Boulevard entfernt. Ihr Anwesen lag in einer Sackgasse, so daß ich meinen Wagen in der nächsten größeren Straße parken mußte, die sie auf jeden Fall entlangkommen würde. Wir kannten ihren Wagen, einen dunkelblauen BMW, und wußten auch, daß sie sich oft von ihrer Assistentin fahren ließ, einer rothaarigen Frau Ende Zwanzig, die gleichzeitig als Bodyguard fungierte. Diese Assistentin nannten wir einfach nur Rothaar, und sie war nicht die Hellste. Manchmal bemerkte sie uns selbst dann nicht, wenn wir ihr und Stone einen ganzen Tag lang folgten.

An einem Sonntag lagen wir abermals auf der Lauer, als ein junger Mann vorfuhr – wie wir später erfuhren Dweezil Zappa, der Sohn des legendären Frank. Über Funk informierte ich Andreas, der sich 200 Meter Luftlinie entfernt auf einer leeren Baustelle oberhalb des Anwesens der Stone befand. Von dort konnte er die Straße einsehen.

Fünf Minuten später tauchten Stone und Zappa auf. Sharon war leger gekleidet – Hose, Hemd, Wollpulli. Beide wirkten relaxed, als sie in Dweezils Austin-Martin-Cabrio stiegen. Während der Fahrt waren sie so sehr ins Gespräch vertieft, daß wir ihnen auf den kleinen serpentinenartigen Straßen in aller Ruhe bis ins Valley folgen konnten. Schließlich steuerten sie einen Golfplatz an, keine dieser exklusiven Anlagen wie etwa der *Bel Air Countryclub*, sondern ein ganz gewöhnlicher Übungsplatz für jedermann.

75

Während der Verfolgung hatten wir wie die Wilden spekuliert, ob die beiden ein Pärchen waren. Sharon wirkte total entspannt, es roch mächtig nach Flirt. So konnten wir nicht ohne Grund auf ein Kuß-Foto hoffen, das uns, unmittelbar nach der Anna-Nicole-Story, endgültig zu den neuen Shooting Stars der Paparazzi-Szene gemacht hätte.

Als die beiden turtelnd auf die Anlage liefen, brach zwischen Andreas und mir der übliche Streit aus, wie wir vorgehen sollten. Schon der kleinste Fehler hätte dazu führen können, ein Foto zu verpatzen, vielleicht gar das entscheidende, den „Money-Shot". Wie Börsenspekulanten mußten wir die richtige Taktik wählen. Andreas ist jemand, der immer gleich aufs Ganze geht, intelligent und professionell, aber doch sehr risikofreudig. Ich hingegen war äußerst vorsichtig, wollte möglichst lange abwarten und erst dann zuschlagen. Auch das war riskant: Was, wenn die entscheidende Szene gleich zu Beginn passierte und wir sie verpaßten?

So auch diesmal. Bereits am ersten Loch umarmten sich Sharon und Dweezil – kein Kuß, aber immerhin. Andreas filmte die Szene mit der Videokamera, der Apparat mit dem 500er war noch in meinem Rucksack. Andreas hatte darauf gedrängt, daß ich gleich fotografieren sollte, aber ich wollte noch warten. Wir waren nur ungefähr 40 Meter von ihnen entfernt, hätten sie uns jetzt schon entdeckt, wäre es das gewesen. Und so hatten wir von der Umarmung erst einmal kein Foto.

Letztlich war das aber nicht so dramatisch, denn wir fanden außerhalb des Golfplatzes, wo wir uns gut verstecken und die ganze Szene überblicken konnten, eine weitaus bessere Position. Wir filmten, wie die beiden Golf spielten, miteinander schäkerten und sich mehrmals tief in die Augen schauten. Auf einen Kuß warteten wir vergeblich, ebenso auf eine weitere Umarmung, aber wir hatten scharfe, bunte, fröhliche Bilder, allesamt in einem milden Abendlicht. Selbst Andreas war heute zufrieden.

Um dem Ganzen die Krone aufzusetzen, wollten wir Sharon vor laufender Kamera ansprechen. *Hard Copy* zahlte gutes Geld für Paparazzi-Videos, die Reaktionen von Stars auf unvorhergesehene Situationen zeigten. Ein „Lassen Sie mich in Ruhe!", ein „Verpiß dich!" oder auch nur ein ausgestreckter Mittelfinger war Gold wert, oft reichte schon die vor die Kamera gehaltene Hand. Viele Kids hatten sich schon mit Papis Videokamera vor In-Restaurants gestellt und auf Stars gewartet. Nur eine rotzfreche Bemerkung, und schon klingelte es in der Taschengeldkasse.

Wir stellten uns natürlich etwas Professionelleres vor. Naiv, wie wir in dieser Hinsicht waren, wollten wir ein Interview mit Sharon Stone führen. Natürlich erlebten wir einen peinlichen Reinfall, der mir glasklar vor

Augen führte, was Stars von uns hielten. Als die beiden zum Parkplatz zurückkamen, drückte ich den Start-Knopf der Videokamera und wartete, bis sie im Sucher auftauchten.

Als Stone und Zappa auf uns zukamen, sprach ich sie an: „Entschuldigen Sie, Ms. Stone, könnte ich Sie etwas fragen? Wie war Ihr Golfspiel? Haben Sie Ihr Handicap verbessert?"

Sharon Stone zeigte keine Reaktion, und natürlich dachte sie gar nicht daran, auf meine Fragen zu reagieren. Nach einigen Sekunden betretenen Schweigens ging sie langsam auf das Auto zu, vor dem ich mich postiert hatte – es war nicht meines –, kramte einen Stift aus ihrer Handtasche und notierte sich das Nummernschild auf einem Zettel. Ohne ein Wort zu verlieren, stieg sie dann in Zappas Cabrio, und die beiden brausten davon.

Innerhalb weniger Tage hatten wir die Bilder für 13 000 Dollar an Magazine in Australien, Amerika und Europa verkauft; die Agenturen holten anschließend nochmals rund 7000 Dollar für uns raus. Da Stone und Zappa allem Anschein nach nur gute Freunde waren und kein Verhältnis hatten, brachten uns die Bilder nicht noch mehr ein.

Einen Tag später, am 13. Mai 1996, traf Jonathan in L.A. ein. Eigentlich wollte er nur für ein paar Tage Urlaub machen, doch schon am darauffolgenden Freitag stellten wir ihn als Helfer ein. Jetzt hatten also auch wir einen Assistenten. In einem Café in Westwood, das wir gewöhnlich für konspirative Treffen mit Francis nutzten, besprachen wir beim Frühstück die Einzelheiten: 2000 Dollar Monatspauschale plus 500 Dollar Bonus für Geschichten, die mehr als 10 000 Dollar brachten, dazu fünf freie Tage und natürlich Spesenerstattung. Er zog zunächst einmal bei mir ein, und wir statteten ihn mit dem Nötigsten aus: Kamera mit 35-350 mm-Objektiv, Funktelefon, Pieper, Funkgerät. Ein Auto hatte er schon.

Schon am ersten Tag machte sich Jonathan bezahlt. Von Francis hatten wir Tom Cruises Adresse in Pacific Palisades, wo er in direkter Nachbarschaft von Steven Spielberg, Whoopi Goldberg und anderen Promis wohnte. Seit Abschluß der Dreharbeiten zu *Jerry Maguire* war er angeblich wieder zu Hause, also fuhren Jonathan und ich nach dem Frühstück sofort dorthin.

Gegen 9.30 Uhr stellte ich mich mit meiner alten Mexikaner-Kiste direkt vor die Einfahrt von Toms Haus. Weil dort noch ein gutes Dutzend anderer Bauarbeiter-Autos parkten, fiel meiner nicht weiter auf. Jonathan wartete mit seinem Toyota Pick-up 200 Meter entfernt, bereit, jederzeit

die Verfolgung aufzunehmen. In Erwartung eines langen Tages im brütend heißen Auto hatte ich es mir gerade etwas bequem gemacht, als
direkt vor mir ein weißer Pick-Up parkte. Ein hühnenhafter Typ in Shorts,
T-Shirt und Sonnenbrille stieg aus, klingelte bei Cruise und verschwand
kurz darauf im Haus. Ich öffnete die Heckscheibe einen Spalt und nahm
mir die Zeitung vor.

Keine fünf Minuten später tauchte der Hühne völlig überraschend
schon wieder auf – und mit ihm … Tom Cruise! Sie stiegen in den
weißen Pick-up, und ich informierte sofort Jonathan via Funke.

„Paß auf, sie kommen gleich bei dir vorbei. Cruise sitzt auf dem Beifahrersitz eines weißen Pick-ups, am Steuer so 'ne Art Bodyguard oder
Trainer."

„Okay, ich sehe sie … es geht Richtung Sunset."

„Alles klar, ich fahre parallel Richtung Sunset. Sag mir nur, in welche
Richtung sie auf den Sunset fahren!"

Wir hatten wahnsinniges Glück: Schon nach fünf Minuten war die
Fahrt auf einem der riesigen Strandparkplätze am Meer zu Ende. Das Duo
hatte uns nicht entdeckt, und nach ein bißchen Gymnastik joggten sie auf
einem Fahrradpfad den Strand von Santa Monica entlang. Ich konnte es
kaum glauben, Tom zog jetzt sogar sein T-Shirt aus. Hollwoods Superstar
oben ohne – dieses Foto hatte noch keiner geschossen.

Ohne zu überlegen, fuhr ich auf einen langgezogenen Parkplatz, der
fast parallel zum Meer lag, überholte die Jogger und parkte den Wagen in
rund 300 Meter Entfernung zu ihnen. Blitzschnell klemmte ich die Sonnenblende in die Windschutzscheibe, kletterte nach hinten, nahm das
350 mm-Objektiv und hielt die Kamera in Richtung der Läufer.

Alles war nahezu perfekt – die Sonne stand senkrecht am blauen Himmel, Cruise kam mir ohne T-Shirt entgegen, im Hintergrund flimmerte
das Meer. Als sie noch etwa 100 Meter entfernt waren, begann ich zu
fotografieren. Cruise lief mir fast direkt in die Kamera. Ich befürchtete, er
würde mich irgendwann entdecken, doch er kam sorglos immer näher und
unterhielt sich im Laufen mit dem Bodyguard. Als die beiden auf rund
15 Meter herangekommen waren, nahm ich die Kamera runter und legte
mich flach hin. Ein paar Sekunden später blickte ich durch die getönte
Scheibe, Cruise hatte nichts bemerkt. Er war jetzt fast am Ende des Park-
platzes angelangt, und ich wollte warten, bis er zurückkam, um noch ein
kurzes Video zu drehen.

Die Aufnahmen dieses Morgens brachten uns knapp 20 000 Dollar in
die Kasse – Tom Cruise „oben ohne", das hatte es halt noch nicht gege-

ben. Es war zu verrückt: Da hatten wir uns mehrere Tage lang in einen Filmdreh eingeschmuggelt, Kopf und Kragen riskiert und trotzdem nur mit Mühe die Ausgaben wieder reingeholt. Hier arbeiteten wir eine Stunde und verdienten ein Vielfaches. Jonathan war völlig aufgedreht, er hatte gleich an seinem ersten Arbeitstag einen Bonus von 1000 Dollar eingenommen.

Keine 24 Stunden später holten wir zum nächsten Schlag aus. Da wir kein konkretes Ziel hatten, fuhren Jonathan und ich zum Shopping Center nach Malibu, einem für Paparazzi geradezu magischen Ort. Wer sich hier ein paar Tage vor den Hughes Supermarket oder eines der Restaurants und Cafés setzt, bekommt mit Sicherheit irgendwann einen Star vor die Linse. Denn auch die Promis in Malibu gehen wie gewöhnliche Sterbliche einkaufen, ins Café oder mit ihren Kindern auf den Spielplatz. Jeder kennt jeden in dieser exklusiven Clique, Küßchen hier, Küßchen da, wie Kampen im Sommer, aber mit wirklich reichen und wichtigen Leuten. Paparazzi sind hier natürlich besonders verhaßt.

Während ich vor dem Shopping Center rumlungern und auf ein lohnendes Opfer warten würde, sollte Jonathan das Anwesen von Mel Gibson beobachten. Fotos des Australiers, der durch die *Mad Max*-Filme bekannt geworden war, brachten immer ihre Summe.

Jonathan postierte sich in 500 Meter Entfernung zum Meer auf dem Gelände eines katholischen Erholungsheimes, das 50 Meter oberhalb von Gibsons Haus lag. Hier konnte man in einer parkähnlichen Anlage in aller Ruhe auf einer Bank sitzen und zuschauen, was sich unten im Tal, im nahezu ungeschützten Garten von Superstar Mel abspielte. Außerdem konnte man auch problemlos fotografieren. Die Entfernung war zwar nicht ohne, aber mit einem 600er plus Doppler oder einem 1,4er-Konverter ging es schon. Gefahr drohte lediglich von den Mitarbeitern des Heims, doch solange die Kameras rechtzeitig in den Taschen verschwanden, gab es keine Beschwerden.

In diesem Park lag Jonathan also mit seinem Fernglas in Stellung. Ich schlürfte gerade gelangweilt einen Kaffee, als Jonathan mich gegen Mittag anrief und mir mitteilte, Gibson würde auf Krücken in seinem Garten umherlaufen, seine Kinder und seine Frau seien auch dabei.

Sofort machte ich mich auf den Weg und rief Andreas zur Verstärkung aus Santa Monica herbei.

Jonathan hatte nicht geträumt, Mel Gibson lief tatsächlich auf Krücken. Und er hatte nicht nur seine Familie dabei, sondern auch Freunde. Es wurde gegrillt, Kinder spielten im Garten, alles ging völlig locker zu. Mir war sofort klar, daß sich Fotos lohnen würden: ein Action-Held auf Krücken, so etwas fand immer Abnehmer.

Bis Sonnenuntergang hatte wir etliche Fotos und eine halbe Stunde Videomaterial im Sack – Material, das locker 20 000 Dollar wert war. Bis heute aber ist mir völlig unverständlich, warum Gibson ausgerechnet dieses Haus ausgewählt hatte. Selbst wenn es keine Paparazzi auf der Welt gäbe – wer wohnt schon gerne in einem Haus, das von den Nachbargrundstücken aus problemlos einsehbar ist?

Dieser Leichtsinn beruhigte damals sogar das schlechte Gewissen, das sich ganz allmählich in meinem Kopf bemerkbar machte.

Kurze Zeit später fand in Westwood die Premiere von *The Rock* statt – der Auftakt zu unserer Sean Connery-Geschichte . . .

Unsere Kuß-Fotos machten natürlich weltweit Schlagzeilen – die Klatsch-Blätter rissen sich nur so um die Bilder. In Amerika legte der *Globe* 35 000 Dollar auf den Tisch, der *Enquirer* war bei 32 000 aus der Versteigerung ausgestiegen. Thompson, der Foto-Chef, war außer sich, als Andreas ihm mitteilte, der *Globe* habe „leider" noch mehr geboten.

„Ist das der Dank dafür, daß wir euch ständig Aufträge geben?" raunzte er Andreas an.

Doch diesmal zogen wir das Geld unserer Freundschaft zum *Enquirer* vor, und so landeten Connery und seine Geliebte – sie hatte bei einem seiner Filme als Maskenbildnerin gearbeitet – auf der Titelseite des *Globe* vom 10. Juni 1996. Die fettgedruckte Headline lautete schlicht „Gotcha". Im Innenteil druckten sie noch 15 weitere Fotos. Und die Leute vom *Enquirer* waren uns auch nicht lange böse, das Geschäft ist schnellebig, außerdem ahnten sie wohl, daß sie auf uns angewiesen waren und dies bestimmt nicht unsere letzte große Story war.

Probleme bekamen wir dennoch, und zwar in England. Damals verkauften wir unsere Bilder auf der Insel noch direkt, erst nach den nun folgenden Ereignissen gaben wir die Arbeit an eine britische Agentur ab. Aus gutem Grund!

Andreas hatte einen ganzen Satz Kuß-Fotos zur Ansicht an den L.A.-Korrespondenten der britischen *News of the World* gegeben, ein zweiter Satz landete beim *Sunday Mirror*. Dies sind die beiden auflagenstärksten Sonntagszeitungen auf der Insel, unerbittliche Konkurrenten mit schier unerschöpflichen Budgets für Paparazzi-Fotos. Bei großen Geschichten war es von Vorteil, die Fotos zunächst weltexklusiv an eine dieser beiden Zeitungen zu verkaufen; danach kannte sie jeder, überall auf der Welt, und unser Telefon stand nicht mehr still.

Also schickten wir beiden die Fotos zum Anfüttern und begannen mit der Versteigerung. Das Mindestangebot war auf 30 000 Dollar gesetzt, der *Mirror* erhielt die erste Chance, da er zuletzt für unsere Jogging-Fotos von Tom Cruise 7000 Dollar hingeblättert hatte. Doch beim *Mirror* wollte man für den knutschenden Connery nur 25 000 zahlen. Also wandten wir uns an die *News*, die 3000 drauflegten. Jetzt mußte der *Mirror* nachziehen und erhöhte auf 32 000 Dollar. So ging es weiter, bis die *News* ein 40 000er-Gebot des *Mirror* nicht mehr toppen wollte.

Aber auch vierzig Riesen waren ein Superdeal. Wie üblich gingen wir davon aus, daß mündliche Vereinbarungen ausreichen würden. Wenn der Sturm vorüber war, würde Andreas dem *Mirror* die Rechnung schicken – so hatten wir es bisher geregelt, und es hatte nie Probleme gegeben.

Doch irgendwann gibt es immer ein erstes Mal. Am Sonntag, dem 9. Juni 1996, erschienen sowohl der *Sunday Mirror* als auch die *News of the World* wie immer in Millionenauflage. Beide hatten ein und dasselbe Foto auf der Titelseite. Beide reklamierten die Story „exklusiv" für sich. Auf den Innenseiten warteten beide mit derselben „exklusiven" Story auf. Wir erfuhren dies telefonisch von einem Londoner Fotografen, den Andreas von früher kannte und der uns allen Ernstes fragte, ob wir unsere Geschichte gleich an zwei Zeitungen exklusiv verkauft hatten.

Wir waren natürlich platt. Schnell stellte sich heraus, daß wir von der *News* kräftig verarscht worden waren. Auf den Innenseiten hatten sie ein *Globe*-Logo eingebaut, weil sie mit dem US-Magazin eine journalistische Kooperation eingegangen waren. Bei unseren ersten Telefonaten nach London versuchten die Diebe, mit der billigen Ausrede davonzukommen, die Bilder seien aus dem *Globe* reproduziert – ein durchaus gängiges Verfahren, das Zeitschriften anwandten, um Copyright-Gesetze zu umgehen. Nur würde der *Globe* in Amerika erst einen Tag später an den Zeitungsständen ausliegen – und die Druckqualität der Fotos in der *News* ließ deutlich erkennen, daß sie von Originalen stammten und keinesfalls aus dem *Globe* reproduziert sein konnten.

Die Redakteure vom *Mirror* waren verständlicherweise außer sich und schoben uns die Schuld für die peinliche Angelegenheit in die Schuhe. Sie weigerten sich, die vereinbarten 40 000 Dollar zu bezahlen.

Sean Connery mit einer Unbekannten.
– Am Sonntag, den 9. Juni 1996, erschienen die *News of the World* und der *Sunday Mirror* mit demselben Foto auf der Titelseite. Beide Zeitungen reklamierten die Story als „exklusiv" für sich.

Die Geschichte endete damit, daß wir der *News* per Anwalt mit Klage drohten und uns nach einem halben Jahr außergerichtlich auf eine Entschädigung von 30 000 Dollar einigten. Vom *Mirror* sahen wir nie einen Pfennig ...

VIII

Das lange Warten auf Pamelas Baby

Der Trubel um Sean Connery hatte sich gerade erst gelegt, da saßen wir schon an der nächsten großen Sache. Wir schrieben Anfang Juni, und jeder wußte, daß das *Baywatch*-Babe Pamela Anderson im neunten Monat schwanger war. Seit Tagen riefen Agenturen und Magazine aus aller Herren Länder bei uns an und fragten, ob wir etwas von dem Baby wüßten oder vielleicht sogar schon Bilder hätten.

Natürlich hatten wir unsere Chancen längst ausgetestet, aber es sah nicht gut aus. Die derzeit wohl berühmteste Blondine der Welt wohnte mit ihrem Mann Tommy Lee, dem Schlagzeuger der Rockgruppe *Möetley Crüe,* in einer riesigen spanischen Villa in den Hügeln von Malibu. Tommy beschützte seine Frau mit allen Mitteln, und wenn er Paparazzi auch nur roch, flippte er regelrecht aus. Mehr als einmal stand in den Schlagzeilen, daß er wieder mal einen Fotografen vor einem Nachtclub verprügelt hatte. Darauf hatten wir natürlich keine große Lust.

Aus Interviews war bekannt, daß Pamela eine Hausgeburt wünschte. Wahrscheinlich also konnten die ersten Bilder des Babys in Malibu entstehen – ein schwieriges Unterfangen. Denn Tommy war scharf wie ein Wachhund und hatte vor seinem Haus schon mehrmals Paparazzi verjagt. Es ging sogar das Gerücht um, er hätte auch schon auf Fotografen geschossen.

Trotzdem hatten wir uns ein paar Tage zuvor kurz vor Sonnenaufgang durch dichtes Gestrüpp auf einen nahe gelegenen Hügel geschlagen, um zu prüfen, ob es dort ein sicheres Versteck gab. Aber das war aussichtslos, dort konnten wir uns nicht mehrere Tage aufhalten, ohne entdeckt zu werden. Noch bevor es hell wurde, machten wir uns aus dem Staub und beschlossen, einen anderen Hügel auszukundschaften, einen, der gut 200 Meter Luftlinie vom Haus entfernt war und etwas höher lag.

Von der Stelle aus, an der sich Mulholland Pass und Kanan Dume Road kreuzen – Pamela wohnt von dort aus rund 300 Meter weiter am Mulholland –, folgten wir einem Trampelpfad durch eine kleine Baumgruppe, immer leicht bergauf. Das Haus lag nun auf der anderen Seite des Hügels, wir arbeiteten uns zum Kamm hinauf. Eine Viertelstunde lang kämpften wir uns durch dichtes Gestrüpp, immer Ausschau haltend nach einer geeigneten Stelle, die uns mehrere Tage Unterschlupf geben könnte. Inzwischen war es hell, aber immerhin brannte uns die Sonne noch nicht auf den Rücken. Schließlich entdeckten wir einen alten verwachsenen Baum, der von Büschen umringt war. Nachdem wir ein paar Äste abgebrochen hatten, sah es hier gar nicht so schlecht aus. Mit ein bißchen „Make-up" konnten wir uns hier ein Versteck einrichten – mit freiem Blick auf Pams Haustür, die davorliegende Steintreppe, den Balkon zum Schlafzimmer sowie Teile des Gartens. Sorgen bereitete uns nur die Entfernung, selbst mit dem 1200er brauchten wir sehr gutes Licht, wenn die Bilder etwas werden sollten.

Nervig war außerdem natürlich die Konkurrenz. Jeder Stümper mit Teleobjektiv würde versuchen, Babyfotos zu bekommen. In den letzten Wochen waren sehr viele blutjunge Paparazzi in L.A. aufgetaucht, fast ausnahmslos Typen, die sich auffällig verhielten und unprofessionell arbeiteten. Sobald Tommy Lee mitbekommen würde, daß es in den Bergen nur so von Fotografen wimmelte, wäre das Spiel vorbei – nie und nimmer würde sich Pamela mit ihrem Baby irgendwo zeigen.

Aber einen Versuch war es wert, unser Versteck war gut. Und so düste ich mit Jonathan am 3. Juni zum ersten Mal nach Malibu. Andreas hatte noch alle Hände voll zu tun, die Bilder von Sean Connery zu verkaufen.

Wir hielten strenge Regeln ein, um nicht entdeckt zu werden, weder von Tommy Lee noch von anderen Fotografen, die uns ebenfalls einen Strich durch die Rechnung machen konnten. Vor allem mußten wir unsere Autos gut verstecken, da Tommy in dieser Hinsicht eine besonders empfindliche Nase hatte. In dieser Gegend gab es nur wenige Häuser, und deren Besitzer parkten nicht auf der Straße. Parallel zur Kanan Dume Road gab es eine kleine Straße, an der ein Pferdehof und zwei Häuser lagen. Hier stellten wir unsere Wagen ab und hatten nun einen zehnminütigen Fußmarsch zu unserem Hügel vor uns.

Nach Möglichkeit waren wir schon vor 8 Uhr vor Ort, um mit unserem großen Fotorucksack nicht aufzufallen, wenn wir die Kanan Dume Road überquerten und ins Unterholz sprangen. Es war wahnsinnig ruhig; als wir den Hügel hinaufkletterten, knackte und knirschte es nur so unter unseren

Füßen. Oben mußten wir das Stativ aufbauen, das riesige Objektiv aufschrauben, in Stellung gehen und uns dann möglichst nicht mehr bewegen. Diese ersten Minuten waren immer unangenehm, weil unten im Haus vielleicht irgend jemand hinter einem Fenster stand und neugierig in die Gegend starrte. Frühmorgens stand das Licht gegen uns, wir fühlten uns wie auf dem Präsentierteller.

Wir saßen auf einem ausgebreiteten Schlafsack auf dem Boden, als Rückenlehne diente uns ein alter Baumstamm. Zu Pamelas Haus hin verdeckten wir unsere Zuflucht so dicht mit Gestrüpp, daß nur noch ein Loch zum Fotografieren blieb. Das Teleobjektiv richteten wir auf den Eingangsbereich vor der Tür ein. Dank des Fernauslöserkabels konnten wir uns ein wenig bewegen und trotzdem jederzeit auf den Auslöser drücken, sobald sich etwas tat. Der zweite Mann hielt die Videokamera auf einem Einbein für sofortigen Einsatz bereit.

Am ersten Tag passierte nichts Spannendes. Morgens um 9 Uhr trat Tommy Lee auf den Balkon, rauchte in Boxershorts seine erste Zigarette und verschwand wieder. Gegen 11 Uhr kamen Pamelas Mutter und ihr Stiefvater, den wir wegen seiner lichten Stirn „Glatze" tauften. Glatze saß oft stundenlang im Schatten neben der Eingangstür, und er war viel zu weit weg, als daß wir erkennen konnten, ob er zu uns herübersah. Jedesmal, wenn Pams Eltern im Lexus vorfuhren, fühlten wir eine starke Anspannung. Glatze war eine ständige Bedrohung.

Gegen 20 Uhr zogen wir ab, erschöpft vom Nichtstun. Der nächste Morgen begann wie der erste. Kurz nachdem Tommy seine Zigarette geraucht hatte, meldete sich Andreas.

„Der *Enquirer* hat gerade angerufen. Die sind zwar beleidigt, daß wir ihnen nicht die Connery-Bilder verkauft haben, aber sie wollen uns Pamela als Auftrag geben. Wir kriegen pauschal 4000 Dollar, egal, ob wir Bilder bekommen oder nicht. Und international dürfen wir wie immer machen, was wir wollen."

Na immerhin, wer wußte schon, ob wir überhaupt etwas auf die Reihe bekamen.

Gegen 11 Uhr kamen aber Mutter und Glatze angerollt, für uns hieß das Alarmstufe eins. Es war superlangweilig, und da wir ständig starren mußten, blieb als Zeitvertreib nur dummes Gequatsche. Stunde um Stunde verstrich, Glatze hatte es sich wieder im Schatten gemütlich gemacht, und Tommy krauchte mit „Langhaar", seinem Assistenten, im Garten herum.

Mittags meldete sich Andreas über das Funkgerät und berichtete, daß er jetzt in Malibu sei und ein paar Runden um Pams Haus herum drehen wollte. Ein paar Minuten blieb es ruhig, dann meldete er sich erneut: „Also, ein Typ von *Online* steht ungefähr 50 Meter vom Haus entfernt mit seinem Auto auf der Straße." *Online* war eine britische Fotoagentur, die auch in L.A. mehrere Fotografen beschäftigte; und Pamela war wegen ihrer großen Popularität auf der Insel für britische Magazine eines der beliebtesten Paparazzi-Objekte. „Außerdem habe ich Billys Auto unten gesehen, er saß aber nicht drin. Der hockt wahrscheinlich auch irgendwo in den Hügeln . . . schon irgendwas von Pamela gesehen?"

„Nee, noch nicht . . ."

Genau im diesem Moment tauchte ein Farbpunkt vor Pamelas Haustür auf. Durch die Linse erkannte ich tatsächlich unser Zielobjekt, immer noch hochschwanger. Pam trug einen kurzes, hellblaues Kleid, unter dem sich ihr Bauch wie eine Kugel wölbte. Ich schoß rasch ein paar Fotos. Kurz darauf erschien auch Tommy, wie immer in Jeans und einem weißen Unterhemd. Er streichelte seiner Frau zärtlich über den Bauch und gab ihr einen Klaps auf den Po. Dann liefen beide die Treppe hinunter Richtung Autos.

Ich informierte Andreas, der ihnen an der nächsten Kreuzung auflauern wollte. Jetzt verließen auch Pams Mutter und Glatze das Haus und schlenderten zu ihrem Lexus – eine Information, die für Andreas nicht unwichtig war.

Jonathan und ich blieben in unserem Versteck und legten uns kurz aufs Ohr. Wenig später rief Andreas an. „Also, der Typ von *Online* fährt auch hinterher, und noch einer, den ich allerdings noch nie gesehen habe. Ich melde mich wieder."

Unterdessen schaute ich mir mit Jonathan das Video an, daß er gerade aufgenommen hatte. Es war zwar etwas wackelig, aber Pam und Tommy waren gut zu erkennen. Mit der Videokamera kam man tatsächlich noch näher ran als mit dem 600er. Ein Wahnsinn, was dieser kleine Kasten alles konnte.

Wenig später der nächste Lagebericht von Andreas: „Also, sie sind zu *Geoffrey's* gefahren und haben uns auch bemerkt. Die beiden anderen mußten natürlich direkt hinter dem Suburban fahren. Tommy ging sofort zu dem Valet-Typen vom *Geoffrey's*, dann kam der Geschäftsführer raus und hat gedroht, er würde sofort die Cops holen, falls wir sein Grundstück betreten und Fotos machen."

Geoffrey's war eines dieser kleinen, weißgestrichenen Nobel-Restaurants, die auf die Kliffs von Malibu geklatscht wurden und einen traum-

haften Blick auf den Pazifik bieten. Sämtliche Stars, die in Malibu wohnen, sind Stammgäste, und die Besitzer haben einen regelrechten
Beschützerinstinkt für sie entwickelt. Und die Paparazzi haßten sie mindestens so sehr, wie auch die Stars sie hassen.

Nach einer Stunde rief Andreas wieder an und erzählte uns, daß alle
auf dem Weg zurück in die Hügel waren. Fotos hatte er keine bekommen.
Aber er wollte den Rest des Tages unten an der Kreuzung bleiben, falls
sie noch mal losfuhren.

Mittlerweile war es bereits Nachmittag, und nichts geschah. Tommy
Lee verbrachte Stunden damit, sämtliche von den umliegenden Hügeln
aus sichtbaren Fenster mit getönter Folie zu verkleben; warum er das tat,
war klar. Gegen 16 Uhr kam Andreas zu uns raufgeklettert und holte den
Film vom Vormittag ab. Damit raste er ins Labor und schickte die Fotos
noch am selben Tag per Computer zum Hauptquartier des *National
Enquirer* in Florida. Sie wollten unser Material in der nächsten Ausgabe
bringen, die zum Wochenende herauskommen sollte. Offensichtlich
waren wir die einzigen, die überhaupt etwas zustandegebracht hatten,
denn weder dem *Enquirer* noch anderen Blättern wurden Fotos angeboten.

Die nächsten drei Tage blieb alles ruhig, Pamela kam nicht mehr aus dem
Haus, nur Tommy und Glatze waren ständig irgendwo zu sehen. Außerdem kamen immer wieder Freunde zu Besuch. Wir vermuteten, daß das
Baby schon auf der Welt war, aber weder die Klatschsendungen im Fernsehen noch die Boulevard-Presse brachten irgendeine Nachricht.

Gleichzeitig kamen auch immer mehr Foto-Anfragen aus dem Ausland.
Vor allem in England war das Verlangen ungemein groß, erste – und
natürlich exklusive – Fotos vom Baby sollten laut Gerüchten weltweit
mehr als 100 000 Dollar bringen. Am Freitag hieß es, das britische *O.K.
Magazine* habe einen Exklusiv-Deal mit Pamela abgeschlossen. Angeblich hatten sie sich für 250 000 Dollar die Rechte an den Baby-Fotos gesichert, die sie nach der Veröffentlichung weltweit weiterverkaufen wollten.
Das bedeutete für uns, daß wir unsere Fotos in den nächsten Tagen
bekommen mußten, bevor die offiziellen Fotografen vor Ort waren.

Wir wechselten uns wie gehabt ab, zwei im Versteck, der eine die Hand
am Auslöser, der andere mit der Videokamera befaßt, während der dritte
im Auto auf der Lauer lag. Dieser Job blieb meistens an Jonathan hängen,
da Andreas und ich die erfahreneren Fotografen waren.

Pamela kam nicht mehr an die frische Luft, dafür hielten uns die anderen Paparazzi in Atem. Von unserem Versteck aus konnten wir Teile des Mulholland Pass und der Kanan Dume Road überblicken. Und wir kannten die Autos unserer Konkurrenten, zumindest der Alteingesessenen. Da war zum Beispiel der schwarze Toyota 4-Runner von Remy, dem Assi von Louis, der ständig vor Pamelas Haus auf und ab fuhr. Remy, so vermutete ich, würde über Leichen gehen und im schlimmsten Fall sogar Gewalt anwenden, um Fotos zu bekommen. Wahrscheinlich lag das an seinem Äußeren – er war groß, kräftig und hatte einen verschlagenen Gesichtsausdruck. Auch Jack Bahrami drehte mehrmals am Tag seine Runden. Was die beiden mit der Rumfahrerei bezweckten, war mir allerdings nicht klar.

Von unserem Posten aus konnten wir auch den kleineren Hügel überschauen, der für uns als Versteck nicht in Frage gekommen war. Hin und wieder sahen wir Fotografen, die sich durch das Gestrüpp auf den Hügel kämpften, eine Stunde oder länger ausharrten und dann ergebnislos wieder abzogen.

Jedesmal, wenn wieder ein Paparazzo auftauchte, fluchten wir, denn jeder Konkurrent minderte unsere Chancen auf exklusive Fotos.

Am Freitag, dem 7. Juni, wurde es uns dann zu bunt, wir mußten etwas unternehmen. Zwischen dem kleinen Hügel und Pamelas Haus gab es noch eine verwilderte Wiese mit hohem Gras, Sträuchern, Büschen und Bäumen. Sie lag etwas erhöht, so daß man über den Zaun auf Pamelas Grundstück schauen konnte. Treppe, Eingangsbereich und Schlafzimmerbalkon lagen ebenfalls im Blickfeld.

Gegen Mittag tauchte hier ein Dreiergrüppchen Paparazzi auf – zwei Fotografen der britischen Agentur *Splash* sowie Billy Mazy, ein amerikanischer Freelancer. Alle drei galten als nicht besonders professionell. Einer der beiden *Splash*-Leute gehörte zu den Paparazzi, die knapp ein Jahr später Arnold Schwarzeneggers Auto bei einer Verfolgungsjagd in Bevery Hills so in die Enge trieben, daß es zu einem kleinen Unfall kam. Trotzdem fotografierten sie. Noch 1997 sollte ihnen der Prozeß gemacht werden.

Sich in diesem Feld zu postieren war absoluter Schwachsinn – es lag viel zu nah an Pamelas Haus, früher oder später würden die drei dort entdeckt werden, und das war für uns nur ein Grund mehr, daß Pamela sich nicht mit ihrem Baby blicken lassen würde. Im allerdümmsten Fall hatten sie aber Riesenglück und bekämen vielleicht sogar Fotos, die besser wären als unsere. Wofür hatten wir uns dann tagaus, tagein in die Büsche geschlagen und zwölf Stunden lang ausgeharrt? Diese Idioten konnten uns die Tour vermasseln, wir mußten handeln. Sofort!

Eine Möglichkeit war, die Cops anzurufen. Die würden zwar sofort ahnen, daß es sich nur um Fotografen handeln konnte, aber sie mußten auf den Anruf reagieren. Unter Umständen bekamen die Jungs unten im Feld vielleicht eine Anzeige wegen Hausfriedensbruch – aber wir wollten ihnen ja keinen Ärger machen, sondern lediglich dafür sorgen, daß sie verschwanden.

Also mußten wir Tommy Bescheid sagen, er würde den ungebetenen Gästen schon auf seine Art die Meinung geigen. Im Idealfall war er damit auch beruhigt, hätte in den Fotografen dieselben vermutet, die ihm zu *Geoffrey's* gefolgt waren. Vielleicht hätte er wirklich nicht mehr nach anderen Paparazzi Ausschau gehalten ... Nur, wie sollten wir ihn informieren? Pamelas Telefonnummer hatten wir natürlich nicht, also mußten wir an seinem Haus klingeln und ihm Auge in Auge gegenübertreten. Wer sollte das tun?

Andreas griff zum Funkgerät und versuchte Jonathan zu erreichen, der mit seinem Auto am Pferdehof stand. Nach ein paar Sekunden meldete sich unser Assi:„Ja, was gibt's?"

„Du wolltest doch bestimmt immer schon einmal mit deinem liebsten Rockstar plaudern, oder?" begann Andreas.

„Was soll denn das bedeuten?"

„Du mußt mit Tommy quatschen!"

„WIE BITTE?"

Andreas drehte schnell die Funke leiser, so laut war Jonathans Aufschrei. „Jonathan, ernsthaft, du mußt zu Tommy Lee, da unten rennen drei Fotografen durch die Landschaft. Wir haben keinen Bock darauf, daß die uns die Tour vermasseln."

„Was soll ich denn bitte machen?" Jonathan mußte uns für völlig durchgeknallt halten.

Ich griff nach der Funke und holte tief Luft: „Jonathan, ich bin's. Also, paß auf: Du sollst nur hingehen, am Tor klingeln und erzählen, daß vorm Zaun ein paar merkwürdige Typen im Gebüsch hocken. Und dann schauen wir mal ..."

„Ja, und was soll ich sagen, wer ich bin?"

„Sag, daß du drüben auf dem Pferdehof warst. Von da aus hast du die Typen durchs Gebüsch krauchen sehen."

Schließlich stellte Jonathan die Funke aus, versteckte sämtlichen Fotokram hinter der Fahrerbank seines Pick-up und machte sich auf den Weg zu Pamelas Haus. Nach endlos langen Minuten bangen Wartens hörten wir endlich wieder seine Stimme: „Jungs?"

„Ja, was ist passiert?"

Er lachte. „Um Gottes Willen ... Also, ich habe direkt vor dem Haus geparkt und dann geklingelt. Zuerst hat keiner geantwortet, dann kam Tommy plötzlich raus! Er hatte 'ne Bierbüchse in der Hand und sah ziemlich wütend aus. Ich meinte: ‚Entschuldigung, da sitzen ein paar merkwürdige Typen mit soooo langen Objektiven bei Ihnen vorm Zaun.' Ich habe in die Richtung gezeigt, wo die Typen sitzen müßten. Er hat mich ganz komisch angeguckt und gemeint: ‚Bist du auch Fotograf?' Dann ist er zu meinem Auto und hat reingeguckt. Zum Glück habe ich die Fotoutensilien vorher versteckt. Dann habe ich meine Geschichte losgelassen: ‚Nein, ich bin ein Tourist aus Arizona, war auf der Pferderanch und habe zufällig die Typen da langlaufen sehen. Ich dachte, ich sollte Ihnen vielleicht Bescheid sagen.' Er hat sich am Kopf gekratzt, kurz Richtung Wiese geguckt – und dann meinte er: ‚Mensch, danke, echt nett von dir.' Und ist wieder reingelaufen ..."

Im selben Moment rangierte der Rockstar den Suburban aus dem Innenhof. Wir warteten ab. Die drei Fotografen hatten sich bislang nicht von der Stelle bewegt, offenbar hatten sie nichts mitbekommen.

Inzwischen war auch Remy wieder da und stand mit seinem Wagen auf der Kanan. Tommy bog jetzt vom Mulholland auf die Kanan, parkte direkt hinter Remy und stieg aus. Auch Remy kletterte aus seinem Auto.

„Was macht der denn jetzt, das ist doch der Falsche, verdammte Scheiße!" rief Andreas entsetzt aus.

Tommy und Remy gestikulierten wild herum, dann stieg der Musiker wieder in sein Auto und fuhr weg. Glatze hatte die ganze Zeit über auf der Terrasse des Hauses gestanden und den kleinen Hügel sowie die Wiese vor dem Haus beobachtet. Die Paparazzi hielten sich versteckt. Jetzt kehrte Tommy zurück und stellte sich neben Glatze an die Steintreppe. Wir glaubten schon alles verloren, da stürmten die beiden plötzlich die Treppe hinunter und rannten über den Innenhof Richtung Wiese. In Sekundenbruchteilen kletterte Tommy über den Zaun und kämpfte sich durch das dichte Gestrüpp. Wenig später sprangen die Fotografen auf und sammelten Kameras und Rucksäcke auf. Doch da war Tommy auch schon bei ihnen. Die Typen von *Splash* rannten weg, und Tommy stellte sich mit einem Einbein drohend vor Mazy auf. Er hielt das Ding wie einen Baseballschläger, und es sah so aus, als würde er gleich kräftig zuschlagen.

Oben: Tom Cruise
am Set von *Jerry Maguire,*
Phoenix, Arizona,
28. April 1996;
und beim Joggen am Strand
von Santa Monica,
16. Mai 1966 *(rechts).*

Oben links: Nastassja Kinski mit „Superman" Dean Cain, Los Angeles, 15. April 1996.

Oben rechts: Nicole Kidman und George Clooney am Set von *Peacemaker,* New York, 29. Mai 1996.

Unten: Sean Connery mit Freundin (?), Beverly Hills, 31. Mai 1996.

Sharon Stone
und Dweezil Zappa
beim Golfspielen,
San Fernando
Valley, 12. Mai 1996.

Mel Gibson mit Sohn
im Garten seiner Villa, Malibu,
17. Mai 1996.

Pamela Anderson
und Tommy Lee kurz vor
der Geburt ihres ersten
gemeinsamen Kindes,
Malibu, 4. Juni 1996.

Wir hatten alles fotografiert und gefilmt und hingen mit den Augen an den Suchern – gierig zu erfahren, was als nächstes passieren würde. Schließlich schnappte sich Tommy Lee den Rucksack von Mazy, stiefelte zum Zaun, kletterte rüber und verschwand. Wir konnten ein feistes Grinsen nicht unterdrücken, als Mazy und die beiden anderen Fotografen mit hängenden Köpfen zurück zur Straße liefen.

Jonathan war hörbar erleichtert, als ich ihm über die Funke durchgab, was passiert war. Wir waren stolz auf unsere Aktion und hatten noch nicht mal ein schlechtes Gewissen. Wer sich so unprofessionell verhielt, verdiente Strafe.

Doch die drei hatten sich noch nicht geschlagen gegeben. Als Jonathan einige Minuten später auf Kontrollfahrt ging, meldete er uns: „Da stehen ein Sheriff und noch zwei weitere Polizeiwagen vor dem Tor zu Pamelas Haus. Sie gehen gerade rein."

Wir gingen jetzt auch nach unten, vielleicht gab es ja noch ein weiteres Spektakel, das wir fotografieren konnten. Unser Assi sollte besser außer Sichtweite bleiben, falls Tommy noch mal draußen auftauchte.

Unten angelangt, rief Andreas schon aus zehn Meter Entfernung dem wartenden Mazy zu: „Hey, was ist denn hier los?"

„Och, nichts Besonderes. Tommy Lee hat uns erwischt und meinen Rucksack mitgenommen. Ich habe die Bullen gerufen."

Nach etwa einer Viertelstunde brachten die Cops Mazys Rucksack und das Einbein zurück – unter der Bedingung, daß er nicht mehr Privatgelände betreten würde. Wir fotografierten das alles fleißig und machten uns aus dem Staub. Ausnahmsweise hatten wir schon um 14 Uhr Feierabend, denn mit Sicherheit würde nach dem ganzen Trubel keine Pamela mehr mit Baby auf dem Balkon erscheinen. *Hard Copy* kaufte uns das Video mit Tommy und den Fotografen ab, und auch die Fotos fanden hier und da Interessenten, obwohl sie leicht verwackelt waren.

Noch am selben Nachmittag bekamen wir ständig Anrufe von Magazinen und Agenturen – das Baby sei auf der Welt, ob wir Fotos hätten? Eine offizielle Bestätigung gab es allerdings noch nicht.

Natürlich waren wir am nächsten Morgen wieder pünktlich um 8 Uhr vor Ort – aber es passierte schier gar nichts.

Gegen 12 Uhr telefonierte ich mit Suzanne – seit meinem Besuch in Phoenix sprachen wir regelmäßig miteinander, am liebsten dann, wenn ich gelangweilt auf dem Berg saß. Ich hatte gerade aufgelegt, da tauchte unten ein weißer Punkt vor der Haustür auf. Noch bevor ich das Auge am Sucher hatte, drückte ich instinktiv auf den Auslöser – und hatte tatsächlich die ersten Bilder von Pamela Anderson nach der Geburt geschossen. Nichts erinnerte an das Sexsymbol, das alle kannten – verwuschelte Haare, bauchfreies weißes T-Shirt, wodurch die Schangerschaftswölbungen noch immer deutlich zu erkennen waren, ein Minirock, barfuß ... Für ein paar Sekunden verharrte sie auf den Stufen, dann kehrte sie ins Haus zurück. Ihr Baby hatte sie leider nicht auf dem Arm. Trotzdem, das Material war gut, und noch am selben Abend vertickten wir es rund um die Welt.

Danach blieben wir noch geschlagene acht Tage auf dem Berg, bis zum 16. Juni – die langweiligsten Tage meiner ganzen Paparazzi-Zeit. Hin und wieder tauchte Pamela auf, aber nie hatte sie das Baby dabei. Zu allem Überfluß bekamen wir mit, daß inzwischen mehrere Fotografen auf unserem Berg ihr Versteck aufgeschlagen hatten, allerdings noch höher und noch weiter vom Zielobjekt entfernt als wir.

Wir konzentrierten uns weiter auf unseren Job, bekamen noch ein paar gute Shots von Tommy Lee, zum Beispiel beim Beschneiden von Rosen, aber partout kein Foto von Pam samt Baby.

Am zehnten Beobachtungstag öffnete sich gegen Mittag auf einmal die Schlafzimmer-Schiebetür. Ich hoffte auf den großen Schuß und richtete das Teleobjektiv aus. Die Front des Schlafzimmerbalkons war ganz aus Stein, so daß wir nicht hindurchsehen konnten. Wenige Sekunden später sah ich Pamelas blonden Schopf auf Höhe des Geländers. Sie mußte auf allen vieren kriechen, denn ich sah nur Haare, sonst nichts. Dann legte sie eine weiße Decke aus, ich glaubte einen Babykorb zu sehen und verharrte fast eine Stunde lang mit dem Daumen auf dem Auslöser in meiner unbequemen Position – doch ich bekam weder Pam noch das Baby fotogerecht zu sehen. Allmählich löste sich die Verkrampfung in meiner Hand – die Chance auf den großen Money-Shot war definitiv dahin.

Und es sollte unsere letzte bleiben. Am nächsten Tag kamen die offiziellen Fotografen vom *O.K. Magazine*. Hin und wieder sah ich Tommy Lee und Langhaar durch die Gegend laufen, doch von Pam keine Spur. Zunächst wurde drinnen fotografiert, zwei Stunden lang herrschte Totenstille. Dann bauten sie draußen die Lichtanlage auf – und natürlich Sichtblenden. Die nächsten 60 Minuten gab es ein wildes Durcheinander, nur von dem Baby war partout nichts zu sehen. Aber das wäre ja auch Wahnsinn gewesen, immerhin hatten sie 250 000 Dollar hingeblättert – bestimmt nicht dafür, daß irgendwelche Paparazzi ihnen kurz vor dem Ziel noch die Show stahlen.

NEW MOM PAM titelte der *National Enquirer* vom 25. Juni 1996 zu den Fotos, die *Baywatch*-Star Pamela Anderson wenige Tage nach der Geburt ihres ersten Kindes zeigten.

Inzwischen hatten wir erfahren, daß Pamelas Vertrag mit *O.K.* beinhaltete, daß sie sich zwei Wochen nach der Geburt nicht mit dem Baby in der Öffentlichkeit zeigen durfte. Also blieben wir nur noch bis Ende der Woche, der 16. Juni, ein Sonntag, war definitiv unser letzter Tag auf dem Berg. Der *Enquirer* hatte die offiziellen Babyfotos für angeblich 150 000 Dollar gekauft, andere Magazine rund um die Welt waren den Amerikanern gefolgt. Selbst wenn wir jetzt noch ein Baby-Foto bekommen hätten – es wäre nichts mehr wert gewesen.

Also auf zur nächsten Schwangerschaft!

IX

Ein „Scharfschütze" gegen die Konkurrenz

Am nächsten Tag standen wir vor dem Haus von Melanie Griffith und Antonio Banderas in Brentwood. Melanie war zu dieser Zeit im dritten Monat schwanger. Sie hatte schon zwei Kinder aus früheren Ehen, darunter einen Sohn von dem *Miami Vice*-Star Don Johnson. Bilder, die Tippi Hedrens Tochter zu Beginn dieser dritten Schwangerschaft zeigten, gab es jedoch bislang noch nicht.

Jonathan stand in unmittelbarer Nähe des Hauses, ich wartete außer Sichtweite. Andreas war noch mit dem Verkauf der Pamela-Bilder beschäftigt. Den gesamten Vormittag verbrachte ich mehr oder minder ohne Unterbrechung am Funktelefon, ich war auf der Suche nach einem neuen Wagen, hatte von dem alten, stinkenden Toyota die Schnauze voll. Er zog nicht besonders schnell an, der Motor muckte öfter auf, und drinnen war die Kiste schon ziemlich versifft. Außerdem hatte ich schon immer davon geträumt, irgendwann einmal einen dieser großen US-Schlitten zu fahren! Doch was für ein Wagen kam für unseren Job in Frage? Einer, den viele fuhren und der deshalb im Straßenverkehr nicht auffiel. Eine herablaßbare Heckscheibe war unumgänglich zum Fotografieren, und da wir sehr viel Zeit wartend im Auto verbrachten, mußte es innen geräumig sein. Letztlich blieb nur ein Typ von Fahrzeug übrig: ein Ford Bronco, wie der 4-Runner ein „sports utility truck", also ein Allrad-Jeep, der Offroad-Eigenschaften hat und dennoch voll straßentauglich ist. Der Ford Bronco ist der größte dieser Trucks, geräumig wie ein Londoner Taxi, und mit knapp 200 PS zieht er ab wie ein Wagen der S-Klasse. Zu haben ist so eine Kiste ab 30 000 Dollar aufwärts.

Mitten in einer Verhandlung mit einem Händler meldete sich Jonathan über das Funkgerät. Er berichtete, daß vor ein paar Minuten zunächst eine schwarze Limousine auf Melanies Grundstück gefahren war und sich kurz danach ein Unbekannter in einem roten Montero direkt neben der Einfahrt aufgebaut hatte. Er saß auf dem Rücksitz, aber die Scheiben waren nicht verdunkelt.

Damals gab es noch das ungeschriebene Gesetz, daß kein Paparazzo einen Star observieren darf, wenn schon ein anderer an ihm dran ist. Ausnahmen waren nur brandheiße Geschichten wie beispielsweise die Geburt von Pamelas Baby.

Wenig später fuhr ich zügig an dem Montero vorbei, damit der Typ nichts merkte. Er saß seelenruhig auf der Rückbank und las Zeitung; daß ihn von draußen jeder sehen konnte, schien ihm völlig egal zu sein. Ich rief Andreas an und beschrieb das Auto und den Typen. Andreas meinte, es sei einer der Franzosen, wollte das aber sicherheitshalber selbst überprüfen.

Es dauerte nicht lange, da konnte ich beobachten, wie Andreas sein Auto außer Sichtweite des Hauses von Griffith parkte, zu dem Montero lief und mit dem Franzosen redete. Ergebnislos, wie ich kurz darauf erfuhr, der Typ wollte unter gar keinen Umständen verschwinden. Auf Andreas Bemerkung, daß keiner von uns exklusive Fotos bekäme, wenn wir entdeckt würden, hatte er nur verunsichert gelacht.

Wir waren tierisch genervt, aber was sollten wir machen? Melanie und Antonio konnten wir nicht informieren, und die Cops zu rufen war in der Szene tabu, der billigste aller Tricks, der nicht zu unserem Repertoire gehörte. Jetzt kam auch noch Remy an und fuhr mit grimmigem Gesicht an uns vorbei.

In diesem Augenblick setzte sich völlig überraschend die Limousine in Bewegung. Remy und sein Assi verhielten sich absolut auffällig, klemmten sich direkt hinter die Limo, in der vermutlich Melanie oder Antonio saßen, vielleicht auch beide zusammen. Wir blieben hinter den Franzosen und somit für die Verfolgten erst mal außer Sicht. Über Funk berieten Andreas und ich, was wir unternehmen sollten. Der erste Gedanke lautete: Blocken! Einer von uns mußte die Franzosen aufhalten, es kam nur auf die richtige Gelegenheit an.

Die Limo befand sich inzwischen auf einer kleinen Straße zum San Vicente Boulevard, bog dort nach links und ordnete sich kurz vor der Bundy Street zum Abbiegen rechts ein. Auf dem San Vicente schob sich Andreas zwischen Melanies Auto und dem von Remy. Hinter mir waren Jonathan und der Montero.

„Christoph, sobald die Limo rechts abbiegt, stoppe ich", gab mir

Andreas nun seinen Plan durch. „Überhol uns beide links und bleib an der Limo dran. Ich versuche, ihn so lange zu blocken, bis die Ampel wieder rot ist, okay? Und Jonathan versucht den anderen Idioten zu blocken!"

Der Pfeil für Rechtsabbieger sprang auf Grün, und die Limo kroch langsam um die Ecke. Direkt vor mir stellte sich Remy voll auf die Bremse, sein Wagen kam abrupt zum Stehen, er hupte wie ein Wahnsinniger. Mit Mühe schoß ich gerade noch links an ihm vorbei und schnitt ein paar Autos, die ebenfalls wild auf die Hupe drückten. Als ich rechts abbog, sah ich im Rückspiegel noch, wie der Franzose Andreas überholte.

Als die nächste Ampel gerade auf Grün schaltete, kamen Remy und Andreas gleichzeitig um die Ecke, mein Partner innen, sein Gegner außen. Sekundenbruchteile später krachte es hinter mir. Ich beobachtete, wie sich die beiden Toyotas ineinander verkeilten und Remy aus seinem Wagen sprang. Dann war plötzlich der rote Montero hinter mir und verstellte die Sicht. Über Funk erkundigte ich mich bei Jonathan, ob er mehr von dem Crash mitbekommen hatte. Aufgeregt berichtete unser Assi, daß Remy gerade in diesem Moment auf Andreas losging und ihn offensichtlich verprügeln wollte. Jonathan wollte sicherheitshalber zurückbleiben, um Andreas zu helfen.

Ein paar Minuten später bog die Limo auf den Freeway 405. Da es nach Süden ging, vermutete ich, daß die Wagen den Flughafen ansteuerten. Der Montero war dicht hinter mir, und der Fahrer telefonierte pausenlos, wahrscheinlich mit Remy. Kurz darauf meldete sich Andreas und erzählte, wie die Unfallgeschichte ausgegangen war.

„Der Spinner glaubte doch wirklich, er könnte mich einfach abdrängen, als ich ihn geblockt habe ... bin aber weitergefahren, und da hat's halt geknallt. Aber das Schärfste war, daß der mir was auf die Fresse geben wollte. War aber nicht, ich habe einfach das Fenster hochgekurbelt. Louis tauchte auch noch auf und wollte mir auch an den Kragen. Ich habe schon zwei Zeugen, die gesehen haben, daß Remy ohne Grund auf mich losgegangen ist. Einer ist Assistent des Bürgermeisters, nicht schlecht, was? ... Und was macht ihr?"

„Bin auf dem 405, wahrscheinlich zum Flughafen ... Der Montero ist auch noch dran."

„Na ja, versuch halt dein Bestes. Bis später."

Tatsächlich bog die Limo auf den Howard Hughes Parkway ab, eine Ausweichroute zum Flughafen, wenn der Freeway wieder mal dicht ist. Der

Typ im Montero hatte offensichtlich gedöst und die Abfahrt verpaßt. Jetzt war ich also endlich allein auf der Jagd.

Weiter ging es zum Abflug-Terminal. An der American Airlines-Halle hielt die Limo direkt am Bürgersteig, so überraschend, daß ich den Toyota ebenfalls sofort in der No-Parking-Zone abstellte und mit meiner Kamera heraussprang. Aus etwa 20 Metern Entfernung sah ich, wie der Chauffeur ausstieg und die Tür hinten rechts öffnete. Heraus kam Mrs. Griffith in einem weiten, schwarzen Kleid – allein und ohne Gepäck. Man konnte zumindest schon erahnen, daß sie schwanger war. Ich drückte sofort auf den Auslöser. Noch hatte sie mich nicht bemerkt, obwohl ich ungeschützt auf dem Bürgersteig stand. Als sie in meine Richtung loslief, nahm ich die Kamera herunter – aber zu spät, sie konnte mich einfach nicht mehr übersehen.

Ohne sichtbare Reaktion begab sie sich nun in die Halle, ging kurz zu einem der Schalter, offenbar, um eine Erkundigung einzuholen, ehe sie dann in Richtung der Rolltreppe zu den Flugsteigen schlenderte. Ich fotografierte hemmungslos weiter, sie hatte mich ja ohnehin schon gesehen. Ein paar Touristen erkannten die Griffith und schwärmten ihren Kindern laut von dem Star vor. Melanies eben noch ausdrucksloses Gesicht verwandelte sich in ein Strahlen, sie schüttelte Kinderhände und plauderte mit den Kleinen. Obwohl ich nur wenige Meter entfernt war, würdigte sie die Kamera keines Blickes. Verlegen in meine Richtung lächelnd, fuhr sie die Rolltreppe hinauf und passierte die Sicherheitskontrolle. Da die Sicherheitsleute unbedingt meine Kamera inspizieren mußten, verlor ich sie aus den Augen. Doch plötzlich machte es Klick! Sie hatte ja kein Gepäck dabei, wahrscheinlich wollte sie nur jemanden abholen. Also rannte ich zurück auf den Bürgersteig und versteckte mich hinter einem Pfeiler.

Nach einer Viertelstunde kam Melanie Griffith mit ihrem Sohn an der Hand zurück. Ich schoß noch ein paar Bilder, bevor die beiden einstiegen, dann wollte ich zum Auto zurück. Allerdings mußte ich dabei die Limo passieren. Völlig unerwartet senkte sich nun eines der abgetönten Fenster.

„Entschuldigen Sie!" hörte ich Melanies piepsige Stimme. „Sagen Sie, warum machen Sie das?"

Ich war völlig perplex. „Was mache ich?"

„Warum machen Sie Fotos, ohne zu fragen? Und warum schnüffeln Sie mir hinterher?"

„Das ist mein Job. Sie sind schwanger, die Leute wollen Fotos davon sehen." Ich schluckte, verzog aber keine Miene.

Melanie, de 38 años, llegó a Los Angeles luciendo un vestido premamá muy veraniego.

La actriz, con un tatuaje en el tobillo izquierdo, y su chófer.

Banderas cobra 25 millones de pesetas por un spot de tabaco

Antonio no para. Además de las películas, ahora también se dedica a la publicidad. Así, mientras estuvo en Argentina rodando "Evita", grabó un anuncio para una marca de tabaco. Según fuentes cercanas al actor, cobró 25 millones de pesetas por los dos días de trabajo en los que filmó el spot.

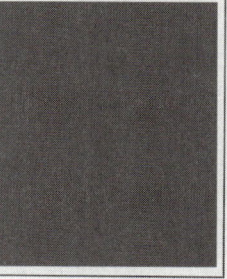

LA ACTRIZ YA ESTA EN SU SEXTO MES DE EMBARAZO

Melanie Griffith
vuelve a casa sin Antonio

LOS ANGELES. R.L.
Fotos: Cordon Press

Después de viajar a Italia y a Londres, donde Antonio rodaba "Evita", y a España, para ver a los padres del actor, Melanie ha vuelto a su casa de Los Angeles.

La popular actriz, en su sexto mes de embarazo, está radiante y se dedica a descansar y a ultimar los preparativos para la llegada del que será su tercer hijo -que ya sabe que será una niña-, mientras Antonio prepara el rodaje de su próxima película, "El Zorro".

A su llegada a Los Angeles, Melanie Griffith, de 38 años, tenía un aspecto inmejorable, demostrando que el embarazo le está sentando de maravilla.

Con un vestido de color negro, largo de tirantes, amplio y muy veraniego, fue recogida en el aeropuerto por su chófer particular, que le fue a buscar en una limusina negra.

La esposa de Antonio Banderas lleva orgullosa el anillo que le regaló el actor dos días antes de su boda, que se celebró en Londres el pasado 14 de mayo. ∎

38 *Lecturas*

Die Melanie Griffith-Story erschien unter anderem in dem spanischen Magazin *Lecturas*.

„Werden Sie dafür bezahlt?"

„Natürlich. Sonst würde ich es nicht machen."

„Aber müssen Sie denn auch die Kinder fotografieren?"

„Das ist Teil meines Jobs, Ms. Griffith. Es tut mir leid, wenn ich Ihnen damit auf die Nerven gehe. Aber es gehört nun mal dazu."

Melanie schaute stirnrunzelnd zu mir auf. „Nun, ich versteh' das zwar nicht, aber ... okay ..."

Es folgte noch ein leises „Bye", dann setzte sich die Limousine langsam in Bewegung. Ich verschwendete keinen Gedanken daran, ihr nochmals nachzujagen, sondern stand wie vor den Kopf geschlagen da und starrte dem Wagen bedröppelt hinterher. Erst jetzt dachte ich nach und fragte mich, wie sie sich dabei fühlen mußte, von einem jungen Typen wie mir quer durch die Stadt verfolgt zu werden, nur weil sie ein Star und zufällig auch noch schwanger war. Und die Art, wie sie mit mir gesprochen hatte, gab mir auch zu denken. Sie hatte nicht hysterisch reagiert, sondern merkwürdig sachlich. Wäre sie aggressiv geworden, hätte ich mich vielleicht sogar noch bestätigt gefühlt. Aber so hatte sie mich regelrecht aus der Spur gebracht, zumindest für einen Augenblick.

Die Fotos verkauften sich später ganz gut, aber es war keine große Story – Melanies Bauch war noch nicht rund genug, außerdem fehlte Antonio Banderas auf den Bildern.

Am Abend erzählte mir Andreas, was sich nach dem Unfall noch abgespielt hatte. Als sich die Zeugen am Unfallort meldeten, waren Remy und Louis abgehauen, meldeten sich dann aber via Funktelefon. Sie wollten Andreas noch mal treffen und die Sache ausdiskutieren. Vermutlich hatten sie Angst, daß Andreas sie anzeigen würde.

Louis und Andreas kannten sich sehr gut. In den ersten Monaten seiner Zeit in Amerika hatte Andreas alle Fotos an Louis weitergegeben, der in Los Angeles die Paparazzi-Agentur *Starfile* betrieb, über die jetzt auch Remy und der Montero-Fahrer ihre Bilder weltweit vermarkten ließen.

Das Treffen an einer Tankstelle in der Nähe des Unfallortes verlief allerdings ergebnislos. Louis und Andreas gifteten sich nur an, und Remy hatte im wahrsten Sinne des Wortes Schaum vor dem Mund. Um Louis zusätzlich Druck zu machen, erinnerte Andreas ihn daran, daß der Franzose ihm noch Geld schuldete, Restbeträge von Einnahmen aus früheren Foto-Verkäufen.

Als mein Partner am nächsten Morgen in die Tiefgarage seines Wohnkomplexes kam, erlebte er eine böse Überraschung: Sämtliche Reifen seines Wagens waren zerstochen, und irgend jemand hatte die Worte „no parking" in den Lack geritzt. Wir zweifelten nicht daran, daß unsere „Kollegen" hierfür verantwortlich waren. Noch am selben Tag erstatteten wir Anzeige gegen Unbekannt und erzählten den Cops bei dieser Gelegenheit von den Vorfällen des gestrigen Tages. Andreas hatte nun die Möglichkeit, eine sogenannte „restriction order" gegen Remy durchzusetzen. Dadurch wäre es dem Franzosen verboten gewesen, näher als auf ungefähr 50 Meter Entfernung an Andreas heranzukommen. Doch Andreas verzichtete darauf, er wollte nur sichergehen, daß bei den Cops etwas vorlag, falls Remy nochmals handgreiflich würde.

Noch am Nachmittag desselben Tages erstand ich bei einem Händler am Santa Monica Boulevard einen brandneuen Ford Bronco. Als ich abends mit dem Schlitten erstmals nach Hause fuhr, kam ich mir vor wie ein kleiner Junge, der zu Weihnachten endlich ein lang ersehntes Spielzeug bekommen hat.

In der Folgezeit arbeiteten wir an mehreren Geschichten gleichzeitig. Zwei Tage lang standen wir beispielsweise vor dem *Chateau Marmont* in West Hollywood, in dem Keanu Reeves wohnt, wenn er in L.A. ist. Der Teenie-Schwarm, der vor allem durch den Blockbuster *Speed* mit Sandra Bullock und Bernardo Bertoluccis *Little Buddha* bekannt wurde, ist einer der wenigen Stars, die kein Haus in L.A. oder Umgebung besitzen. Aber wir wußten, daß er gerade in der Stadt weilte, Francis hatte ihn am Vorabend in einem Club gesehen. Vor wenigen Tagen hatte er sich bei einem Motorradunfall das Bein gebrochen, wir wollten ihn unbedingt mit Gips ablichten.

Während der oft endlosen Warterei im Auto benutzte ich manchmal eine leere Wasserflasche, wenn ich mal mußte – aber nur in Notfällen, normalerweise suchte ich öffentliche Toiletten auf. So auch bei der Observation von Reeves, wo ich das WC des Hotels benutzte. Wie es der Zufall so wollte, stand urplötzlich Keanu Reeves in den für ihn typischen Second-Hand-Klamotten am Becken neben mir. Da wartete ich nun tagelang vergeblich vor dem Hotel auf ihn und nun das ...

Natürlich hatte ich keine Kamera dabei, und weil dies vorerst meine letzte Begegnung mit Keanu war, hieß es: Fotos Fehlanzeige!

Abends trafen wir uns in einem Restaurant in Malibu mit dem Rechtsanwalt Peter Mueller, den uns Francis als Berater empfohlen hatte, nachdem wir von unserem Streß mit den Franzosen erzählt hatten. Mueller, meinte sie, würde die Jungs schon zur Raison bringen.

Peter Mueller, ein Nachkomme deutscher Einwanderer, hieß in Hollywood allgemein nur „der Scharfschütze" – nicht, weil er im Gerichtssaal ein ganz scharfer Hund war, sondern weil er früher bei den Marines als Scharfschütze gedient hatte und auch im Einsatz gewesen war. Im Gericht halte er sich ohnehin fast nie auf, erzählte er stolz, er habe andere Methoden. Mit geschwellter Brust verriet er uns, er würde als Bodyguard für Linda Hamilton und verschiedene andere Stars arbeiten. Ein Rechtsanwalt, der als Bodyguard jobbt? Das war äußerst seltsam, aber schließlich befanden wir uns in Hollywood, hier gab es nichts, das unmöglich war. Und mit seinem Stiernacken, den kurzgeschorenen Haaren und der Silberkette um den Hals – eine Art Erkennungsmarke, wahrscheinlich aus alten Marines-Tagen – ging er außerdem glatt als Bodyguard durch.

Die nächste Überraschung bereitete der Anwalt uns mit einem kleinen Fotoalbum, in dem fast alle Paparazzi zu sehen waren, die in L.A. arbeiteten: Andreas, Louis, Remy, der Schweizer Sylvain, sein Partner aus England ... Mein Foto suchte ich vergebens – und ich war froh darüber. Denn die Bilder sahen aus wie Schnappschüsse eines Paparazzo: Alle waren tagsüber und mit Teleobjektiv aufgenommen, auf keinem Foto blickte der Abgelichtete in die Kamera, alle waren also heimlich aufgenommen worden. Wir kippten fast von den Stühlen.

„Wo sind die denn her?" fragte Andreas.

Mueller lächelte verschmitzt. „Ich habe sie halt. Das muß euch als Erklärung genügen. Ich möchte nur die Typen identifizieren, die euch Probleme bereiten." Später erfuhren wir, daß Mueller mit Jack Bahrami befreundet war. Bahrami hatte ein gutes Dutzend Helfer, die für ihn in der Stadt unterwegs waren. Und Bahrami, auch das wußten wir, bezahlte für jedes Foto, das einen Paparazzo zeigte, 100 Dollar. Vermutlich hatte Mueller das Album also von ihm.

Wir identifizierten Remy und Louis und plauderten ein bißchen aus dem Nähkästchen. Nebenbei erwähnte Andreas, daß Louis ihm noch Geld schuldete. Mueller saß gespannt da und lauschte. Dann sagte er:

„Macht euch keine Sorgen, die belästigen euch nicht mehr. Und was das Geld betrifft, das kriege ich schon hin."

„Was haben Sie denn vor?" wollte Andreas wissen.

„Erst mal werde ich mich telefonisch bei denen melden und ihnen in Ruhe ein paar Sachen erklären. Wenn das nicht hilft, gibt's andere Möglichkeiten. Ich kenne eine Menge Leute in Regierungsstellen. Typen wie Remy fliegen ganz schnell aus dem Land, wenn sie sich nicht benehmen."

Letztlich handelten wir mit Mueller eine Pauschale von 3500 Dollar aus, dafür wollte er unsere Probleme lösen. Wir vertrauten dem Scharfschützen, er war ein echter „shark", dachten wir, ein Anwaltshai und Nußknacker.

Am 22. Juni 1996 gab es mal wieder einen Auftrag vom *Enquirer*. Dolly Parton, ein Country-Star und Busenwunder, unterzog sich angeblich einer Schönheitsoperation, es würde nicht die erste sein. Die Information stammte von einer Krankenschwester aus jener Privatpraxis, in der sich Parton unters Messer begeben wollte.

Frühmorgens war ich wie üblich zur Stelle, vor mir lagen zähe Stunden langweiligen Wartens. Erst am Nachmittag verließ die Sängerin endlich durch die Hintertür die Praxis. Sie trug eine Art Schleier über dem Gesicht, von „plastic surgery" war da nicht viel zu erkennen. Die Fotos waren schnell geschossen, brachten aber wenig ein.

Während der endlosen Warterei überkam mich plötzlich ein nervendes Jucken an Beinen, Armen und auf der Brust. Anfangs hielt ich das für normalen Juckreiz, doch im Laufe des Tages wurde es immer schlimmer. Außerdem bekam ich an den juckenden Stellen auch noch einen Ausschlag. Es war kaum auszuhalten, aber da ich noch nie mit Hautkrankheiten zu kämpfen gehabt hatte, verdrängte ich das unangenehme Gefühl zunächst.

Am Tag darauf, einem Sonntag, hieß unser Zielobjekt Michelle Pfeiffer. Laut Francis nahm Pfeiffers Adoptivtochter in einer Grundschule in Pacific Palisades an einer Tanzaufführung teil, und Frau Mama würde mit Sicherheit ebenfalls dort erscheinen. Die Veranstaltung sollte Punkt 11 beginnen. Als wir zwei Stunden früher dort ankamen, war der Parkplatz vor der Schule gähnend leer, so daß wir uns in aller Ruhe einen Platz suchen konnten, von dem aus das ganze Schulgelände problemlos zu überwachen war.

Gegen 10 Uhr kamen die ersten Eltern mit ihren Kindern, vor dem Auditorium bildete sich eine Schlange. Bald erschien auch Michelle

Pfeiffer samt Mann und zwei Kindern. Eines der Kinder war dunkelhäutig und trug ein Kostüm mit schwarzen Punkten auf gelbem Grund.

Der Job war ein Kinderspiel. Wir machten ein paar Bilder aus dem Auto heraus, wie Pfeiffer mit ihrer Adoptivtochter auf dem Arm in der Schlange vor dem Auditorium steht und das Mädchen zärtlich auf die Wange küßt. Dann mischten wir uns unter die Zuschauer, fotografierten die tanzende Tochter auf der Bühne und schließlich noch mal die ganze Familie beim Verlassen des Auditoriums.

Da uns niemand bemerkt hatte, wollten wir ihnen auch noch per Auto nach Hause folgen, um Michelles Adresse herauszubekommen. Doch an einer Kreuzung hängte sie uns unbeabsichtigt ab. Ein drittes Auto schob sich zwischen uns, die Ampel zeigte plötzlich Rot, der Typ vor uns trat auf die Bremse – und wir machten ein dummes Gesicht. Es war klar, daß wir Pfeiffers Wagen nicht mehr einholen würden.

Inzwischen juckte mein ganzer Körper, ich machte mir allmählich doch Sorgen und wollte nur noch nach Hause, die Klamotten ausziehen und mich möglichst nicht mehr bewegen. Denn bei jeder Berührung meines T-Shirts mit meiner Haut verstärkte sich dieses höllische Jucken.

Meine Ruhepause sollte allerdings nicht von langer Dauer sein. Ich lag kaum im Bett, als Andreas anrief. Er hatte vom *Enquirer* erfahren, daß der Schauspieler Robert Downey jr. in der vorigen Nacht festgenommen worden war, weil ihn die Cops angetrunken im Auto gestoppt hatten. Jetzt wartete er in der Lost Hills Sheriff Station im Valley darauf, daß er gegen Kaution freikam.

Natürlich, das war eine Superstory, also rappelte ich mich auf, obwohl es mir mittlerweile ziemlich dreckig ging.

Die Lost Hills Sheriff Station macht ihrem Namen alle Ehre. Sie liegt am Rand der Santa Monica Mountains, aber auf der Seite zum Valley, direkt am Freeway 101. Die Gegend rundherum ist kaum besiedelt, man sieht eigentlich nichts als Berge – eben die „verlorenen Berge", die „Lost Hills".

Einer der hier stationierten Cops verdiente sich hin und wieder ein paar Dollar nebenbei, indem er den *Enquirer* anrief, wenn in der Station mal wieder ein Berühmtheit saß, die Mist gebaut hatte. Downey jr. war nun zwar kein Megastar, hatte sich aber durch seine Rolle als Charlie Chaplin doch einen Namen gemacht.

An der Station angekommen, hieß es wieder einmal warten. Der Cop an der Anmeldung gab uns bereitwillig Auskunft, daß Downey erst entlassen würde, wenn einer seiner Mitarbeiter die Kaution gebracht hätte. Außerdem verriet er uns noch, auf welcher Seite des Gebäudes der Mime ins Freie treten würde.

Wir mußten also nur aufpassen, bis ein Wagen vorfuhr, dessen Fahrer als Überbringer der Kaution in Frage kam; das wäre für uns das Zeichen, in Position zu gehen.

Stunden vergingen, aber nichts passierte. Um uns die Zeit zu vertreiben, sprachen wir mit einigen jugendlichen Strafgefangenen, die rauchend hinter einem Gitterzaun herumstanden. Die Jungs saßen hier ihre Reststrafen ab, denn die Lost Hills Sheriff Station diente auch als Außenstelle für die überfüllten staatlichen Gefängnisse. Allerdings saßen hier nur kleine Fische, Diebe und Betrüger beispielsweise. Die Sicherheitsvorkehrungen waren ein Witz, wir konnten den Knackis ohne Probleme aus dem nahe gelegenen *Taco-Bell* etwas zu essen holen und durch den Zaun hineinreichen.

Schließlich hatten wir eine Idee. Warum machten wir die Jungs nicht einfach zu unseren Assistenten? Sie kannten sich in der Station bestens aus, und sie waren scharf aufs Geld. Also reichten wir ihnen eine kleine Pocket-Kamera, erklärten, wie sie das Gerät zu bedienen hätten, und baten sie, für uns ein Foto von Downey jr. im Gefängnis zu schießen. Einer der Jungs zog schließlich mit der Kamera los und gab sie uns nur eine halbe Stunde später wieder zurück.

„Kein Problem", sagte er, „habe ihn gekriegt."

Jetzt wollten wir sichergehen, daß wir die bestmöglichen Fotos bekamen, wenn der Schauspieler die Station verließ. Unsere Assistenten erzählten, daß er zunächst über den Betriebshof laufen mußte und dann aus der kleinen Tür im Gitterzaun komme würde. Den Hof konnten wir vom Parkplatz aus nicht so gut einsehen, also wollte Andreas mit dem 600er auf einen Berg in der Nähe klettern, von dem aus er den Hof bestens im Blick hatte. Ich sollte auf dem Parkplatz bleiben und warten, bis Downey aus der Tür kam und zum Auto lief. Die Jungs wiederum wollten Andreas ein Zeichen geben, sobald der Inhaftierte sich auf den Weg in die Freiheit begeben würde. Außerdem würden sie sich mit dem Rücken zur Kamera stellen, damit man auf den Fotos anhand der orangefarbenen „L.A. County"-Hemden erkennen konnte, daß es sich hier um einen Knast handelte.

Leider machte uns die Zeit einen Strich durch die Rechnung. Der Überbringer der Kaution traf erst gegen 19.30 Uhr ein. Zu dieser Zeit dämmerte es bereits, und als Downey schließlich auf den Betriebshof trat, war es stockduster. Auf Andreas Bildern konnte man ihn nicht mehr erkennen. Ich hatte mehr Glück. In dem Moment, als er durch den Gitterzaun auf den Parkplatz trat, fotografierte ich los. Da ich einen Blitz aufgeschraubt hatte, mußte ich bis auf wenige Meter an Downey ran, der natürlich sofort die Arme hochriß und sein Gesicht verdeckte. Doch als er in das Auto einstieg, mußte er die Hände kurz runternehmen – und ich blitzte erneut.

Auftritte wie dieser behagten mir überhaupt nicht. Ich haßte es, beim Fotografieren die Deckung aufzugeben. Außerdem war ich ein Fan von Downey jr., der nicht nur ein Star, sondern überdies ein wirklich guter Schauspieler war.

Eine Minute später war Andreas zurück, und im selben Moment kam ein Cop aus der Station auf uns zugelaufen. Ich fürchtete schon, es würde Ärger geben, aber der Typ fragte uns nur aus, wo wir herkämen und für wen wir arbeiteten. Seltsamerweise wollte er noch wissen, ob wir manchmal auch für den *Enquirer* fotografierten. Wie üblich verneinten wir dies, weil unsere Journalisten-Visa ausdrücklich Jobs für amerikanische Blätter ausschlossen.

Erst als wir ein paar Meilen von der Station weg waren, dämmerte es uns allmählich. Dieser Cop war vermutlich der Informant des *Enquirer* und hatte austesten wollen, ob er demnächst ein paar Dollar extra erwarten durfte.

Eine Woche später erschien das Foto, das Robert Downey jr. beim Einsteigen in das wartende Auto zeigte, auf Seite 3 des *Enquirer*. Der Schnappschuß unseres Kurzzeit-Assis im Knast war nichts geworden. Er hatte den prominenten Gefangenen nur von der Seite erwischt, das Gesicht war zur Hälfte von einem Telefonhörer verdeckt. Zu allem Überfluß hatte unser Knacki auch noch einen seiner Finger über die halbe Linse gehalten. Als Fotograf hatte dieser Junge keine Zukunft, und die 250 Dollar Honorar waren eine glatte Fehlinvestition gewesen.

Am 24. Juni flog ich nach Berlin, unter anderem, um mich von meinem Zahnarzt durchchecken zu lassen. Außerdem hatte mein Vater demnächst Geburtstag.

Hier fand ich auch heraus, warum mein Körper ständig juckte. Allem Anschein nach hatte ich mich bei unseren Wanderungen durch die Büsche nahe Pamela Andersons Haus mit einer Pflanze angelegt, die es in sich hatte. Der Arzt tippte auf „poison ivy", einen giftigen Efeustrauch. Wenn man an den infizierten Stellen zu kratzen anfängt, verteilt man das Gift anschließend mit den Fingern über den ganzen Körper. Medikamente, Kamillen-Bäder und das Einhalten der quälenden Order, mich nicht zu kratzen, wie stark der Juckreiz auch war, beseitigten das Problem.

Als ich am 7. Juli nach L.A. zurückflog, war die Tortur vorbei.

X

Pamela Anderson – Klappe, die zweite

Seit Anfang April hatten wir jede Woche mindestens 10 000 Dollar eingenommen. Das hört sich gut an, aber wir hatten auch jede Menge Ausgaben – Miete, Auto, Benzin, Funktelefone, Filme, die Pauschale für Jonathan, die Dollars für Francis –, um die Maschine am Laufen zu halten.

Wenn ich mal einen Nachmittag frei haben wollte, fielen bei Andreas die Klappen runter – und das Wort Urlaub schien in seinem Vokabular überhaupt nicht zu existieren. Auch das Argument, man könne nachher konzentrierter und motivierter arbeiten, wenn man zwischendurch mal ein paar Tage ausspannte, überzeugte ihn nicht; er stand ständig unter Strom und brauchte das offensichtlich auch. Als Kompromiß hatten wir deshalb vereinbart, daß Andreas das Geld, das er während meiner Abwesenheit verdiente, komplett für sich behielt.

Natürlich hatte Andreas auch während meines Aufenthalts in Berlin keinen Tag pausiert. Gemeinsam mit Jonathan hatte er unter anderem Thomas Gottschalk ausgekundschaftet, der in Malibu ein großes Anwesen mit einer alten Mühle besitzt. Wenn er nicht gerade in der Heimat seine Shows produziert, lebt der Entertainer fast ausschließlich in den USA; seine Kinder gehen in L.A. zur Schule.

Meine Kompagnons hatten ihm vor dem Hughes Supermarket aufgelauert und beim Einkaufen fotografiert: Gottschalk, wie er mit Baseballkappe, Vollbart, schlabbrigen Shorts und einem alten Karohemd den Einkaufswagen aus dem Supermarkt schiebt – das waren Bilder, die man im Fernsehen nie gesehen hatte und nie zu sehen bekommen würde – ein Riesenhit in deutschen Magazinen. Andere Aufnahmen, auf denen auch Gottschalks Kinder zu sehen waren, wollte allerdings niemand drucken. Denn der Entertainer reichte sofort Klage ein, wenn ein Magazin Bilder seiner Kids brachte. Dennoch hatte Andreas so nebenbei gut 6000 Dollar gemacht.

Nach meiner Rückkehr hatten wir zunächst kein konkretes Ziel und schossen mehrere Tage lang auch keine Bilder. Hin und wieder schauten wir bei Pamelas und Tommys Anwesen vorbei – nur um zu checken, ob sich dort vielleicht irgend etwas tat. Und bei einer dieser Kontrollfahrten wurden wir fündig: Wir entdeckten von unserem alten Beobachtungsposten aus auf dem Innenhof ein kleines Motorboot und sahen, daß Glatze am Motor herumfummelte. Es war Freitag, der 12. Juli, und wir mußten nur eins und eins zusammenzählen, um zu dem Ergebnis zu kommen, daß die gesamte Familie einen Wochenendtrip aufs Meer oder zu irgendeinem See plante. Zu diesem Zeitpunkt ahnte noch niemand, welche Torturen uns bevorstanden.

Jonathan war für ein paar Tage nach Phoenix gefahren, und so fanden sich Andreas und ich am nächsten Morgen ohne Assi vor Ort ein. Vom Berg aus sah ich den Suburban und das Boot abfahrbereit im Hof stehen.

Wir hatten verabredet, daß Andreas sich ohne seinen Wagen im Gebüsch versteckte und ich mich außer Sichtweite auf der Kanan Dume Road Richtung Malibu postieren sollte. Vom Mulholland Pass würden sie an der Kreuzung zur Kanan Dume entweder rechts zum Freeway 101 abbiegen oder links nach Malibu. Andreas konnte von seiner Position aus sowohl die Ausfahrt von Pams Grundstück als auch die Kreuzung perfekt einsehen und würde mich sofort informieren. Daß die Anderson-Lees den Mulholland in die andere Richtung nahmen, war sehr unwahrscheinlich, weil er sich dort in endlosen Serpentinen die Berge hinabschlängelt.

Es dauerte nicht lange, da bestätigte mir Andreas via Funke, daß Pam und Tommy sich wie vermutet auf den Freeway zubewegten.

Da wir bis zum 101 circa 15 Minuten auf der Kanan Dume fahren mußten, hielt ich zunächst größeren Abstand, damit sie mich nicht jetzt schon im Rückspiegel entdeckten. Allzu lange durfte ich jedoch nicht warten, damit sich nicht zu viele Autos zwischen uns schoben; denn auf dieser Straße gab es nur wenige Gelegenheiten zum Überholen. Außerdem wimmelte es hier nur so von Cops und Radarfallen.

Nach einer Minute sah ich das Motorboot mehrere hundert Meter vor mir in einer Kurve verschwinden. Zwischen uns waren nur zwei Autos, wenig später hatte auch Andreas uns eingeholt. Nach einer Viertelstunde erreichten wir den 101. Die Ampel kurz vor dem Freeway stand auf Grün, der Suburban bog Richtung Osten ab. Doch gerade jetzt schlug sie um, die beiden Autos vor mir hielten an. Ich war schon kurz davor, auf der

Standspur rechts an ihnen vorbeizujagen, als ich im Rückspiegel ein Polizeiauto bemerkte. Wir steckten fest.

Kritisch war die Situation allerdings nicht, auf dem Freeway würden wir sie schnell wieder einholen. Doch als wir den Suburban trotz überhöhter Geschwindigkeit von 80 bis 90 Meilen pro Stunde nach fünf Minuten immer noch nicht gesichtet hatten, kamen wir allmählich ins Grübeln. Mit dem Boot im Schlepptau konnte Tommy auf gar keinen Fall so schnell unterwegs sein.

Zu allem Überfluß kam nun auch noch der Verkehr ins Stocken, wir rollten mit höchstens 30 Meilen die Stunde über den Asphalt. Kurz entschlossen bog Andreas auf die Standspur und jagte rechts an dem Stau vorbei. Für mich hieß es erst einmal weiter stop and go. Nach fünf Minuten meldete sich meine Partner:

„Christoph? Ich bin jetzt fast 10 Meilen gefahren und habe sie immer noch nicht gesehen. Die müssen irgendwo vom Freeway runtergefahren sein."

„Vielleicht mußten sie noch mal tanken oder einkaufen", vermutete ich.

„Weißt du, ich fahre noch ein bißchen weiter und bleibe dann einfach auf der Standspur stehen, bis mich die Cops wegscheuchen. Wenn Pam auf dem Freeway ist, muß sie irgendwann an mir vorbeirauschen. Was meinst du?"

Ja, das war wohl die einzige Möglichkeit. Und wir lagen tatsächlich richtig: Rund 20 Minuten später rollte der Suburban samt Boot an Andreas vorbei. Gerade hatte ein Cop hinter ihm gehalten und gefragt, warum er dort stand. Mein Kumpel redete sich mit einem heißgelaufenen Motor heraus und nahm Sekunden später wieder die Verfolgung auf.

Danach lief erst einmal alles glatt. Inzwischen waren wir weit im Osten von Los Angeles, der Verkehr hatte sich aufgelockert, und der Suburban rauschte mit gut 75 Sachen über den Freeway. Andreas hatte ihn einmal kurz überholt, um zu schauen, wer alles drinnen saß, konnte aber nur Tommy am Steuer und Glatze auf dem Beifahrersitz ausmachen. Pam samt Baby und Mutter mußten hinten sitzen, aber das war durch die abgedunkelten Scheiben nicht zu sehen.

Aus Sicherheitsgründen blieb immer nur einer von uns auf Sichtweite dran, der andere ließ sich ziemlich weit zurückfallen. In Abständen von 20 Minuten wechselten wir uns zudem regelmäßig ab, um zu vermeiden, daß eines unserer Autos zu lange im Rückspiegel des Suburban zu sehen war. Im übrigen war der Pamela-Express auf Meilen hin nicht zu übersehen, dafür sorgte schon das sechs Meter lange Boot, das mit einer türkisfarbenen Plane abgedeckt war.

Nach gut einer Stunde blitzten vor uns plötzlich die Warnblinkleuchten auf, und Tommy steuerte den Suburban auf die Standspur. Im Vorbeifahren sahen wir, daß ein Reifen des Trailers einen Platten hatte. Andreas stoppte in einiger Entfernung ebenfalls rechts, während ich die nächste Abfahrt nahm. Es dauerte nicht lange, da verließen auch unsere „Freunde" den Freeway und fuhren zum Reifenwechsel zur erstbesten Tankstelle. Das dauerte fast eine Stunde, so daß wir genügend Zeit hatten, unsere Wagen aufzutanken, die Luft in den Reifen zu checken und uns mit Verpflegung einzudecken. Schließlich hatten wir keinen Schimmer, wohin die Reise führte. Da Tommy nicht zum Meer gefahren war, ging es vermutlich zu einem der Wüstenseen in Nevada oder Arizona. Wir würden also mit Sicherheit noch Stunden unterwegs sein.

Während Tommy Lee und Glatze den Reifen wechselten, gingen Pamela und ihre Mutter abwechselnd zur Toilette. Von dem Baby war nichts zu sehen. Doch inzwischen waren ohnehin die offiziellen Fotos des Nachwuchses veröffentlicht worden, so daß wir hier sowieso nicht riskiert hätten, beim Fotografieren erwischt zu werden.

Endlich ging es weiter. Wir fuhren zunächst auf dem Interstate Highway 15 Richtung Las Vegas. Nach eineinhalb Stunden bog der Suburban in östlicher Richtung auf den Interstate 40 ab. Wir waren jetzt mitten in der Mojave-Wüste.

Gegen 14 Uhr machten die Anderson-Lees vor einem Trucker-Restaurant Rast. Da es das einzige Haus weit und breit war und zudem nur wenige Autos hier herumstanden, warteten wir am Rande des Highway. Alles andere wäre zu riskant gewesen. Denn je länger die Reise dauerte, um so größer war die Gefahr, daß Tommy irgendwann einmal ohne Vorwarnung anhielt – nur um zu schauen, wie die Autos wohl reagieren würden, die ständig in seinem Rückspiegel zu sehen waren.

Gegen Abend verließen wir Kalifornien. Nach nur wenigen Meilen in Nevada kam eine Kreuzung, und das Straßenschild „Laughlin 15 Meilen" ließ uns aufatmen. Die Stadt am Colorado River, der die Grenze zwischen Nevada und Arizona markiert. Am anderen Ufer liegt der kleine Ort Bullhead City. Der Fluß ist an vielen Stellen mehrere hundert Meter breit und somit ein beliebter Urlaubsort für Motorbootfahrer. Wir schienen endlich am Ziel zu sein!

Dummerweise platzte kurz vor dem Ortseingangsschild der hintere linke Reifen von Andreas' Toyota. Verdammt noch mal, so ein Pech!

Meine Nerven lagen blank. Ich mußte ihnen allein folgen, quer durch einen Ort, den ich nicht kannte, auf engen Straßen mit zahllosen Ampeln, Kreuzungen und Stoppschildern. Und zu vorsichtig durfte ich dabei auch nicht sein. Laughlin war zwar keine Großstadt, aber trotzdem war es nahezu aussichtslos, ein Auto mit Anhänger hier wiederzufinden.

Vor uns tauchte die Stadt auf. Casinos säumten das Ufer, zahlreiche Wasserscooter, sogenannnte „Jet-Skis", und Motorboote wühlten den Fluß auf. Wir fuhren über eine breite Brücke, die beide Ufer miteinander verband, und dann ging es im Zickzack-Kurs durch kleine Straßen in ein eher ruhiges Wohngebiet. Hoffentlich war die Fahrt jetzt bald zu Ende. Es war ein Wunder, daß der als paranoid verrufene Tommy mich immer noch nicht bemerkt hatte, selbst wenn das große Boot ihm den Blick durch den Rückspiegel verstellte.

Endlich bog der Suburban in die Einfahrt eines Hauses ein. Ich atmete tief durch, wartete noch zwanzig Minuten in einer Querstraße und machte mich aus dem Staub. Das Blau des Himmels hatte sich inzwischen in Rot und Lila verwandelt. Ich rief Andreas an und sagte ihm, er könne sich entspannen.

In unserem Hotelzimmer überlegten wir, was morgen zu tun war. Wahrscheinlich würden Pamela, Tommy und die anderen früh zum See fahren. Also mußten wir vor ihnen auf den Beinen sein und möglichst auch schon ein Boot beschafft haben. In Laughlin gab es natürlich haufenweise Bootsvermietungen. Noch am Abend fuhren wir eine nach der anderen ab und landeten schließlich bei *Crazy River Boats*, was wörtlich übersetzt „Verrückte Flußboote" heißt.

Der Inhaber, er hieß Carl und war etwa Mitte Dreißig, muß anfangs gedacht haben, wir wollten ihn verarschen. Da wir uns nicht als Paparazzi zu erkennen geben mochten, drucksten wir herum: Wir bräuchten ein Boot, möglichst mit einem Fahrer, der sich hier in der Gegend gut auskannte.

„Kein Problem", meinte Carl, „wir haben genug Boote und vermieten sie sowieso nur mit Fahrer. Ich kann das selber übernehmen. Wollt ihr angeln?"

„Nein, nicht so richtig. Wir wollen Fotos machen."

„Auch kein Problem. Ich kann euch bestimmt die tollsten Stellen am See zeigen – Höhlen, Buchten. Ich kenne die Ecke hier wie meine Westentasche. Wann soll's denn losgehen?"

„Das wissen wir noch nicht."

„Aha! Und wie lange braucht ihr das Boot?"

„Das wissen wir auch noch nicht!"

Allmählich wurde es ihm wohl zu bunt, seine Stirn legte sich in Falten, er zuckte mit den Schultern, und seine Stimme klang nun ziemlich genervt: „Also, Jungs, ihr müßt mir schon sagen, wie lange ihr das Boot braucht. Es ist Hochsaison, ich muß planen können!"

„Na gut, erst mal für einen Tag. Was ist denn, wenn wir es noch länger brauchen?"

Carl fing an zu lachen. „Jetzt reichts', okay? Ihr müßt mir schon genau sagen, was ihr wollt!"

So kamen wir nicht weiter. Wir berieten uns kurz auf deutsch und kamen zu dem Entschluß, ihm alles zu erzählen. Carl sah jugendlich und unternehmungslustig aus.

„Wir sind Paparazzi und haben heute Pamela Anderson und ihre Familie von L.A. bis hierher verfolgt ... Sie haben ein schickes Motorboot dabei, und wir vermuten, daß es morgen früh auf den See geht."

„Ist ja interessant." Carl zündete sich eine Zigarette an und grinste. „Die kommen jedes Jahr hierher. Tommy Lees Mutter arbeitet in einem der Casinos im Souvenirshop, und ich kenne auch ein paar Leute, die ihn ganz gut kennen ... Also, ist ja cool ... Kein Problem, das machen wir."

Bei einem Sixpack Bier besprachen wir anschließend in aller Ruhe die Einzelheiten. Wir merkten schnell, daß wir mit Carl einen richtigen Glücksgriff getan hatten. Unser neuer Assi schien richtig scharf darauf zu sein, einmal etwas Außergewöhnliches zu unternehmen. Und 'ne Stange Geld konnte er sich auch noch hinzuverdienen.

Ein Plan war schnell zurechtgelegt. Ich würde mich morgens in der Nähe des Hauses, in dem sie abgestiegen waren, auf die Lauer legen und warten, bis sie losfuhren. Carl und Andreas sollten sich an einer zentralen Stelle in der Stadt mit dem Boot bereithalten. Zu Wasser lassen konnten sie es leider nicht, da es auch in mehreren Meilen Entfernung noch zahlreiche Stellen mit Zugang zum See gab. Da Carl nebenbei eine Lkw-Vermietung betrieb, konnte er uns auch einen Trailer vermieten.

Abends fielen wir hundemüde ins Bett, und als am frühen Morgen der Wecker erbarmungslos klingelte, fiel es mir schwer wie nie, meinen inneren Schweinehund zu besiegen. Aber Punkt 8 Uhr stand ich auf meinem Posten, und etwa eine Stunde später rauschte der Suburban mit den verdunkelten Fenstern und dem Boot im Schlepptau an mir vorbei. Ich wartete ein paar Sekunden und hängte mich an sie dran. Sie fuhren über die

Brücke zurück nach Nevada. Auf der anderen Uferseite setzten sich nun auch Carl und Andreas in Bewegung.

Wenig später hielten die Anderson-Lees auf dem riesigen Parkplatz des *Harrah's*, eines der größten Casino-Hotels in Laughlin, direkt am Ufer des Colorado gelegen. Es sah so aus, als wollten sie von hier aus ihre Bootstour starten.

Zwei Minuten später fuhr auch ich auf den Parkplatz und kurvte eine Weile herum, bis ich den Suburban und das Boot endlich fand, allerdings rund 200 Meter vom Wasser entfernt. Als nach einigen Minuten des Wartens immer noch nichts geschah, war klar, daß sie wohl schon ausgestiegen waren. Plötzlich war ich mir überhaupt nicht mehr sicher, daß sie hier wirklich ablegen wollten. Ich versuchte Andreas und Carl darüber zu informieren, hatte aber nur den Anrufbeantworter dran. Und auch über Funk gab es keine Verbindung.

Vielleicht wollten Pamela und ihr Anhang hier ja nur frühstücken. Also versteckte ich mich mit aufnahmebereiter Kamera in einem höher gelegenen Parkhaus nebenan, um ein paar Fotos zu machen, wenn sie zum Suburban zurückgingen. Als ich Andreas nach mehreren weiteren Versuchen noch immer nicht erreicht hatte, hinterließ ich ihm auf seinem Pieper eine Nachricht.

Nach fünf Minuten kam die Familie zurück. Tommy trug das Baby auf dem Arm, eingehüllt in eine weiße Decke. Ich drückte mehrmals auf den Auslöser und rannte zum Auto zurück. Wie wir später erfuhren, arbeitete Tommys Mutter im *Harrah's*, wahrscheinlich hatten sie dort nur kurz vorbeigeschaut.

Jetzt ging es wieder Richtung Colorado-Brücke, doch was dann passierte, war mir zunächst ein absolutes Rätsel. Tommy bog links ab – zurück zur Mojave-Wüste!

Wenig später meldete sich endlich Andreas. Während Carl und er das Boot ins Wasser ließen, hatte sein Handy den Geist aufgegeben. Er hatte vergessen, den Akku aufzuladen. Als ich ihm erzählte, was in den letzten Minuten vorgefallen war, fluchte er: „Scheiße! Okay, wir beeilen uns ... Warte mal kurz ..." Ich hörte ihn mit Carl tuscheln. „Also, Carl sagt, die fahren vielleicht zum Lake Mead. Der ist allerdings rund 100 Meilen entfernt!"

Nach 15 Meilen erreichten wir die Kreuzung, von der aus wir gestern nach Laughlin abgebogen waren. Der Suburban fuhr nach rechts, es ging nach Boulder City, einer kleinen Stadt nicht weit vom Lake Mead entfernt. Von wegen Ende der Reise!

Carl und Andreas hatten Probleme hinterherzukommen. Unser Boot war zwar etwas kleiner als Pamelas, aber der Ryder-Lkw kroch trotzdem nur im Schrittempo den Berg hoch, während ich schon wieder mit Tempo 70 versuchte, Tommy auf den Fersen zu bleiben.

Plötzlich hatte ich ein großes Problem – ich mußte dringend auf Toilette! Wenn wir zu zweit verfolgten, konnte immer einer von uns problemlos anhalten, aber jetzt war ich allein, Andreas und Carl waren bestimmt zwei oder drei Meilen hinter uns. Was sollte ich tun?

Fast wollte ich schon rechts ranfahren und das Risiko eingehen, Pam erneut zu verlieren, als mir eine verrückte Idee kam: Hinten im Auto lagen leere Wasserflaschen herum, nur leider nicht auf der Rückbank, sondern ganz hinten – und der Bronco war verdammt groß. Ich wartete, bis wir auf einem geraden Stück Straße fuhren, dann ließ ich für drei Sekunden das Lenkrad Lenkrad sein, kletterte blitzschnell nach hinten, griff eine Flasche und bekam den Wagen gerade noch rechtzeitig unter Kontrolle, bevor er auf die Gegenfahrbahn zog. Ich mußte nun zwar den automatischen Geschwindigkeits-Regler einschalten, mich leicht aufrichten und verrenken, aber letztendlich klappte alles, und ich war mehr als erleichtert, als ich wieder ohne Druck am Steuer saß und mich voll aufs Verfolgen konzentrieren konnte.

Eine Stunde später erreichten wir Boulder. Carl und Andreas, die zuerst Schwierigkeiten gehabt hatten, uns zu folgen – Tommy brauste davon, als würde der Trailer mit dem Boot überhaupt nicht existieren –, waren inzwischen bis auf wenige Autos an uns herangekommen. Kurz vor dem See übernahmen sie nun die Verfolgung, ich ließ mich zurückfallen. Hier waren so viele Autos mit Booten unterwegs, daß der Ryder-Lkw und das Boot nicht mehr auffielen.

Bei dichtem Verkehr näherten wir uns dem Hoover Dam, einem der neuzeitlichen Weltwunder. Als wollte er uns noch mal so richtig Kopfschmerzen bereiten, wendete Tommy, als er den Damm gerade überquert hatte, und kam uns entgegen. Natürlich befürchteten wir, daß sie uns bemerkt hatten und checken wollten, ob wir ebenfalls kehrtmachten; aber Mr. Lee hatte sich wohl nur verfahren.

Schließlich erreichten wir die Callville Bay Marina an der Westseite des riesigen Stausees. Das mußte es doch jetzt sein, oder? Jedenfalls hielt der Suburban. Als ich in gehöriger Entfernung aus meinem vollklimatisierten Bronco stieg, fiel ich fast um; wir hatten hier mindestens 35 Grad im Schatten. Ich nahm mir die Landkarte vor, um mir ein Bild davon zu machen, wohin uns die Reise geführt hatte, und stellte mit einem Blick fest, daß wir nur eine Autostunde von Las Vegas entfernt waren. Verrückt!

Während ich nun den Suburban und Pamelas Truppe im Auge behielt, machten sich Carl und Andreas daran, unser Boot auf den See zu lassen. Der Suburban parkte direkt vor dem Marina-Verwaltungsgebäude, in dem auch ein Restaurant und ein Supermarkt untergebracht waren. Pamela und Mutter saßen mit dem Baby die meiste Zeit im Restaurant und ließen sich von bierbäuchigen Motorbootfahrern begaffen. Tommy Lee und Glatze schwirrten irgendwo auf dem Marina-Gelände herum – und das ergab zunächst überhaupt keinen Sinn. Es war längst Mittag, wollten sie nun aufs Wasser oder nicht?

Unser Boot war inzwischen im Wasser und am Steg festgezurrt. Von meinem Bronco aus konnten wir den Suburban samt Boot im Auge behalten, und in regelmäßigen Abständen checkte einer von uns, ob Pamela noch im Restaurant saß – natürlich ohne Kamera, wir wollten noch nichts riskieren.

Zwei Stunden verstrichen, ohne daß irgend etwas geschah. In unseren Köpfen schwirrten endlos viele Fragezeichen. Das Rätsel wurde schließlich gelöst, als Tommy Lee und Glatze die Heckklappe des Suburban öffneten und mehrere Kühltaschen mit Proviant in das Motorboot auf dem Trailer hievten. Was sie alles dabei hatten, reichte für weit länger als einen Tag. Nachdem sie das Boot bis zum Rand vollgepfropft hatten, ließen sie es ins Wasser und steuerten einen Steg am anderen Ende der Marina an. Hier lag ein gutes Dutzend Hausboote vor Anker, und ein Schild mit der Aufschrift „Rent a Houseboat" brachte uns endlich die Erleuchtung: Pamela Anderson und Familie planten einen Hausboot-Urlaub! Der kleine Motorrenner war nur zum Fun dabei.

Tommy und Glatze luden nun Gepäck und Proviant vom Motor- ins Hausboot um, Mutter ging noch mal zum Supermarkt, und Pamela schlenderte gemächlich mit dem Baby im Arm zu dem Boot mit der Nummer 20.

In Windeseile lief ich zu der Bootsvermietung mit Namen *Forever Resort*, um zu recherchieren. Ich erkundigte mich nach allem nur möglichen – Preise, wo man überall hinfahren könne, wie das Wetter in den kommenden Tagen werden sollte und so weiter. Die junge Frau an der Information hielt mich vermutlich für einen deutschen Touristen. Dann wurde ich etwas spezifischer.

„Sagen Sie, kann es sein, daß ich gerade Pamela Anderson da draußen auf dem Steg gesehen habe?"

„Ja, das war sie. Ihr Mann und ihre Eltern sind auch hier. Sie haben ein Hausboot bei uns gemietet."

„Ach ... Und ich dachte immer, Hollywood-Stars würden nur in Luxushotels Urlaub machen."

„Nein, die waren letztes Jahr auch schon hier. Scheint ihnen hier zu gefallen."

„Is ja 'n Ding ... Wissen Sie auch, wie lange sie bleiben wollen? Eine Woche vielleicht, so wie ich ...?"

„Ja, genau ... Bis nächsten Sonntag."

Höchstinteressant! Um nicht allzu auffällig zu erscheinen, plauderte ich noch ein wenig mit der Frau, doch was ich wissen wollte, hatte ich längst herausbekommen. Als ich den beiden anderen davon berichtete, war alles klar: Wir würden dranbleiben. Carl hatte wie erwartet nichts dagegen, daß wir ihn und sein Boot noch ein paar Tage länger benötigten als geplant – schließlich zahlten wir ja dafür.

Gegen 17 Uhr legte Pamelas Hausboot ab. Da es bereits ziemlich spät war, würden sie wohl bald einen Platz zum Übernachten ansteuern. Wir folgten ihnen in sicherem Abstand.

Als wir die Calville Bay Marina hinter uns ließen, war der Lake Mead spiegelglatt. Es war immer noch sehr warm, und da das Hausboot relativ langsam fuhr, hatten wir genug Zeit, zwischendurch einmal kurz baden zu gehen.

Nach etwa einer Stunde manövrierte Tommy Lee das große weiße Gefährt mit der Nummer 20 in eine kleine Bucht. Eine halbe Stunde blieben wir noch auf Posten, doch da es bereits dämmerte, begaben wir uns schließlich zurück zur Marina. Wie es aussah, wollten Pamela & Co. hier übernachten, wir würden uns frühmorgens wieder hier einfinden.

Über dem See mit seinen schroffen Ufern und den angrenzenden Wüstenbergen herrschte friedliche Ruhe, nur vereinzelt waren noch Motorgeräusche zu hören. Allmählich legte sich die Anspannung der letzten beiden Tage, wir konnten guter Hoffnung sein, am nächsten Tag unsere Fotos zu bekommen.

Für die Übernachtung hatten wir das Spielerparadies Las Vegas ausgesucht. Carl war dort aufgewachsen und hatte immer noch eine Wohnung in der Stadt. Er bot an, daß wir dort ebenfalls übernachten konnten, doch wir zogen ein Hotel vor. Wenigstens in der Nacht wollte ich mal für mich allein sein. Längst kam ich mir wie ein Paparazzo-Nomade vor, ein Mensch ohne Heimat und ohne festes Ziel, immer auf der Jagd und nahezu ohne Freizeit. An eine Runde Roulette verschwendete ich an diesem Abend keinen Gedanken mehr, so erschöpft war ich.

Nach ein paar Stunden Tiefschlaf fuhren wir morgens noch vor Sonnenaufgang zum See. Es wurde gerade hell, als wir gegen 5.30 Uhr die menschenleere Marina erreichten. Gemächlich ließen wir unser Boot ins Wasser, verstauten den Kamerakram und unseren Proviant und machten uns auf den Weg. Der See war ruhig wie am Abend zuvor, Carl schob den Gashebel bis zum Anschlag, mit 50 Meilen die Stunde glitten wir übers Wasser Richtung Hausboot Nr. 20.

Die Marina lag am Ende einer fjordähnlichen Bucht, der eigentliche See begann erst zwei Kilometer weiter draußen. Dort verästelte er sich in verschiedene Richtungen. An manchen Stellen verengte er sich bis auf wenige Meter, an anderen breitete er sich so weit aus, daß man kaum noch das andere Ufer sehen konnte. Der Lake Mead ist nämlich ein Stausee. Als vor Jahren der Hoover Dam errichtet wurde, bahnte sich der Colorado neue Arme durch die gebirgige Wüstenlandschaft, über Hunderte Quadratkilometer hin. In ihrer Verbindung bildeten der See und seine Umgebung eine gigantische Kulisse – überall rotbraune, karge Felsen, die sich senkrecht und teilweise mehr als hundert Meter hoch am Ufer entlangziehen, darunter der endlose See. Ich konnte mir nicht helfen, für mich hatte dieses Naturwunder zugleich auch etwas Unheimliches, Bedrohliches an sich.

Am Ende der Bucht drehten wir 90 Grad nach links ab. Ungefähr drei Kilometer weiter stießen wir dann auf einen Teil des Sees, an dem sich ein halbes Dutzend kleiner Buchten aneinanderreihten. In einer davon mußte das Hausboot Nr. 20 liegen. Es war totenstill auf dem See, das Geknattere unseres Motors mußte meilenweit zu hören sein, also durften wir nicht langsamer fahren, ein Sinken des Geräuschpegels wäre zu auffällig gewesen.

Als wir Pamelas Hausboot nach fünf Buchten immer noch nicht gefunden hatten, wurden wir unruhig. Und als es nach der sechsten und letzten immer noch Fehlanzeige hieß, stand allen das nackte Entsetzen ins Gesicht geschrieben: Sie waren weg – kein einziges Hausboot war zu sehen.

Vermutlich hatten sie noch am Abend abgelegt, denn jetzt war es gerade 6 Uhr, kaum anzunehmen, daß sie ähnlich früh aufgestanden waren wie wir. Aber wie weit mochten sie abends noch gekommen sein? Wir kramten eine Landkarte hervor – und plötzlich stand mir der Mund weit offen: Erst jetzt wurde mit bewußt, *wie* groß der Lake Mead war. Was wir bisher gesehen hatten, machte vielleicht fünf Prozent des gesamten Areals aus. Würden wir bei ruhigem Wasser mit vollem Tempo die

Uferlinie abfahren, benötigten wir allein dafür einen ganzen Tag. Und da war noch nicht einkalkuliert, daß es wahrscheinlich Hunderte kleiner Buchten gab, die im Vorbeifahren nicht einzusehen waren.

Hinzu kam, daß eine Tankfüllung bei voller Fahrt nur rund zwei Stunden reichte. Wir müßten regelmäßig anhalten, um eine der wenigen Tankstellen am Ufer anzufahren – denn Reservekanister hatten wir nicht dabei. Aber was blieb uns anderes übrig? Wir waren doch nicht zwei Tage quer durch die Wüste kutschiert, um vor diesem „kleinen" Problem zu kapitulieren! Also suchten wir noch eine Weile die nähere Umgebung ab, ehe wir zur Marina zurückfuhren. Inzwischen war eine leichte Brise aufgezogen.

Der Jachthafen war inzwischen zum Leben erwacht, die ersten Rennboot-Piloten ließen die Motoren aufjaulen, Kinder tobten durch die Gegend, Mütter rieben sich mit Sonnenmilch ein – relaxte Urlaubsstimmung, wohin wir auch blickten. Nur wir steckten bis zu den Knien im Dreck.

An der Tankstelle neben der Hausboot-Vermietung kauften wir uns vier 20-Liter-Benzinkanister und tankten für rund 150 Dollar auf. Als ich dem Kassierer meine Visa-Karte hinschob, blickte er ungläubig auf unser Boot.

„Wollt ihr etwa heute mit der flachen Flunder längere Strecken fahren?" fragte er.

„Ja", antwortete ich. „Wieso fragen Sie?"

„Na, guck' doch mal nach draußen." Er zeigte zum See.

Der Wind hatte inzwischen deutlich aufgefrischt. Hier im Hafen bekam man nur eine leichte Brise ab, aber draußen auf dem See schlugen bereits kleine Wellen, und ein Teppich von Schaumkronen bedeckte das Wasser.

„Das geht hier ganz schnell", sagte der Kassierer, „eine Minute ist es windstill, in der nächsten bläst es aus vollen Rohren, das haben wir der heißen Luft zu verdanken. Wenn ihr Pech habt, hält das ein paar Tage an!"

Ich drehte mich zu Carl und Andreas um, die gerade die Kanister im Boot festzurrten. „Habt ihr das gehört?"

Carl schaute auf. „Was denn?"

„Guck' doch mal nach draußen!"

Unser Kapitän drehte sich um, runzelte die Stirn und sagte: „Ach du Scheiße, das sieht nicht gut aus."

Mir war zum Heulen zumute, aber ich grinste dämlich. Irgendwie lief wirklich alles schief.

Nun schaute auch Andreas auf. „Was ist denn los?"

„Sieht so aus, als müßten wir mit dem Ablegen noch ein bißchen warten", sagte Carl.

„Wie bitte?" Andreas lachte. „Wieso das denn?"

„Draußen ist es ziemlich windig, ich glaube nicht, daß wir mit unserem Boot da rausfahren sollten", klärte Carl ihn auf. „Wenn nur eine ordentliche Welle ins Boot schwappt, sinkt es uns unterm Hintern weg."

Andreas machte ein bitterernstes Gesicht. „Ey, das kann doch nicht sein. Unsinn. Wir fahren raus, und zwar sofort!"

„Wir können es gerne versuchen", lenkte Carl ein, „aber wenn's nicht geht, fahre ich zurück."

Ich hatte ein ungutes Gefühl. Andreas konnte verdammt stur sein, es würde nicht leicht sein, ihn davon abzuhalten, auf Biegen und Brechen weiterzumachen. Da meine Eltern passionierte Segler sind, hatte ich in meinem Leben schon unzählige Stunden auf Meeren und Binnengewässern verbracht. Selbst ein Sonntagnachmittagstrip auf dem Wannsee konnte zur ungemütlichen Schunkelpartie werden, wenn der Wind eine gewisse Stärke erreichte. Und im Vergleich zum Lake Mead war der Wannsee ein kleiner Tümpel. Außerdem hatte ich noch immer den Gesichtsausdruck des Tankwarts vor Augen. Der Mann kannte den See wahrscheinlich wie seine Westentasche – unsere Mission stand wahrlich unter keinem guten Stern.

Mit stark zurückgenommenem Tempo starteten wir unsere Testfahrt. Selbst hier, in der Bucht, wo der Wind nicht sonderlich stark wehte, spürten wir schon die Ausläufer der Wellen. Wir steuerten direkt auf sie zu, der Kunststoffrumpf unseres Boots schlug im Stakkato aufs Wasser, bei jedem Schlag wurden wir heftig durchgeschüttelt, und der Wind peitschte uns das schäumende Wasser ins Gesicht.

„Jetzt geht's noch", schrie Carl gegen den Motorenlärm an, „aber draußen ... Außerdem fahren wir noch gegen die Wellen, aber wenn wir die erst im Rücken oder von der Seite haben, kippen leicht mal eben hundert Liter Wasser von der Seite rein ... Ey, das kannst du absolut vergessen!"

Wir fuhren noch zweihundert Meter weiter, dann mußte Carl weiter die Geschwindigkeit drosseln, weil das Boot immer härter auf die immer größeren Wellen aufschlug. Dann schwappte die erste Welle über den Bug. Wir hatten Glück, es war nicht besonders viel, aber wir waren ja auch noch nicht richtig draußen. Carl riß sofort das Steuer rum, und wir machten kehrt. Selbst Andreas protestierte mit keinem Wort.

Jetzt fackelten wir nicht mehr lange, sondern mieteten uns ebenfalls ein Hausboot und dazu zwei Jet-Skis. Das Hausboot sollte uns als Basis dienen. Wir waren unabhängig von Hotels und konnten es sogar als Versteck zum Fotografieren nutzen, da es Fenster mit Gardinen hatte. Wenn wir in derselben Bucht wie Pamela vor Anker gingen, konnten zwei von uns zur Ablenkung im Wasser rumplanschen, während der dritte heimlich von drinnen fotografierte. So sah jedenfalls unser Plan aus.

Das Boot durfte wegen des Windes nicht ablegen, aber Andreas und ich wollten uns trotz des Wellengangs mit den Jet-Skis auf die Suche begeben. Carl würde nachkommen, sobald das Wetter es erlaubte. Ich hatte zwar keine Ahnung, wie wir bei dem Wetter mit unseren Wasserscootern den ganzen See absuchen wollten, aber gab es eine Alternative?

Gegen 10 Uhr fuhren wir auf den See hinaus, ausgestattet mit einer Karte, auf der alle Tankstellen am See verzeichnet waren. Wir verstauten sie zusammen mit einem Funktelefon, Sonnenmilch und Wasserflaschen in einem wasserdichten Schließfach hinten im Jet-Ski. Sonnenbrillen, Baseballmützen und T-Shirts sollten uns gegen die Sonne schützen, und natürlich trugen wir Schwimmwesten. Um auf Nummer Sicher zu gehen, zurrten wir noch an jedem Jet-Ski zwei Fünf-Liter-Kanister fest.

Das Unternehmen sollte ein Höllenritt werden. Wieder und wieder schlugen wir hart auf jede Welle auf; wenn der Kunststoffrumpf nach zwei Metern Flug aufs Wasser fiel, knallte es regelrecht unter unseren Füßen. Beim Aufprall verloren wir jedesmal an Geschwindigkeit und mußten nun heftig beschleunigen, um von der nächstbesten Welle abzuheben und unsanft zu landen – immer derselbe Rhythmus. Auf Dauer war das nur im Stehen auszuhalten, doch in dieser Position verlagerte sich ein Großteil des Körpergewichts auf die Arme, die bald ebenfalls höllisch weh taten. Erlösung gaben uns nur die Phasen, in denen wir die Richtung änderten und parallel zu den Wellen fuhren.

In der ersten Stunde suchten wir die Gegend ab, in der wir Pamelas Hausboot zum letzten Mal gesehen hatten. Ärgerlicherweise mußten wir in jeder Bucht, in der überhaupt ein Hausboot vor Anker lag, eine ganze Runde drehen, weil eines dem anderen glich und wir die Nummern von weitem nicht immer erkennen konnten. Die meisten Buchten hatten nur eine schmale Zufahrt, und wenn ich wie ein Durchgeknallter aus einer solchen Zufahrt herausspreschte, um ein neues Suchgebiet anzupeilen, kam ich mir vor wie in einem James-Bond-Film.

Irgendwann verengte sich der See, und wir durchquerten eine mehrere hundert Meter lange Schlucht, in der das Wasser für einen kurzen

Moment wieder spiegelglatt war. Doch was nun folgte, machte mir richtig angst. Der See öffnete sich zu einer unendlich weiten Wasserwüste, ich sah nur noch Schaumkronen, und am Horizont erstreckten sich rotbraune Bergketten. Meine schlimmsten Vorahnungen bewahrheiteten sich – was wir hinter uns hatten, war ein Kinderspiel gewesen im Vergleich zu dem, was uns bevorstand. Nie und nimmer würden wir an einem Tag den ganzen See absuchen können, und wenn wir in dieser Einsamkeit gar noch einen Motorschaden hätten, wären die Folgen fatal. Bei diesem Wetter waren wir hier draußen allein – die einzigen Verrückten weit und breit. Hinzu kam, das sich der heiße Wind auf dieser endlosen Wasserfläche frei entfalten konnte. Und so rollten Wellen von bis zu anderthalb Metern Höhe unter meinem Jet-Ski durch.

Als wir nach wenigen Minuten anhielten und die Karte studierten, stellten wir fest, daß zwei Wasserflaschen bereits zerbrochen waren. Auch die Landkarte war naß und zerfledderte an manchen Stellen. Das T-Shirt, in das Andreas sein Funktelefon eingewickelt hatte, war durchnäßt – er versuchte gar nicht erst, das Gerät auszuprobieren.

Wir standen nun vor der Entscheidung, ob wir wie zwei Kamikaze-Piloten geradeaus ins Nichts fahren sollten; denn erst in ungefähr 20 Kilometern Entfernung verengte sich der See wieder zu einem 30 Kilometer langen Canyon mit Hunderten kleiner Buchten. Die Alternative war, daß wir uns am linken Seeufer entlanghangelten, wo wir nach 15 Kilometern ebenfalls einen riesigen Canyon erreichten.

Die Sonne stand inzwischen senkrecht am Himmel, selbst Sonnenmilch der Stärke 45 schützte uns nur unzureichend. Unter diesen Bedingungen wäre es Wahnsinn gewesen, sich weiter als nötig vom Ufer zu entfernen. Sollten wir Probleme mit den Jet-Skis bekommen, könnten wir im Notfall an Land hinter einem Felsen oder unter Sträuchern Schutz vor der Sonne suchen. Also blieben wir am linken Ufer und klapperten zunächst die Buchten dort ab.

Unter den Schlägen, die die Jet-Skis permanent ertragen mußten, lockerten sich irgendwann die Gurte, mit denen wir die Benzinkanister festgezurrt hatten. Also mußten wir nun in Abständen von circa 20 Minuten regelmäßig anhalten und sie wieder befestigen. Bei einem dieser Stopps stellten wir fest, daß jeder von uns bereits einen Kanister verloren hatte. Aber da es laut Karte nur 20 Kilometer bis zur nächsten Tankstelle waren, blieben wir ruhig.

Tatsächlich erreichten wir den nächsten Jachthafen ohne Probleme. Echo Bay Marina lag an der linken Uferseite, am Eingang zum Canyon.

Ein paar Leute, die uns vom Lake hatten anbrausen sehen, erkundigten sich, woher wir kamen und schüttelten nur ungläubig die Köpfe, als wir antworteten: „Von Callville Bay."

Andreas testete nun doch das Funktelefon, aber es ließ sich nicht einmal anschalten. Wir tankten auf, kauften zwei neue Kanister und riefen von einem Münztelefon aus Carl an, der immer noch in Callville Bay festsaß.

Nachdem wir noch mehrere Plastikflaschen mit Wasser erstanden hatten, die hoffentlich nicht so schnell kaputtgehen würden, schmierten wir uns wieder dick mit Sonnenmilch ein und setzten unsere Reise fort.

Bucht für Bucht klapperten wir die Küstenlinie ab. Jedesmal, wenn wir ein Hausboot am Ende eines kleinen Canyons oder in einer Bucht sahen, kam Hoffnung auf – und von Mal zu Mal wurde unsere Enttäuschung größer, wenn wir wieder eine Niete gezogen hatten.

Nach eineinhalb Stunden erreichten wir Overton Beach, die kleinste Marina am Ausgang des Canyons. Auch hier saßen ein paar Männer gelangweilt an der Tankstelle herum. Als wir ihnen erzählten, daß wir das große Bassin überqueren wollten, um den anderen Canyon zu erreichen, erklärten sie uns für verrückt. Ihrer Ansicht nach war es völlig ausgeschlossen, daß wir vor Einbruch der Dunkelheit den ganzen Canyon absuchten und auch noch nach Callville Bay zurückkehrten.

Ich hatte zwar nicht die geringste Lust, auch nur das Bassin zu überqueren, aber als Andreas erklärte, er würde auch alleine weiterfahren, blieb mir gar keine andere Wahl. Konnte ich ihn in dieser Einsamkeit allein lassen – noch dazu ohne Funkverbindung? Natürlich nicht, und doch hatte ich zum ersten Mal in meinem Leben das Gefühl, ich würde mich in eine lebensgefährliche Situation begeben.

Doch das Glück war auf unserer Seite. Nach zwei Stunden Tortur erreichten wir den „Mund" des zweiten großen Canyons, der sich nach Osten ausstreckte und nach zehn Kilometern die Grenze von Nevada zu Arizona überschritt.

An einer Marina namens Temple Bar tankten wir erneut auf. Carl, so erfuhr ich jetzt, hatte Callville Bay inzwischen verlassen und in jener Bucht festgemacht, in der wir Pamela und ihre Familie zuletzt gesehen hatten. Wir baten ihn, mit dem Motorboot und unseren Kameras nach Callville zurückzufahren und mit Auto samt Boot zu uns zu kommen. Wir würden wahrscheinlich in Temple Bar übernachten. Das große Boot konnte Carl vermutlich auch in den folgenden Tagen nicht über den offenen See steuern. Und schließlich waren wir ja nicht hier, um Schiffe Versenken zu spielen und unser Leben aufs Spiel zu setzen.

Instinktiv fühlten wir, daß sich die Anderson-Lee-Familie irgendwo in diesem Teil der riesigen Wasserwüsten-Landschaft aufhielt. Also arbeiteten wir uns weiter die linke Uferseite entlang, Bucht für Bucht – doch von dem Hausboot Nr. 20 war nirgendwo auch nur eine Spur. Je tiefer wir in den Canyon hineinfuhren, desto ruhiger wurde das Wasser. Irgendwann sahen wir auch wieder andere Jet-Skis und sogar einige Leute auf Wasserskiern. Diese Bilder wirkten sehr beruhigend auf mich, ich spürte, wie meine Angst allmählich abflaute.

Als die Sonne sich im Westen allmählich dem Horizont zuneigte, hatte sich der Lake Mead gerade zu einem langen Schlauch von höchstens 150 Metern Breite verengt. Etwa einen guten Kilometer entfernt konnten wir zwei Hausboote ausmachen, die im Abstand von hundert Metern vor uns herfuhren. Als wir näherkamen, sahen wir, daß das eine Hausboot ein Motorboot hinter sich herzog – und beim Überholen erkannten wir dann tatsächlich die Nummer 20. Wir hatten sie, endlich! Und wir würden sie nicht noch einmal entkommen lassen, selbst wenn wir dafür in der Wüste übernachten mußten.

Um keine Aufmerksamkeit zu erregen, fuhren wir den Schlauch noch etwa zwei Kilometer hinauf, versteckten uns am Ufer im Gesträuch und warteten, bis Nummer 20 vorbeifuhr. Dann nahmen wir wieder die Verfolgung auf und blieben dran, bis das Hausboot in einer einsamen Bucht vor Anker ging. Um auf keinen Fall noch einmal eine böse Überraschung wie an diesem Morgen zu erleben, blieben wir bis Einbruch der Dämmerung vor Ort. Von einer einsamen, mit dichten Büschen bewachsenen Insel aus konnten wir die Einfahrt zu Pamelas Bucht beobachten, ohne daß wir Gefahr liefen, entdeckt zu werden.

Das Tageslicht wurde immer schwächer, in der Ferne konnten wir Motorengeräusche hören, doch in der Bucht herrschte absolute Stille. Nicht weit von uns hatten zwei weitere Hausboote angelegt, Kinder spielten im Wasser, ihre Eltern hatten am Strand einen riesigen Partygrill aufgebaut.

Es wurde immer dunkler, und ich drängte darauf, daß wir endlich nach Temple Bar zurückkehrten. Andreas gab widerstrebend nach. Wir sprangen auf unsere Jet-Skis und warfen die Motoren an. Andreas' Wasserscooter lag noch im flachen Wasser auf Grund, und plötzlich hörten wir Steine durch die Ansaugröhre knallen, der Motor starb ab und wollte partout nicht wieder anspringen. Nach mehreren vergeblichen Versuchen schleppte ich Andreas' Karre schließlich mit einem Seil zu den beiden Hausbooten. Sie hatten selbst Jet-Skis dabei und erweckten den Anschein, als würden sie uns vielleicht helfen können.

Ohne zu zögern, kramte einer der Männer sein Werkzeug hervor und schraubte den Jet-Ski auf. In der Ansaugröhre klemmte ein fetter Stein.

„Oh, oh", sagte er, ein Mittvierziger mit rundlichem Gesicht und Vollbart, „das sieht nicht gut aus. Wo wollt ihr denn heute noch hin, Jungs?"

„Temple Bar..."

„Aber nicht mit dieser Maschine, das könnt ihr vergessen. Wir können gerne versuchen, den Stein rauszuholen, aber ihr seid wahrscheinlich besser dran, wenn ihr jetzt gleich mit einem Jet-Ski weiterfahrt. Dann könntet ihr es vielleicht noch schaffen, bevor es stockduster ist."

Freundlich und hilfsbereit, wie ich es bei Amerikanern sehr oft erlebt habe, boten sie uns sogar an, in einem ihrer Zelte am Strand zu übernachten. Aber wir wollten zurück. Also ließen wir die Maschine am Strand liegen und machten uns auf den Weg. Es war der reinste Horrortrip. Zu zweit konnten wir nicht besonders schnell fahren, und im Canyon war es bereits so dunkel, daß wir Orientierungsschwierigkeiten bekamen. Ich bin Brillenträger und hatte nur eine Sonnenbrille mit Korrekturgläsern dabei. Wenn ich sie trug, sah ich zwar schärfer, aber natürlich war alles jetzt noch dunkler für mich. Und Andreas trug normalerweise Kontaktlinsen, die er auf dem See vorsichtshalber rausgenommen hatte. Im Dunkeln war er nahezu blind. Zu allem Überfluß konnten wir bei diesen Sichtverhältnissen auch die Wellen nicht richtig ausmachen, so daß wir jedesmal ohne Vorwarnung aufs Wasser knallten. Schließlich war es zu zweit unmöglich, auf dem Jet-Ski zu stehen, also blieben wir sitzen, wodurch wir uns höllische Rückenschmerzen einhandelten.

Mittlerweile war es so dunkel, daß wir den Weg nur noch anhand kleiner Lichtbojen erkennen konnten, die in Abständen von mehreren hundert Metern in Ufernähe auszumachen waren – grüne Lichter auf der rechten, rote auf der linken Seite. Da sich der Canyon wie ein Wurm durch die Wüste schlängelte und ständig die Richtung wechselte, war meine größte Sorge, daß wir bei voller Fahrt gegen einen Felsen knallten.

Kurz vor 22 Uhr erreichten wir Temple Bar. Die Marina war wie ausgestorben, lediglich über dem staubigen Parkplatz brannten noch Lichter. Völlig erschöpft ließen wir uns auf der Terrasse des geschlossenen Restaurants niederfallen und warteten auf Carl, der eigentlich schon längst hätte da sein müssen. Wir wollten ihn gerade noch mal anrufen, als der Bronco auf den Parkplatz rollte – allerdings mit einem leeren Trailer im Schlepptau.

„Carl, wo ist das Motorboot?" fragte ich mit blankem Entsetzen.

„Ging nicht, auf dem See war der Wind für das kleine Ding immer noch zu stark. Und mit dem Hausboot hätte ich zu lange gebraucht. Zwei Typen haben mich in 'nem großen Motorboot mitgenommen. Wollte euch doch wenigstens abholen ... Wir holen das Boot und die Kameras morgen, okay?"

Ich ließ mich auf dem Boden nieder und atmete tief durch: Nichts klappte bei dieser Geschichte. Es war wie eine Seuche. Aber wir mußten da durch! Schließlich hatten wir Pamela & Co. ja wiedergefunden.

Auf dem eineinhalb Stunden langen Weg nach Vegas schlief ich sofort auf dem Beifahrersitz ein und wachte erst wieder auf, als am Las Vegas Strip die ersten Casinos und Glamourhotels auftauchten. Um Mitternacht war ich im Bett, völlig k.o. Wir hatten an diesem Tag mehr als 250 Kilometer auf dem Wasser zurückgelegt.

Punkt 5.30 Uhr klingelte uns der Hotel-Weckservice aus dem Bett, mehr Schlaf konnten wir uns nicht leisten. Vor der Eingangshalle warteten wir auf Carl. Andreas' Gesicht sah an diesem Morgen zum Erbarmen aus. Er hatte gestern auf dem Wasser seine Baseballkappe verloren, die Sonne hatte sein Gesicht regelrecht verbrannt, es war glutrot und übersät mit Blasen, an manchen Stellen hatte sich die Haut braun gefärbt und fledderte ab. Auch ich hatte auf den Füßen und an Armen wie Beinen einen fürchterlichen Sonnenbrand abbekommen, aber immerhin war mein Gesicht verschont geblieben.

Als wir Callville Bay erreichten, sah es auf dem See schon wieder recht ungemütlich aus, wir mußten uns beeilen. Carl und ich fuhren auf Jet-Skis los, Andreas blieb in der Marina. Mit Vollgas donnerten wir über die kleinen Wellen, es würde später gewiß sehr windig werden. Mein Körper war zwar noch immer ausgelaugt, aber die fünf Stunden Schlaf hatten mir genug Kraft zurückgegeben, um weiterzumachen. Am Vorabend hatte ich mit dem Gedanken gespielt, aufzugeben – doch schon beim Aufstehen war ich wieder ein williger Zombie gewesen. Während der Fahrt nach Callville ging die Sonne über der Wüste auf, Adrenalin schoß durch meinen Körper, und ich erinnerte mich daran, daß in 50 Kilometern Entfernung ein Hausboot in einer kleinen Bucht lag, das uns sehr viel Geld bringen konnte. Also Augen zu und durch!

Unser Hausboot lag immer noch fest vertäut in der kleinen Bucht. Wir luden die Kameraausrüstung ins Motorboot und machten uns sofort auf den Rückweg. Der Wind hatte inzwischen zugelegt, doch wir erreichten Callville ohne Probleme und luden die Kameraausrüstung sofort ins Auto. Unser nächstes Ziel hieß South Cove, eine Ranger Station noch hinter Temple Bar, wo auch Boote ins Wasser gelassen werden konnten. Nicht weit von dort war die kleine Bucht, in der Pamelas Hausboot vor Anker gegangen war. Mittlerweile war es 8.30 Uhr, in zwei Stunden würden wir am Ziel sein. Dachten wir jedenfalls!

Auf dem Highway 93 ging es über den Hoover Dam nach Arizona. Nach 32 Meilen bogen wir vom Highway auf eine schmale Asphaltstraße, South Cove war noch 40 Meilen entfernt. In dieser Gegend wurde früher nach Gold geschürft, wir passierten etliche Geisterstädte und verlassene Minen. Da wir übereilt und ohne aufzutanken losgebraust waren, ging uns nun aber allmählich der Sprit aus.

In einem Kaff namens Dolan Springs, das im Prinzip nur aus einem großen staubigen Platz mit einer Tankstelle, einem einzigen Wohnhaus und einer Telefonzelle bestand, hielten wir schließlich an. Die Tankstelle sah aus wie die aus dem Levi's-Werbespot – Zapfsäulen aus den Fünfzigern, daneben eine schäbige Wellblechhütte, vor der US-Schlitten, die einmal bessere Zeiten gesehen hatten, allmählich verrotteten. Als Carl mit Volldampf vor die Zapfsäulen fuhr, wirbelte der Bronco eine riesige Staubwolke auf. In der Blechhütte stand ein Mann mit weißem T-Shirt und Baseballkappe vor dem Fenster und blickte mit grimmiger Miene zu uns herüber.

Nach dem Tanken gingen wir zum Bezahlen in die dunkle Hütte. Meine Augen waren an Sonnenlicht gewöhnt, so daß ich nur wenig erkennen konnte. Mir stieg ein penetranter Gestank in die Nase, hier mußten Katzen und Hunde hausen. Von der Decke hingen drei Vogelkäfige herab, auf einem Regal stand ein Ventilator, der die stickige Luft Richtung Tür blies. Auf einem Stuhl konnte ich nun noch einen zweiten Mann ausmachen, der mich mit Bierbüchse in der Hand und Zigarette im Mund anstarrte, als kämen wir vom Mond. Der Typ vom Fenster stand inzwischen hinter einer Art Glasvitrine, auf der ein Taschenrechner und ein Block lagen. Um möglichst schnell hier rauszukommen, knallte ich wortlos meine Kreditkarte auf das Glas. Doch nun erlebten wir eine böse Überraschung!

„Wir nehmen nur Cash!" sagte der Mann mit einer tiefen, rauhen Stimme. Er klang nicht sehr freundlich.

„Wie bitte?"

„Du hast richtig verstanden. Nur Cash."

Auch meine Freunde hatten kaum Bargeld dabei. Wir kratzten gerade einmal 15 Dollar zusammen, hatten jedoch für 30 Dollar getankt.

„Wir haben nur 15 Dollar, können wir Ihnen irgend etwas als Pfand dalassen? Wir bringen Ihnen das Geld heute abend. Okay? Wir haben's echt eilig."

Der Typ lachte nur. „Zwanzig Meilen weiter ist eine Stadt, Lake Mead City, hat ungefähr 100 Einwohner. Da gibt's auch 'ne Bank. Als Pfand bleibt einer von euch hier."

Jetzt trat Andreas in Aktion, ich kannte ihn gut genug, um zu sehen, daß er gleich explodierte. Er bot an, eine 3000 Dollar teure Kamera als Pfand zurückzulassen, doch der Typ ließ nicht mit sich handeln.

„Kenne ich schon, Jungs", antwortete er trocken und deutete hinter sich auf ein Regal, wo im Staub ein halbes Dutzend Kameras herumlagen. Dann kramte er plötzlich einen Revolver aus einer offenen Schublade hervor, fuchtelte damit vor unseren Augen herum und wiederholte: „Lake Mead City! Und einer von euch bleibt hier!"

Jede weitere Diskussion war zwecklos. Carl blieb freiwillig als Geisel zurück, Andreas und ich donnerten nach Lake Mead City. Die „Stadt" – die Bezeichnung war der blanke Hohn für dieses Kaff – bestand aus etwa hundert „mobile homes", rollenden Fertighäusern. Außerdem gab es noch eine Tankstelle, ein Hamburger-Restaurant und eben eine Bank. Wir besorgten uns Geld und fuhren fluchend nach Dolan Springs zurück, um unser Pfand auszulösen. Inzwischen war es 10.30 Uhr, und wir waren von unserem Ziel noch immer weit entfernt.

Gegen Mittag erreichten wir endlich South Cove, ließen bei brütender Hitze das Motorboot ins Wasser und verstauten unsere Ausrüstung darin – zwei Kameras, das 500er-Objektiv, eine Videokamera, Filme, Funkgeräte und so weiter. Außerdem packten wir einen Rucksack mit Orangen, Keksen sowie zehn Halbliterflaschen Wasser ein. Wir hatten langärmelige, sandfarbene Hemden und Armyhosen an, in denen wir zwar noch stärker schwitzten als ohnehin schon, aber sie schützten uns vor der Sonne und dienten zudem zur Tarnung. Denn wir beabsichtigten, uns auf einem der Berge, die rings um Pamelas Hausboot lagen, zwischen den Büschen zu verstecken. Keiner von uns mochte darüber nachdenken, was geschehen würde, wenn „bad boy" Tommy Lee uns in der Wüste zu Gesicht bekäme.

Carl sollte derweil nach Callville Bay zurückfahren und mit dem gemieteten Hausboot in unserer Nähe vor Anker gehen.

Es ging los. Wir fuhren rund fünf Kilometer den Canyon hinauf zu einer Stelle, die 500 Meter von Pamelas Bucht entfernt war. Das Boot befestigten wir hinter einem Baum, so daß es vom See aus nicht zu sehen war.

Der Marsch begann! Das Gelände zum Ufer hin war alles andere als flach, wir mußten über ein Dutzend Hügel klettern, um zur Bucht zu gelangen. Jeder dieser Hügel war gut zehn Meter hoch und durch ein ausgetrocknetes Flußbett vom nächsten getrennt. Bald ging uns die Puste aus, wir mußten ständig Pause machen, um kurz auszuruhen und Wasser zu trinken. Allmählich kam ich mir vor wie ein Bergsteiger. Mir wurde schwindlig, die Trinkpausen kamen in immer kürzeren Abständen.

Nach einer Stunde hatten wir gerade mal die Hälfte der Strecke geschafft, aber auch schon die Hälfte unseres Wassers verbraucht. Mit Grauen dachte ich an den Rückweg. Aber wir mußten trinken, es ging nicht anders.

Immer wenn wir dachten, wir hätten den letzten Hügel erreicht, tauchte ein neuer vor uns auf. Es war zum Verrücktwerden! Als wir dann endlich das Sonnendeck des Bootes erkennen konnten, war das wie eine Erlösung. Wir legten die Rucksäcke ab und robbten uns auf dem Bauch näher heran, bis wir das ganze Boot im Blickfeld hatten. Tommy stand am Heck und fummelte an einer Leine herum, die vom Boot zum Ufer führte. Dort wiederum sahen wir Glatze, der ebenfalls mit den Leinen beschäftigt war. Von den Frauen und dem Baby war weit und breit nichts zu sehen.

Wir schöpften noch keinen Verdacht und suchten erst einmal nach einer geeigneten Stelle, wo wir uns verstecken konnten. Schließlich gingen wir hinter einer Ansammlung von Sträuchern in Deckung.

Ich wollte mich gerade flach auf den Boden legen und weiter nach vorne krauchen, als Andreas plötzlich wild gestikulierend auf das Boot zeigte. Und was ich dort sah, raubte mir fast den Verstand: Sie legten ab! Mit langsamer Fahrt schipperte das Hausboot auf den See, in dieselbe Richtung, aus der es am Abend zuvor gekommen war.

Nach einer kurzen Ruhepause nahm ich eine Wasserflasche und zog los, um das Motorboot zu holen. Während ich keuchend den ersten Hügel erklomm, sah ich draußen auf dem See Pamelas Hausboot mit voller Fahrt den Canyon hinabfahren. Bis ich Andreas mit dem Boot abgeholt haben würde, wären sie garantiert schon über alle Berge. Zu allem Überfluß zog auch schon wieder ein starker Wind auf.

Dieser Marsch wurde für mich der schlimmste Teil des gesamten Unternehmens, das bislang schon schwierig genug gewesen war. Schon nach wenigen Minuten war ich so erschöpft, daß mir schwarz vor Augen wurde. Auf halber Strecke folgte der erste Blackout, ich stürzte auf einen kantigen Stein und handelte mir einen tiefen Schnitt im Hintern ein. Die Narbe wird mich wohl bis an mein Lebensende an diesen Tag erinnern.

Trotz aller Schwierigkeiten kam ich nach eineinhalb Stunden doch noch ans Ziel – und als ich Andreas mit dem Boot abholte, durfte ich mir zu allem Überfluß auch noch Vorwürfe von meinem Partner anhören, der absolut nicht verstehen konnte, weshalb ich so lange gebraucht hatte. Typisch!

Mit entsprechend schlechter Laune fuhren wir nun auf den See hinaus. Und unsere Pechsträhne hielt an. Der Wind war mittlerweile wieder so stark, daß wir nach wenigen Minuten abdrehten und in einer Bucht Schutz suchten. Erst nach zwei Stunden – es war inzwischen 18 Uhr – tasteten wir uns in Ufernähe vorsichtig weiter den Canyon entlang. Wir suchten noch einige Buchten ab, aber da es bereits dämmerte, mußten wir uns auf den Weg zurück nach Temple Bar machen. Als einziger Trost blieb uns, daß Pamela und ihre Familie heute kaum noch das große Bassin überquert haben konnten; sie mußten noch im Canyon sein – und den wollten wir am nächsten Tag mit unseren Jet-Skis absuchen.

Mit dem letzten Tageslicht fuhren wir in den Hafen von Temple Bar ein. Hier erlebten wir zum ersten Mal seit Ewigkeiten eine positive Überraschung: Carl hatte tatsächlich das Hausboot durch den Sturm hierher gesteuert – in meinen Augen das reinste Selbstmordkommando. Doch er lachte nur und sagte: „Hat ein bißchen geschaukelt, aber ging schon."

Ohne zu zögern schnappte sich Andreas einen der beiden Jet-Skis, die Carl mitgebracht hatte, und erklärte:

„Ich fahr' noch mal los ... Hatte eben so ein komisches Gefühl bei einer der Buchten, an denen wir vorbeigekommen sind ... Ich fahr da noch mal schnell hin!"

Eigentlich war es schon zu dunkel, aber Andreas, stur, wie er nun mal ist, ließ sich von seinem Plan nicht abbringen. Als er nach circa 20 Minuten zurückkam, war es stockdunkel – doch Andreas strahlte bis über beide Ohren. Er hatte sie tatsächlich gefunden!

„Ja", wiederholte er lachend, „und es gibt da sogar einen Berg, auf den wir raufkönnen, ohne wieder so weit laufen zu müssen. Laßt uns schlafen gehen ..."

Um frühmorgens gleich vor Ort zu sein, verbrachten wir diese Nacht im Hausboot. Dann ging alles sehr schnell. Mit den ersten Sonnenstrahlen brachte uns Carl in eine Bucht direkt neben derjenigen, in der Andreas am Abend zuvor das Hausboot Nr. 20 wiedergefunden hatte. Von hier aus ging es ungefähr 50 Meter steil bergauf – dann hatten wir das Boot voll im Blickfeld. Heute würde es klappen, das spürte ich.

Während Carl nach Temple Bar zurückfuhr, um unser Hausboot zu holen, mit dem er in der Nachbarbucht vor Anker gehen wollte, suchten wir uns ein passendes Versteck. Es dauerte eine gute Stunde, bis wir die perfekte Position gefunden hatten. Und jetzt war das Glück endlich einmal auf unserer Seite. Wir gingen zwischen zwei kleinen Felsen in Stellung, sicherten unser Versteck zusätzlich noch durch ein paar Sträucher und legten uns mit 500er-Objektiv und Videokamera flach auf den Boden. Die Uhr zeigte Punkt 7. Perfekt! Wenig später gab Carl durch, daß er das Hausboot in die Nachbarbucht gebracht hatte.

Kurz darauf erschien Tommy Lee an Deck, um seine übliche Morgenzigarette zu rauchen. Es war so still in der Bucht, daß wir ihn sogar husten hörten. Also unterhielten wir uns nur im Flüsterton. Als Andreas die ersten Bilder schoß, klickte die Kamera so laut, daß ich fürchtete, Tommy könnte uns hören. Doch er blickte weiter starr aufs Wasser, schnippste die Kippe weg und verschwand wieder. Eine halbe Stunde später kam er zusammen mit Glatze wieder raus. Mit Angelruten bewaffnet, stiegen sie in das Motorboot und ließen sich übers Wasser treiben. Sie sprachen miteinander, und es beruhigte uns, daß wir sie nicht hörten; also würden sie wohl akustisch auch von uns nichts mitbekommen.

Gegen 9 Uhr kamen wir allmählich ins Schwitzen, die Sonne brannte uns mächtig auf den Pelz. Wir öffneten jetzt die zweite von insgesamt 15 Wasserflaschen.

Endlich tauchten auch Pamela und ihre Mutter auf. Das *Baywatch*-Babe sprang ins Wasser und schwamm eine Runde, Tommy gesellte sich bald zu ihr. Andreas ließ den Finger am Auslöser und verschoß die erste Rolle Film, während ich die Videokamera laufen ließ. Die Entfernung war gerade noch okay, die Qualität der Fotos würde bestimmt ausreichen. Unsere Laune besserte sich merklich.

Zwei Stunden später tauchte Pamela erneut im Sucher auf. Sie kletterte aufs Sonnendeck und ließ sich eine halbe Stunde bräunen. Schnell war eine weitere Rolle verschossen. Die Videokamera ließ ich diesmal pausieren, da wir nur eine Kassette dabei hatten. Ein dummer Fehler!

Je näher der Mittag rückte, desto heißer wurde es. Wir waren bereits klitschnaß, aber doch dankbar, daß wir die langen Klamotten angezogen hatten; anderenfalls hätte die Sonne uns gnadenlos verbrannt. Wir legten sogar noch T-Shirts um unsere Hälse, um uns zusätzlich zu schützen.

Gegen 15 Uhr tauchte Pamela dann zum dritten Mal auf, um mit Tommy Motorboot zu fahren. In ihrem superknappen Bikini sah sie jetzt tatsächlich aus, wie man sie aus dem Fernsehen kannte – einfach sexy! Tommy trug wie immer schwarze Shorts, sein nackter Oberkörper war fast vollständig mit Tätowierungen verziert.

Wieder verschossen wir mehrere Rollen Film. Bis auf die Hitze ging es uns gut, wir wußten, daß diese Bilder einiges wert waren. Das einzige, was jetzt noch schiefgehen konnte, war, daß wir entdeckt würden – eine Horrorvorstellung. Tommy würde kaum tatenlos zusehen, wie ein paar Verrückte ihn und seine Frau heimlich beobachteten und fotografierten. Aber was würde er machen? Auf den Berg klettern und uns verprügeln? Oder gar von unten auf uns schießen? Und würden wir genug Zeit haben, um in Deckung zu gehen oder uns aus dem Staub zu machen? Ich hoffte nur, wir würden auf diese Fragen nie eine Antwort bekommen!

Auch fragte ich mich, wie Pamela und Tommy später auf die Veröffentlichung der Bilder in Magazinen reagieren würden. Schließlich hatten sie nicht den geringsten Schimmer, daß sie beobachtet wurden, also würde es ein ziemlicher Schock für sie sein, wenn sie in ein oder zwei Wochen ihren Urlaub in Zeitungen dokumentiert fänden. Würde Pamela versuchen, uns zu verklagen? Rechtlich hatte sie eigentlich keine Handhabe, und doch konnte ich einfach nicht glauben, daß sie die Hände in den Schoß legen würde.

Jetzt zog Pamela ihren Mann an einer Leine hinter dem Motorboot her, sie johlten vor Freude und hatten eine Menge Spaß. Später lüpfte sie sogar noch für ein paar Sekunden ihr Bikini-Top, und natürlich drückte Andreas sofort wieder auf den Auslöser.

Bis 19 Uhr verschossen wir insgesamt 17 Rollen Film. Dann wurde es zu dunkel in der Bucht. Also kehrten wir zu unserem Hausboot zurück, mit dem wir vor die Einfahrt zu Pamelas Bucht schipperten. Wir wollten checken, ob sie sich vielleicht heute abend noch auf den Weg machten. Doch es blieb ruhig. Wir vertilgten einen Riesentopf Spaghetti an Bord und gingen früh schlafen.

Am nächsten Morgen waren wir wieder pünktlich um 7 Uhr in unserem Versteck. Gegen 8 tauchte Pamela samt Familie zum Frühstück im Freien

Bereits am 6. August 1996 brachte der *Star* auf einer Doppelseite die Urlaubsfotos von Pamela Anderson und Tommy Lee.

auf. Die junge Mutter hielt mehrere Minuten lang das Baby im Arm, so daß wir auch hiervon noch Fotos bekamen.

Wir hatten nun ein komplettes Urlaubs-Set, besser hätte es kaum werden können. Da es schon wieder unerträglich heiß wurde, versuchte ich Andreas zu überreden, die Aktion abzubrechen. Es hatte keinen Ärger gegeben, wir hatten gute Fotos, was wollten wir mehr? Außerdem wartete meine Schwester seit zwei Tagen in L.A. auf mich. Sie wollte in Amerika Urlaub machen und auch ein bißchen Zeit mit mir verbringen. Natürlich gab es wieder einmal Streit, Andreas wollte auf Biegen und Brechen weitermachen. Schließlich wurde uns die Entscheidung abgenommen – von Familie Anderson-Lee höchstpersönlich: Das Hausboot legte nämlich genau in diesem Augenblick ab.

Über Funk informierten wir Carl, und dann liefen wir in Windeseile zu unserem Hausboot, um mit dem Motorboot die Verfolgung aufzunehmen. Das Hausboot steuerte offensichtlich die Temple Bar Marina an, und wir schafften es mit Mühe und Not, gerade noch vor ihnen dort zu sein. Wenig später legte Hausboot Nr. 20 an, Tommy kam aus dem Boot, tankte auf – und schon ging es weiter – Richtung Callville Bay.

Nun war auch Andreas davon zu überzeugen, daß wir alle Bilder im Kasten hatten, und wir brachen die Aktion ab. Vermutlich hatte auch er keine Lust mehr, noch weitere Torturen auf sich zu nehmen. Sein Gesicht war völlig verbrannt, und auch sonst wirkte er ziemlich ausgelaugt.

Noch vom Hausboot aus rief mein Partner beim *Enquirer* an. Thompson, der Fotochef, hörte sich sehr interessiert an. Er gab uns die Adresse eines Fotografen in Las Vegas, bei dem wir die Fotos einscannen und ihm zusenden könnten. Mit dem Laptop wäre das bei der großen Zahl der verschossenen Filme etwas umständlich und langwierig gewesen.

Als wir in Vegas ankamen, wartete der Fotograf schon auf uns. Und als er sah, was wir bei uns hatten, staunte er nicht schlecht. Wahrscheinlich war er sogar ein wenig neidisch auf uns junge Kerle, die allem Anschein nach einen Supercoup gelandet hatten. Aber wieviel würden wir wohl einnehmen? Hätte es noch keine Fotos von Pamelas Baby gegeben, wäre dies eine Mega-Story gewesen. Aber so? Trotzdem waren wir optimistisch.

Und tatsächlich brachten uns die bunten Bilder der schönen Pamela und ihrer Familie beim Badeurlaub weltweit rund 50 000 Dollar ein. Manche Magazine druckten unsere Fotos auf mehreren Doppelseiten. Und das Verrückteste: Wir bekamen nie Ärger – Pamela und Tommy verzichteten darauf, ihre Anwälte auf uns zu hetzen.

XI

Der Mossad und die Greencard

Nach den Strapazen der Pamela-Geschichte war ich total ausgepowert – das Zauberwort, das mir neue Kraft versprach, hieß Urlaub. Der Streit mit meinem Partner war damit natürlich vorprogrammiert.

„Du willst schon wieder Urlaub machen?" maulte Andreas schwer beleidigt. „Du warst doch gerade erst in Deutschland! Ich find's scheiße, wer weiß, was wir in L.A. verpassen ..."

„Mann, wir haben gerade 'ne Riesengeschichte eingetütet. Meinst du nicht, wir haben uns ein paar Tage Pause verdient?"

„Ich brauche keine Pause!"

„Du vielleicht nicht, aber ich brauche ein bißchen Erholung."

„Erholung? Wovon denn?"

Das war typisch Andreas. Die Haut hing ihm in braunen Fetzen im Gesicht, er hatte dicke Ringe unter den Augen, und auf dem Weg nach Vegas hatte er die ganze Zeit über auf dem Beifahrersitz tief geschlafen. Aber erholen mußte er sich natürlich nicht ... wovon auch?

Wie immer endete die überflüssige Diskussion mit derselben, genervten Frage: „Und wann bist du wieder da?"

„In einer Woche, habe ich doch gesagt".

Noch am selben Abend ließ ich meine Schwester Sybille nach Las Vegas einfliegen, um die schon seit langem geplante Rundreise durch den Südwesten der USA gleich von hier aus zu beginnen. Wir machten uns auf den Weg zum Grand Canyon, von dort ging es weiter ins Monument Valley, dann südlich nach Flagstaff und von hier aus schließlich nach Phoenix. Sybille war noch nie in dieser gigantischen Wüstenstadt gewesen, während meines Jahres als Austauschschüler hatten mich seinerzeit nur meine Eltern und meine jüngere Schwester Nicola dort besucht.

139

Außerdem wollte sie unbedingt Suzanne kennenlernen, da ich ihr oft von meiner Freundin aus Arizona erzählt hatte.

In den letzten Wochen hatten Suzanne und ich sehr oft telefoniert. Dabei hatte Suzanne mehrfach durchscheinen lassen, daß sie gerne nach L.A. kommen würde, weil sie in Phoenix keine Perspektiven sah. Sie ließ auch keinen Zweifel daran, daß sie mich immer noch mochte, daß da mehr war als nur Sympathie für einen guten Freund. Andererseits gab es da aber immer noch Frank, mit dem sie seit fünf Jahren zusammen war. Ich kannte ihn nicht, wußte nur, daß er seinen Lebensunterhalt mit Skateboarden verdiente. Suzanne schien die Sicherheit einer langjährigen Beziehung nicht aufgeben zu wollen und war doch nicht hundertprozentig glücklich. Jedenfalls sprach sie meistens eher gleichgültig von ihrer Partnerschaft.

Suzanne war unglaublich attraktiv und intelligent, sie hätte in L.A. alle Möglichkeiten der Welt gehabt. Und unter anderen Umständen hätte ich wohl alles daran gesetzt, sie zu diesem Schritt zu überreden, ob wir nun ein Paar würden oder nicht. So aber war alles viel zu kompliziert. Zu allem Überfluß hatte Frank auch noch einen meiner Briefe an Suzanne gefunden und mir in einem nächtlichen Anruf mit ernsthaften Problemen gedroht, falls ich weiter mit seiner Freundin flirten würde.

Da ich mich nicht als Urheber der Probleme zwischen den beiden sah, hatte ich Suzanne bei einem unserer letzten Telefonate gesagt, sie solle sich allmählich entscheiden, was sie eigentlich wolle. Es war einzig und allein ihre Entscheidung, ob sie in Phoenix und bei Frank blieb oder ob sie den großen Schnitt wagte. Dabei ging es mir weniger darum, was mit uns werden sollte; viel wichtiger war, daß sie die für sich, für ihre Zukunft richtige Entscheidung traf.

Und so war die Stimmung leicht gespannt, als wir Suzanne an ihrem Arbeitsplatz in einer Galerie besuchten. Wir redeten über dies und jenes, vermieden aber, das Thema Phoenix oder L.A. anzusprechen. Sie kannte meine Position, und in ihren Augen stand zu lesen, daß sie immer noch hin- und hergerissen war. Vielleicht hatte sie einfach nur Angst, Frank zu verlassen? Und wenn es so war, mußte ich mich damit abfinden.

Meine Schwester blieb anschließend noch ein paar Tage in L.A., ehe sie nach Atlanta flog, um von dort aus über die Olympischen Spiele 1996 zu berichten. Für mich begann wieder der Paparazzi-Alltag.

Andreas war einen Tag nach meiner Rückkehr im Auftrag des *Enquirer* nach Puerto Vallarta in Mexiko geflogen, wo der TV-Star Roseanne Barr, auch in Deutschland bekannt durch die Comedy-Serie *Roseanne*, in einem Hotel Urlaub machte. Da der *Enquirer* nur einen Flug bezahlen wollte, blieb ich zu Hause, und ausnahmsweise war ich einmal froh darüber, nicht gleich wieder auf Achse zu müssen.

Während Andreas Abwesenheit arbeiteten Jonathan und ich an Robert DeNiro. „Bobby D", wie er auch genannt wird, war zu einer Reihe von Promo-Interviews im Hotel *Four Seasons* in Beverly Hills eingeflogen; er hatte gerade seinen neuesten Film *Sleepers* abgedreht, an der Seite von Brad Pitt.

DeNiro, der normalerweise in New York lebt, gilt als Alptraum aller Paparazzi, da er alle Tricks kennt und nahezu unfaßbar ist. Während meiner Zeit in den USA arbeiteten wir insgesamt rund drei Wochen an „Bobby D" und bekamen nicht ein einziges Foto. Der Star zeigt sich nur selten privat – auf der Straße, beim Einkaufen oder beim Spazierengehen –, und ihn mit einer Frau vor die Linse zu bekommen ist gleich ganz ausgeschlossen. Ein Kuß? Oder auch nur eine Umarmung? Davon kann man nur träumen!

In diesem Fall war es allerdings nicht so sehr DeNiros Kunst, sich seinen Verfolgern zu entziehen, die uns ins Leere laufen ließ, sondern unsere eigene Dummheit. Ich hatte mich mit meinem Auto vor dem Haupteingang des Hotels postiert, Jonathan stand für den Fall der Fälle am Hintereingang. Und im Hotel auf der Lauer lag Pete, unser durch die Tom-Cruise-Geschichte kampferprobter Mann beim Film. Der Interview-Tip war von Francis gekommen, und im Gegenzug mußten wir ihr versprechen, Pete mit einzuspannen. Offenbar brauchte Francis' Bruder dringend Geld.

Während ich mit einer Zeitung im Eingangsbereich des Hotels wartete, kam DeNiro gegen 9 Uhr morgens mit einer Limousine vorgefahren. Die Veranstaltungen sollte bis 16 Uhr dauern, also ließen wir Pete, der mit seinem schicken Anzug gut in dieses Nobel-Hotel paßte, gegen 14 Uhr auf Posten gehen. Seine Hauptaufgabe war, uns über Funk mitzuteilen, welches Nummernschild die Limo hatte, in der unser „Opfer" das Hotelgelände verließ. Denn von der Straße aus konnte man nicht sehen, wer in welche Karosse einstieg, zahlreiche Bäume verstellten die Sicht.

Pete hatte schon in Phoenix manchmal einen merkwürdigen Eindruck auf mich gemacht. Er war charmant und konnte sich gut ausdrücken, aber irgendwie war er immer extrem nervös, seine Gedankensprünge waren oft nur schwer nachvollziehbar, und manchmal quatschte er einfach nur Müll.

Als er gegen Mittag am Hotel eintraf, begrüßte er uns mit dem albernen Spruch: „Heute werden wir reich, Jungs!"

„Immer langsam, Pete", versuchte ich ihn auf den Boden der Tatsachen zurückzuholen. „Erst mal brauchen wir Fotos, und die müssen wir auch noch verkaufen! Also immer sachte, Pete!"

„Na ja. Aber der Tip ist doch schon Gold wert, oder?"

Nun, eigentlich hätten wir nur in bestimmte Hollywood-Kalender schauen müssen, um diesen Tip kostenlos zu bekommen. Aber ich wollte ihn nicht verprellen, deshalb spielte ich mit: „Ja, ist nicht schlecht. Aber das heißt noch lange nicht, daß wir Fotos bekommen. Es ist ja nicht gerade so, daß wir ihn auf einer einsamen Insel erwischen!"

Während unserer Funkgespräche an diesem Nachmittag begann ich dann wirklich, an Petes Verstand zu zweifeln. Anstatt normal zu reden, gebärdete er sich wie ein Westentaschen-Spion in einem drittklassigen Film.

„Okay, der Fisch ist immer noch im Tank, der Fisch ist immer noch im Tank, roger?"

„Alles klar, Pete. Sag uns einfach nur, in welcher Limo es losgeht, okay?"

„Okay, mach' ich, mach' ich."

Natürlich lief am Ende alles schief. Petes letzte Meldung besagte, daß „der Fisch jetzt aus dem Wasser flutscht", dann hörten wir gar nichts mehr. Im selben Moment verließ eine Limo nach der anderen den Vorplatz des Hotels. Ich hielt wie ein Bekloppter die Funke an mein Ohr und wartete, daß Pete das Nummernschild durchgab – aber nichts, absolut nichts.

Da Limousinen leicht zu verwechseln sind und die meisten abgetönte Scheiben haben, so daß man nicht erkennen kann, wer in ihnen sitzt – auf Entfernung schon gar nicht –, war es ungemein wichtig für uns, das Nummernschild zu wissen. Denn am Morgen hatte ich nur mitbekommen, daß DeNiro mit einer schwarzen Stretch angekommen war – und von denen kam jetzt eine nach der anderen auf die Straße. Da Pete sich einfach nicht meldete, mußte ich auf Verdacht irgendeiner x-beliebigen nachjagen. Es war das reine Glücksspiel. Und als ich nach nur kurzer Fahrt, die Kamera im Anschlag, gespannt darauf wartete, wer ausstieg, mußte ich schnell erkennen, daß ich eine Niete gezogen hatte.

Später erzählte Pete, er habe nicht weitersprechen können, weil Sicherheitsleute in der Nähe gestanden hätten. Allerdings hätte ich wissen müssen, daß Pete ein Risikofaktor war, schließlich hatte es schon in Phoenix Anzeichen dafür gegeben, daß er irgendwie ein komischer Vogel war. Wie auch immer, jedenfalls ging von diesem Tag an auch das Verhältnis zwischen Francis und uns den Bach runter. Pete beschwerte sich bei ihr, weil er nur 100 Dollar bekommen hatte, und außerdem sei alles nur meine Schuld gewesen, weil ich die falsche Limousine verfolgt hätte. Francis meldete sich nach dieser Geschichte kaum noch bei uns, was vielleicht aber auch daran lag, daß ihre Schwangerschaft sie mehr und mehr daran hinderte, in der Szene herumzuschwirren. Ihre Männersuche war nämlich vor einigen Monaten von Erfolg gekrönt gewesen – und um sicherzugehen, daß ihr neuer „Goldesel" nicht gleich wieder absprang, hatte sie schnell für klare Verhältnisse gesorgt. Pete sollten wir später noch ein weiteres Mal wiedersehen und von einer ganz anderen Seite kennenlernen ...

Andreas hatte unterdessen in nur zwei Tagen erstklassige Fotos von Roseanne in Mexiko bekommen – Bilder wie aus einem privaten Album: mit Baby im Swimmingpool, beim Baden am Strand und was immer sonst man sich nur wünschen konnte. Der *Enquirer* brachte eines der Fotos riesengroß auf der Titelseite; inzwischen bestanden bei der Chefredaktion des Blattes keine Zweifel mehr, daß *CA Images* jeden Auftrag professionell erledigten.

Am 29. Juli kam Marcel zu Besuch, einer meiner besten Freunde aus Berlin. Marcel gehört zu den Menschen, die eigentlich immer gutgelaunt sind, und da ich in diesem Sommer, beflügelt durch die Erfolge der letzten Wochen, ebenfalls bester Stimmung war, freute ich mich auf die Zeit mit ihm. Tasächlich standen uns zwei aufregende Wochen bevor.

Schon kurz nach Marcels Ankunft lernten wir im Straßenverkehrsamt von Santa Monica zwei hübsche Mädchen kennen. Ich mußte dort meine Führerscheinprüfung ablegen, da ich nach fast einem halben Jahr in L.A. noch immer keine amerikanische „Pappe" hatte. Normalerweise müssen „permanent residents", wie ich einer war, schon nach 30 Tagen den Führerschein machen, der gleichzeitig als Ausweis gilt. An sich ist die Führerscheinprüfung in den USA ein Witz, doch um die 30 Fragen der Theorieprüfung beantworten zu können, muß man wenigstens einmal eine Broschüre durchlesen, deren Inhalte abgefragt werden. Wenn man nicht gelernt hat, muß man unter vier möglichen Antworten eben die richtige erraten, und um meine Trefferquote zu erhöhen, versuchte ich zu schummeln.

Da die Prüfung in den Räumen des Straßenverkehrsamtes stattfand, mogelte ich gewissermaßen öffentlich. Sharin und Tarnaz, zwei persische Jüdinnen, die einen Wagen ummelden wollten, bekamen das mit und machten sich über meine Schummelei lustig. Als ich ihretwegen erwischt wurde und man mir zur Strafe für einen Monat die Zulassung zur Wiederholung der Prüfung sperrte, verging ihnen das Lachen. Zum Trost ließen sie sich am Abend von Marcel und mir ins *Moonshadows* ausführen, ein superfeines Restaurant zwischen Santa Monica und Malibu, direkt am Meer.

Obwohl die beiden uns von vornherein klargemacht hatten, daß nichts weiter zwischen uns laufen würde – ihr erstes Mal würden sie aus religiösen Gründen mit ihren zukünftigen Ehemännern erleben –, genoß ich diesen Abend mit einem guten Freund und zwei attraktiven Mädchen sehr. Zum ersten Mal seit langem wurde mir klar, daß es noch etwas anderes gab, als immer nur mit Andreas und Jonathan zusammenzusein und irgendwelchen Promis nachzujagen.

Allerdings war auch Andreas in letzter Zeit nicht mehr ganz so besessen von seinem Job. Zwei Monate zuvor hatten wir Petra kennengelernt, eine 1,80 Meter große, blonde Rheinländerin, die für ein halbes Jahr an der exklusiven Pepperdine University in Malibu studierte. Petra war mit einem Verkäufer jener Ford-Handlung befreundet, bei dem ich meinen Bronco gekauft hatte. Wir kamen dort ins Gespräch, und als sie erzählte, sie wolle mit ihrem Rennrad zurück nach Malibu, habe sich aber auf dem Weg hierher schon den Rücken verbrannt, lieh Andreas ihr ein T-Shirt. Irgendwie fand Petra ihn anscheinend süß, und ein paar Wochen später war ich dann derjenige, der seinen Partner morgens aus dem Bett klingeln mußte – aus Petras Bett, meine ich. Es gefiel mir, daß auch Andreas mal die Erfahrung machte, daß es nicht nur den Job gab. Die beiden waren ein lustiges Paar, allein schon aus dem Grund, daß Andreas fünf Jahre jünger und fast 20 Zentimeter kleiner war als seine Freundin.

Allerdings hielt die Geschichte zwischen den beiden nicht allzu lange an.

Während seines Aufenthaltes in den USA begleitete uns Marcel für zwei Tage nach San Francisco, wo wir im Auftrag des *Enquirer* Brad Pitt aufspüren sollten. Eine Informantin mit dem Namen C. B. Parkerson hatte gemeldet, daß der „sexiest man of the world" sich in einem Hotel heimlich mit einer Freundin treffen würde.

Dies wäre in der Tat eine Mega-Story gewesen, da Brad Pitt damals noch mit der Schauspielerin Gwyneth Paltrow, die er am Set des Thrillers *Sieben* kennen- und liebengelernt hatte, zusammen war. Allerdings stellte sich schnell heraus, daß Mrs. Parkerson knapp bei Kasse war und Brads Liebschaft nur in ihrer Phantasie existierte. Die Leute vom *Enquirer* hatten ihr ohne weitere Nachprüfung vertraut, weil die Informantin sich früher einmal als zuverlässig erwiesen hatte.

Marcel sollte noch einen zweiten Fehlschlag miterleben – und diese Geschichte war richtig unangenehm.

Am 6. August bekam Andreas einen Anruf von Peter Mueller, unserem „Anwalt". Wir hatten seit unserem Treffen in Malibu öfter mit dem „Scharfschützen" telefoniert, meistens aber nur vergeblich eine Quittung für die bereits gezahlten 3500 Dollar eingefordert und ansonsten nichts Neues von ihm erfahren. Immerhin hatte Remy uns in Ruhe gelassen, und Louis hatte angekündigt, er werde demnächst seine Schulden bei Andreas begleichen.

An besagtem 6. August saßen wir in Malibu vor Richard Geres Haustür. Die Gerüchteküche brodelte. Seit der „American Gigolo" und das Supermodel Cindy Crawford sich getrennt hatten, warteten alle auf die nächste große Romanze des Schauspielers, und in den letzten Tagen hatten sich die Zeichen verdichtet, daß es eine Neue gab. Während Marcel und ich im Bronco saßen und uns die Wartezeit vertrieben, meldete sich plötzlich Andreas über die Funke.

„Mueller hat gerade angerufen. Er hat erzählt, daß sich Sicherheitsleute von Mel Gibson mit uns treffen wollen . . . Es geht wohl um die Fotos, die wir neulich vom Berg aus gemacht haben."

„Ja, und?"

„Irgendwie wollen die uns verbieten, noch mal Fotos von ihm zu machen, sonst würde es Ärger geben. Sie wollen uns aus dem Land werfen oder irgend so'n Scheiß. Angeblich sind das Ex-Mossad-Agenten . . ."

„Und wieso haben die Mueller angerufen? Woher wissen die denn, daß er mit uns zu tun hat?"

„Er sagt, die wüßten das halt . . . Also, wenn du mich fragst: Der Mueller ist nicht ganz koscher."

Ich war erst einmal völlig durcheinander, konnte mir absolut keinen Reim aus dieser seltsamen Geschichte machen. Was sollten wir tun? Mueller zufolge hatten Gibsons Berater uns freigestellt, ob wir kommen würden oder nicht. Allerdings würden sie, falls wir uns weigerten, die nötigen Schritte ergreifen.

Ein paar Tage dachten wir angestrengt nach, dann riefen wir Mueller an und baten ihn, ein Treffen zu organisieren. Zuvor engagierten wir einen guten Immigrationsanwalt in Beverly Hills, einen Experten für alle Fragen, die Ausländer in Amerika betreffen. Der Anwalt riet uns, nicht zu dem Treffen zu gehen, da das Ganze vermutlich ein Trick der Konkurrenz sei, die uns verunsichern wolle. Obwohl uns diese Theorie einleuchtete, entschieden wir uns doch anders. Einerseits hatten wir wenig Lust darauf, daß eines Tages Beamte der Einwanderungsbehörde bei uns vor der Tür standen, und andererseits wollten wir unbedingt herausfinden, welche Rolle unser „Scharfschütze" in der ganzen Geschichte spielte. Ich war äußerst neugierig, hatte gleichzeitig aber auch ein mulmiges Gefühl im Magen.

Am 9. August war es dann soweit. Wir hatten uns Punkt 15 Uhr mit Mueller vor einem Bürogebäude am Wilshire Boulevard in Beverly Hills verabredet, wo tatsächlich eine nach ihrem Inhaber Haim Koresh benannte Sicherheitsfirma ansässig war. Ansonsten wirkte das Gebäude unauffällig: zehn Stockwerke, gelblich-graue Fassade, am Eingang unten keine Schilder, lediglich die Hausnummer.

Ursprünglich war geplant, daß Marcel uns als Zeuge begleiten sollte, doch im letzten Moment entschieden wir uns anders, um ihn nicht unnötig in Schwierigkeiten zu bringen. Auch das kleine Tonbandgerät, mit dem ich unser Gespräch aufnehmen wollte, drückte ich jetzt lieber meinem Berliner Freund in die Hand, der draußen auf uns warten wollte. Außerdem hatten wir im vorhinein verabredet, den Bedingungen der Sicherheitsleute zuzustimmen, sobald wir den Eindruck hatten, daß man uns nicht verarschen wollte. Auf Mel Gibson konnten wir zur Not verzichten, es gab genügend andere Stars.

Mueller wirkte bullig wie immer, nur trug er heute über seinem offenen Hemd keine Lederjacke, sondern ein Jackett. Als wir ihm Marcel vorgestellt hatten und zu dritt Richtung Fahrstuhl gingen, fragte er: „Ihr habt doch hoffentlich kein Tonband dabei, oder?"

Ich verneinte.

„Alles klar. Also, ich denke, die werden euch genau sagen, was sie sich vorstellen. Dann liegt's an euch, aber soweit ich weiß, sind die Typen von ziemlich hartem Kaliber, mit denen würde ich mich lieber nicht anlegen. Also ich würde an eurer Stelle jedenfalls vorsichtig sein ... Ach so, und wegen der Bezahlung macht euch mal keine Gedanken, das ist in den 3500 von neulich inbegriffen. Okay?"

Andreas forderte wieder einmal eine Quittung, und Mueller versicherte wieder einmal, daß wir sie in den nächsten Tagen bekommen würden.

Ein paar Sekunden später betraten wir das Vorzimmer der Firma Haim Koresh im siebten Stock des Gebäudes am Wilshire Boulevard. Die Innenausstattung des Raumes war mehr als schlicht – keine Bilder, keine Dekoration, nur weiße Wände, ein Computer und ein paar Akten. Im Eingangsbereich saß die Sekretärin, neben ihrem Schreibtisch standen zwei junge Männer in Anzügen.

Mueller stellte uns vor und sagte, daß wir einen Termin hätten. Die Frau telefonierte kurz und wies uns dann den Weg durch eine Glastür in ein anderes graues Büro, in dem ein schwer übergewichtiger Mann von schätzungsweise 45 Jahren hinter einem fast leeren Schreibtisch saß. Außer ein paar Stühlen war dies das gesamte Mobiliar in Koreshs Büro.

Wir machten uns gegenseitig bekannt, und Koresh schaute jedem von uns tief in die Augen. Dann wies er mit der Hand auf die Stühle vor seinem Schreibtisch, setzte sich wieder und beugte sich leicht nach vorne, die Hände vor sich auf dem Schreibtisch gefaltet. Er fixierte Andreas und mich und legte mit tiefer Stimme und hartem Akzent, aber in absolut fehlerfreiem Englisch los:

„Von Mr. Mueller werden Sie ja erfahren haben, warum ich Sie zu diesem Treffen gebeten habe. Für Ihr Erscheinen möchte ich mich bedanken. Bevor ich weiterrede: Ich benutze kein Tonbandgerät, und ich gehe davon aus, daß Sie auch keines bei sich haben. Sollten Sie doch eines laufen haben, dann stellen Sie es jetzt bitte ab."

Bei diesen Worten sah er Mueller an, der auf einmal sehr „klein" und unsicher wirkte und rein gar nichts mehr von dem gefürchteten „Scharfschützen" an sich hatte. Es sah so aus, als ob die physische Präsenz des vermeintlichen Ex-Mossad-Agenten auch ihn einschüchterte. Dieses Bild ließ mich an der Theorie zweifeln, daß die beiden unter einer Decke steckten.

„Nein, weder meine Klienten noch ich haben ein Band laufen", beteuerte Mueller.

Nun schaute Koresh wieder mit ausdruckslosem Gesicht zu uns und fuhr fort: „Gut! Also, ich bin Inhaber dieser privaten Sicherheitsfirma, und wir haben eine Reihe von Stars als Mandanten, vor allem in Malibu. Mir geht es in unserem Fall um genau zwei meiner Mandanten. Eine Adresse befindet sich am Ende von Cross Creek Road in Malibu, die andere am Pacific Coast Highway, Meerseite, rund 200 Meter südlich vom Malibu Pier."

In meinem Kopf rumorte es. Es ging um Mel Gibson, das war uns schon vorher bekannt gewesen. Doch wer, zum Teufel, wohnte in der

Nähe des Malibu Pier? Endlich machte es Klick: Mit dem zweiten Mandanten konnten nur Demi Moore und Bruce Willis gemeint sein, vor deren Haustür wir uns schon mehrfach vergeblich auf die Lauer gelegt hatten.

„Mir ist bekannt", fuhr Koresh nun fort, „daß Sie am 18. und 19. Mai vom Gelände des katholischen Erholungsheims aus Fotos gemacht haben, die den einen meiner Mandanten mit seiner Familie im Garten seines Anwesens an Cross Creek Road zeigen. Auf den Fotos sind auch die minderjährigen Kinder meines Mandanten beim Spielen und Baden im Swimmingpool zu sehen. Außerdem standen sie an verschiedenen Tagen vor dem Haus meiner Mandanten am Pazifik Coast Highway. Mir sind auch die Nummernschilder der Autos bekannt, die Sie an diesen Tagen fuhren. Durch meine langjährige Tätigkeit als Agent des israelischen Geheimdienstes verfüge ich über erstklassige Verbindungen zu US-Regierungsbehörden. Sie müssen sich also nicht wundern, daß ich darüber informiert bin, daß Sie sich mit einem Journalistenvisum in den USA aufhalten und von amerikanischen Zeitungen Geld beziehen. Und ich muß Ihnen wohl nicht erklären, daß letzteres verboten ist. Sie sitzen auf einem wackeligen Stuhl. Wenn Sie das wünschen, kann ich Ihnen gerne Ihre Paß- und Visanummern geben, um meine Aussagen zu belegen."

Er legte eine Kunstpause ein, die er dazu nutzte, uns abermals tief in die Augen zu schauen. Mir wurde es von Minute zu Minute unbehaglicher.

„Hier nun unser Vorschlag", kam er schließlich zur Sache. „Wir möchten Sie freundlich darum bitten, ab sofort keine Fotos mehr von beiden meiner Mandanten und ihren Familien auf ihren Grundstücken zu machen. Auch außerhalb der Grundstücke sind die Kinder tabu. Meine Mandanten sind, wie Sie wissen, internationale Stars. Und sie haben kein Interesse daran, daß sich irgendwo am Ende der Welt ein Pädophiler an den Fotos, die durch Ihre Arbeit in einem Magazin veröffentlicht wurden, einen runterholt. Entschuldigen Sie bitte den rüden Ausdruck, aber die Sache ist sehr ernst! Die Kinder sind also grundsätzlich tabu. Was Sie sonst machen, ist mir egal, das ist Ihre Sache."

Wieder folgte eine künstliche Pause, in der er uns eindringlich anblickte.

„Sollten Sie unseren Bedingungen nicht zustimmen, dann werde ich meine Verbindungen nutzen. Es ist durchaus möglich, daß pro Woche bei der Einwanderungsbehörde mindestens eine Beschwerde über Sie eingeht. Wie lange es dauert, bis Sie dann Ihre Sachen hier zusammenpacken können, dürfen Sie sich selbst ausmalen. Aber wie gesagt, es liegt allein an Ihnen!"

Nein, das war keine Verarschung hier, der Typ meinte jede seiner Drohungen todernst, daran gab es keinen Zweifel. Und er war viel zu gut informiert, als daß dieser Auftritt im Auftrag eines konkurrierenden Paparazzos organisiert sein konnte. Hinter Haim Koresh stand jemand, der sehr viel mehr Geld hatte als selbst der erfolgreichste Paparazzo je in seinem Leben verdienen konnte.

Andreas sah kurz zu mir herüber, ich nickte, und er gab nun die zuvor für den Ernstfall verabredete Antwort: "Okay, sicher, wir stimmen zu!"

"Gut!" erwiderte Koresh mit ausdruckslosem Gesicht. "Ich denke, daß ist auch besser für Sie, denn meine Mandanten sitzen in der Tat am längeren Hebel."

Fast war mir so, als würde der Mossad-Mann mir aus der Seele sprechen. Ich hatte wahrlich keine Lust, mich mit einem Superstar wie Mel Gibson anzulegen, und glücklicherweise stellte sich auch Andreas nicht quer. Außerdem wirkte Koresh überzeugend, absolut professionell: Er war nicht unhöflich, aber ziemlich direkt und auf seine Weise sogar fair. Letzten Endes machte er nur seinen Job, genau wie wir. Nur daß sein Job und unserer sich in die Quere kamen – und er dummerweise die besseren Karten hatte.

Koresh verabschiedete uns höflich, und wir gingen hinaus. Auch die Verabschiedung von Mueller fiel kurz aus. Wir wollten nicht mehr viel mit ihm zu tun haben. Andreas erinnerte ihn ein letztes Mal an die ausstehende Quittung, dann machten wir uns gemeinsam mit Marcel davon.

Erst später sollte sich herausstellen, daß wir auf dem Heimweg verfolgt wurden.

Für den Nachmittag hatten wir ein Shooting mit Marcel geplant, der für die BILD-Zeitung eine Geschichte über Andreas schreiben wollte. Mit unseren Fotos konnte er die Story richtig gut aufblasen. Tatsächlich wurden wenige Wochen später unter der Headline "Hollywoods bester Promijäger kommt aus Ost-Berlin" unsere Pamela-Anderson- und Sean-Connery-Bilder noch einmal veröffentlicht. Meine ehemaligen Chefs hätten mich auch gern in der Geschichte gesehen, aber ich legte keinen großen Wert darauf, auf diese Weise in die Schlagzeilen zu kommen.

An diesem 9. August wollte Marcel für seinen Artikel Fotos von Andreas am Strand machen, mit Auto im Hintergrund und Kamera in der Hand. Jonathan und ich sollten auch zu sehen sein, um die Agentur CA

Images zu repräsentieren. Damit konnte ich leben, ebenso wie mit der Tatsache, daß Marcel mich in seinem Artikel einmal kurz als Stefan Brandt aus Lichtenrade erwähnte.

Während der Fotosession am Strand entdeckten wir am Ende der Straße plötzlich einen Typen, der uns aus einem Van heraus fotografierte! Ein langes Teleobjektiv war genau auf uns gerichtet, und es dauerte nur Sekunden, da hatten wir den Fotografen als einen von Jack Bahramis Helfern identifiziert. Denn der Typ, ein ehemaliger Obdachloser, hing ständig vor dem Shopping Center in Malibu herum und wartete dort auf x-beliebige Stars.

Das war bestimmt kein Zufall, der Kerl mußte uns gefolgt sein. Wie es aussah, hatte unser lieber Anwalt Mueller uns nicht nur an Mel Gibson, sondern auch an Jack Bahrami verkauft. Und diese Befürchtungen erhielten später zusätzliche Nahrung, als ich erfuhr, daß Mueller eine Broschüre mit Fotos von und Informationen über Paparazzi für teures Geld an Stars verkaufte.

Wie gut wir daran getan hatten, uns nicht mit Koresh anzulegen, sollte sich auch noch zeigen. Im Sommer 1997 ging die Geschichte durch die Presse, daß das Supermodel Elle MacPherson von Gangstern erpreßt wurde, die Nacktfotos von ihr geklaut hatten. In den Zeitungen sahen wir Haim Koresh wieder – Elles Sicherheitsberater, der die bösen Jungs in Zusammenarbeit mit der Polizei in eine Falle gelockt hatte. Der Ex-Mossad-Agent war also definitiv echt.

Unsere Aufenthaltsgenehmigung in den USA stand auf sehr wackeligen Beinen. Was würde geschehen, wenn uns in absehbarer Zeit der nächste Star ans Leder wollte? Konnten wir uns wirksam gegen eine Ausweisung schützen?

Erneut suchten wir den Immigrationsanwalt auf und erzählten ihm von dem Treffen mit Koresh. Im Gegensatz zu unserem „Scharfschützen" hatten wir es hier offensichtlich mit einem seriösen Anwalt zu tun. Jedenfalls verlangte der Mann nicht gleich Geld, sondern erläuterte uns zunächst einmal, welche Möglichkeiten wir hatten, um größere Sicherheit zu erlangen.

„Staatsbürger zu werden ist ein langwieriger Prozeß", begann er seinen Vortrag, „das dauert viel zu lange, als daß es für euch in Frage kommt. Im Grunde genommen wollt ihr die Greencard. Die gibt euch fast die gleichen Rechte wie einem Staatsbürger, nur daß ihr nicht wählen dürft. Aber ihr dürft hier leben und arbeiten, und wenn euch jemand aus dem Land werfen lassen will, dann muß er schon verdammt gute Gründe dafür anbringen ... Tja, und die Greencard bekommt ihr auf zwei Wegen. Eine Möglichkeit ist, sich von einer großen Firma sponsern zu lassen, in eurem Fall wäre das eine Zeitung. Aber die meisten Firmen machen das nicht, weil sie damit auf Jahre hin die Verantwortung für den Gesponserten übernehmen. Die zweite Möglichkeit ist, eine Amerikanerin zu heiraten. Wenn ihr also hier jemanden heiraten wollt, wäre das jetzt ein äußerst günstiger Zeitpunkt."

„Wenn wir heiraten ... wie lange dauert es dann noch mit der Greencard?" fragte Andreas aufgeregt nach.

„Nun, nach der Heirat dauert es etwa ein halbes Jahr, dann bekommt ihr so etwas wie eine vorübergehende Greencard, mit der ihr vollen Aufenthaltsstatus habt. Dann kommt irgendwann noch das Interview. Alles in allem dauert es rund zwei Jahre, bis ihr die offizielle Greencard habt. Das sind eure Chancen. Also, wenn ihr auf Nummer Sicher gehen wollt, dann solltet ihr schnellstmöglich heiraten."

Andreas, das hatte ich sofort gemerkt, war Feuer und Flamme für diese Idee, er sah eine Möglichkeit, unsere Misere so schnell wie irgend möglich zu beenden. Ich war weniger begeistert: Heiraten, um die Greencard zu bekommen? Das machte Gérard Depardieu im Film, aber doch nicht ich – und noch dazu im realen Leben!

Auf der Fahrt nach Hause kamen wir jedoch beide zu dem Entschluß, daß es kaum eine andere Chance gab. Blieb nur noch ein klitzekleines Problem: Zum Heiraten fehlten uns die Frauen.

Am Abend telefonierte ich mit Suzanne. Inzwischen war ich fest davon überzeugt, daß sie nie aus Phoenix weggehen und sich auch nie von Frank trennen würde. Damit hatte ich mich abgefunden, auch wenn es mir gegen den Strich ging. Denn einer Frau wie Suzanne stand die Welt offen, sie mußte nur zugreifen. Aber bekanntlich soll man ja niemanden zu seinem Glück zwingen.

Wir waren jedoch gute Freunde und wollten das auch bleiben. Und gute Freunde helfen einander in der Not. Also erzählte ich ihr ausführlich von unserem Treffen mit dem Ex-Mossad-Agenten und ließ auch keinen Zweifel daran, daß wir die Drohungen von Koresh sehr ernst nahmen.

„Ja", sagte ich nach meinem kurzen Bericht, „so sieht's aus. Die haben uns klipp und klar vor die Wahl gestellt: Entweder wir halten uns an ihre Regeln, oder sie lassen ihre Beziehungen spielen und uns aus dem Land werfen!"

„Wie bitte!?" Suzanne schien das alles nicht zu verstehen.

„Ja, die meinen das todernst. Du hättest den Typen mal erleben sollen
... Und dann werden wir auch noch von unserem eigenen Anwalt in die
Pfanne gehauen. Wir haben das Gefühl, daß er das Ganze in die Wege
geleitet hat. Außerdem wurden wir später noch von einem Paparazzo
fotografiert, der für einen ziemlich unangenehmen Konkurrenten arbeitet.
Und der wieder ist mit unserem sogenannten Anwalt befreundet. Sieht
echt beschissen aus für uns ..."

„Ja, und nun? Was wollt ihr tun?"

„Suzanne ..." Ich stockte. „Und nun, fragst du? Nun, ich möchte dich
etwas fragen ..."

Ich legte eine Pause ein, wollte abwarten, wie sie reagierte. Ahnte sie
schon etwas?

„Und? Was willst du mich fragen?" Ihre Stimme klang völlig normal.

„Suzanne, willst du mich heiraten?"

Am anderen Ende hörte ich ein kurzes, verunsichertes Lachen. „Du
spinnst, Christoph, was soll denn das heißen?"

„Das soll heißen, daß ich dich heiraten will. Du weißt doch, wie es hier
läuft. Und schau mal, wir sind sehr gute Freunde und bleiben das hoffentlich auch bis an unser Lebensende. Ich verstehe, daß du nicht aus Phoenix
weg willst und daß du wahrscheinlich mit Frank zusammenbleiben wirst.
Damit habe ich mich abgefunden, und ich will mich da auch überhaupt
nicht einmischen. Aber theoretisch müßtest du ja noch nicht mal Phoenix
verlassen, wenn wir heiraten. Und wenn du doch nach L.A. kommen
willst, dann ist das auch okay. Du kannst bei mir wohnen, wir teilen alles
... denn schließlich sind wir ja dann verheiratet, richtig?" Wir mußten
nun beide lachen. „Du würdest mir einen Riesengefallen tun, Suzanne!"

„Christoph, du spinnst wirklich! Natürlich würde ich dir gerne helfen,
aber wie soll ich das denn Frank erklären? Das hört sich alles so verrückt
an, daß ich darüber nachdenken muß ... Gib mir einen Tag zum Nachdenken, okay?"

„Hey, kein Problem ..." Ich atmete tief durch. Immerhin hatte sie nicht
gleich nein gesagt.

Suzanne mußte wieder lachen. „Mr. and Ms. Seitz, hört sich komisch
an, findest du nicht?"

„Du kannst ja deinen Nachnamen behalten!"

„Ja, ich glaube, daß das wirklich besser wäre."

Ehrlich gesagt, ging es mir an diesem Abend nicht besonders gut. Nie
zuvor hatte ich auch nur mit dem Gedanken gespielt, eine meiner Freundinnen zu heiraten. Die Ehe war für mich eine Institution, die der Mensch

nicht wirklich brauchte, es sei denn, er wollte Steuern sparen. Für mich selbst stand das nie zur Diskussion. Doch jetzt hatte ich einen Schritt getan, der eigentlich keinen Rückzieher mehr zuließ. Ich hatte um Suzannes Hand angehalten und spürte, daß sie dicht davor stand, ja zu sagen. Der einzige Unsicherheitsfaktor war ihr Freund – denn Frank würde von dieser Idee ganz bestimmt nicht begeistert sein.

Von nun an ging alles rasend schnell. Gegen Mittag des nächsten Tages rief Suzanne an und sagte „Ja!" Ich sprach noch kurz mit ihrer Mutter, die ebenfalls ihr Einverständnis gab, und lud sie und eine Freundin Suzannes für den nächsten Tag nach Las Vegas ein. Marcel verlängerte seinen Urlaub um zwei Tage, und am 14. August 1996 flogen wir beide gemeinsam mit Jonathan ins Spieler- und Heiratsparadies Las Vegas.

Suzanne, ihre Mutter und ihre Freundin erwarteten uns schon am Flughafen. Ich checkte uns alle in zwei große Suiten im *Luxor* ein, der großen Hotel-Pyramide am Nordende des Strip, und während die anderen sich noch frisch machten, fuhr ich mit Suzanne nach Downtown, wo wir im Rathaus für 25 Dollar die Lizenz zum Heiraten erhielten. Ihrem Freund hatte sie noch nichts erzählt, Frank dachte, sie würde ein paar Tage mit ihrer Mutter in Vegas Urlaub machen.

„Ich weiß noch nicht, was ich nach der Hochzeit machen werde, Christoph", sagte Suzanne, während wir für unsere Lizenz Schlange standen, „aber vielleicht komme ich nach L.A. Ich weiß bloß noch nicht, wie ich es Frank sagen soll."

Am frühen Abend ging es dann in die Little White Chapel am Strip. Suzanne trug ein langes, weißes Kleid, und sie war barfuß, denn das war immer ihr Wunsch gewesen, falls sie einmal heiraten sollte. Nach dem Jawort gaben wir uns einen langen Kuß. Es wurde eine turbulente Nacht in den Bars und Casinos der Stadt, die wir mit einer Party in unserer Suite beendeten. Dann flogen wir alle nach L.A. und feierten noch zwei Tage weiter.

In dieser kurzen Zeit wurde aus den Funken, die zwischen Suzanne und mir schon immer gesprüht hatten, ein regelrechtes Feuer. Wir hatten uns tatsächlich ineinander verliebt.

Also flog Suzanne noch einmal kurz zurück nach Phoenix, machte mit ihrem Freund Schluß, räumte ihre Wohnung leer, kam mit einem Umzugstransporter nach L.A. zurück und zog bei mir ein. Plötzlich waren wir ein richtiges Liebespaar, bis über beide Ohren verknallt, und erzählten jedem, der es hören wollte oder auch nicht, daß wir verheiratet waren. Wir trugen unsere goldenen Eheringe aus Überzeugung – nicht, weil wir irgendwelche Immigrationsbeamten beeindrucken wollten. Über meine Greencard dachten wir kaum noch nach, sie war plötzlich zur Nebensache geworden.

So hatte sich mein Leben innerhalb weniger Wochen völlig verändert – wie tiefgreifend, war uns in diesen Tagen noch nicht bewußt. Denn bis auf gelegentliche Drohanrufe von Frank hatten wir vorerst nur sehr viel Spaß miteinander und mit der neuen Situation.

XII

Acapulco – Tür an Tür mit Liz Taylor

Durch Andreas' Kurzzeitfreundin Petra hatten wir Jeff kennengelernt – einen 30 Jahre alten Kalifornier, von Beruf Immobilienmakler, Martial-Arts-Künstler, Schauspieler und Drehbuchautor – alles in einem und alles auf einmal. Jeff hatte Andreas im Juli 1996 ein Reihenhaus in Santa Monica verkauft und dabei einen guten Schnitt gemacht. Als kleines Dankeschön versprach er uns, jedes Mal anzurufen, wenn er irgendwo in der Stadt einen Star sah. Und jemand wie Jeff sah ständig irgendwo einen Promi, er hatte einfach ein Auge dafür.

Am Sonntag, 25. August, machte er sich gleich zweimal bezahlt. Zu dieser Zeit war Suzanne schon eine Woche in L.A., und sie hatte Freundinnen zu Besuch; eine von ihnen war unter anderem auch Jenny, die wenig später Andreas heiratete ... Wir hatten am Vorabend kräftig gefeiert, so daß ich einen ziemlich dicken Schädel hatte, als Andreas mich gegen 10 Uhr morgens aus dem Bett klingelte. Angeblich hatte Jeff in der Nähe meiner Wohnung John Malkovich gesichtet, den Verführer aus *Gefährliche Liebschaften* und Clint Eastwoods Gegenspieler in dem Thriller *In the Line of Fire – Die zweite Chance*.

In Null Komma nichts hatte ich mich angezogen, die Kamera in meinen Rucksack gestopft und mich via Mountainbike auf den Weg gemacht. Innerhalb von nur zwei Minuten war ich auf dem Boardwalk. Es war drückend heiß, der Strand war schon voller Touris, nur Malkovich konnte ich nirgends entdecken. Deshalb rief ich Jeff an, der versprach, gleich zu mir zu kommen, so daß wir den Schauspieler gemeinsam suchen konnten.

Nach einiger Sucherei fanden wir den Briten schließlich auf dem Santa Monica Pier, gerade mal 300 Meter von meiner Wohnung entfernt. Hier war ein kleiner Vergnügungspark mit Riesenrad aufgebaut, und Malkovich spielte mit seinen Kindern Basketball. Er trug ein weißes, langärme-

155

liges Hemd und eine Leinenhose; sein Kopf war kahl rasiert. Malkovich schaute leicht verunsichert in der Gegend herum, ganz so, als ob er sich unter so vielen Menschen nicht sonderlich wohl fühlte. Mir bot diese Ansammlung eine gute Deckung, ich konnte in aller Ruhe mit dem 350er ein paar Bilder schießen.

Als Malkovich dann auch noch mit seinen Kids ins Riesenrad kletterte, hatte ich ein weiteres schönes Motiv. Danach liefen sie zurück Richtung Parkplatz. Tatsächlich schaffte ich es, vor ihnen dort zu sein und mich zwischen zwei Autos zu verstecken. Eigentlich wollte ich unentdeckt bleiben, doch als die kleine Gruppe zu Malkovichs Auto lief, mußte ich mein Versteck verlassen, um sie noch mal vor die Kamera zu bekommen. Ich hielt den Sucher ans Auge, drückte den Focussierknopf und hielt den Zeigefinger auf den Auslöser. Nach dem fünften Bild, also nach etwa einer Sekunde, sah er mich. Seine ohnehin schon leicht genervte Miene verdüsterte sich noch mehr, aber er drehte nur leicht nach rechts ab und unternahm nichts weiter. Wahrscheinlich wollte er nicht, daß die Kinder etwas mitbekamen.

Ehrlich gesagt, fühlte ich mich nicht wohl in meiner Haut, Malkovich tat mir leid. Er gehörte eigentlich überhaupt nicht zu dem Typus Star, der die Klatschseiten füllt, sondern lebte eher zurückgezogen. Irgendwie schien seine Miene auszudrücken: „Aha, jetzt bin ich also auch dran." Und in gewisser Weise bekamen wir auch die Quittung dafür, daß wir einen weniger glamourösen Hollywood-Star genervt hatten: Obwohl sie qualitativ sehr gut waren, verkauften sich die Fotos äußerst schlecht, wir nahmen insgesamt nur rund 1000 Dollar ein, von denen 100 an Jeff gingen. John Malkovich würden wir gewiß kein zweites Mal auf die Pelle rücken!

Kaum wieder zu Hause, meldete sich Jeff erneut bei mir: „Christoph, hör' gut zu, ein Freund hat mich gerade angerufen. Keanu Reeves ist im *Gold's Gym* in Venice, sein Gips ist ab, er soll ziemlich dick sein."

Das *Gold's Gym* war ein Fitneßstudio in Venice Beach, das vornehmlich von Homosexuellen frequentiert wurde. Unter jungen Hollywood-Stars galt das als cool, die Information war also glaubwürdig. Außerdem gab es noch keine Fotos des *Speed*-Stars, seit er keinen Gips mehr trug – und so raffte ich mich wohl oder übel wieder auf. Von unterwegs rief ich noch Andreas an, der mir zu Hilfe kommen sollte.

Als ich zehn Minuten später auf den Parkplatz des *Gold's Gym* fuhr, sah ich Keanus Morton, er fuhr also schon wieder Motorrad. Ich kaufte mir eine Tageskarte und lief dann in Shorts und T-Shirt durch die verschiedenen Räume. Endlich entdeckte ich ihn: Keanu lag auf einer Bank und stemmte Eisengewichte. Möglichst unauffällig schlenderte ich zu einem Gerät am anderen Ende des etwa zwölf Meter langen Raumes und zog blitzschnell die Kamera aus der Tasche, um das Licht zu messen. Eigentlich war es viel zu dunkel, das Display im Sucher zeigte mir eine Achtelsekunde bei kleinster Blende – und das bei gut zehn Meter Entfernung! Aber ich hatte Keanu so gut im Blickfeld, daß ich auf seinem Schienbein sogar die Narbe erkennen konnte, die der Motorradunfall ihm als Erinnerung hinterlassen hatte. Also riskierte ich es und bekam tatsächlich Bilder, die später gedruckt wurden, obwohl sie leicht verwackelt waren.

Jetzt stemmte ich zur Tarnung erst einmal Gewichte und wartete auf Andreas, der genau in dem Moment auftauchte, als Keanu in einen anderen Raum wechselte. Andreas hatte ein lichtstarkes 200mm/1,8-Objektiv dabei und konnte unbeobachtet eine Reihe von Bildern schießen, die Keanu auf einem Laufband zeigten. Ich arbeitete derweil mit einer Hantel und gab meinem Partner auf diese Weise Deckung. Die Fotos gaben deutlich zu erkennen, daß Keanu während seiner „Auszeit" reichlich an Gewicht zugelegt hatte; außerdem standen ihm die Haare vom Schweiß zu Berge.

Später warteten wir noch auf dem Parkplatz und machten aus den Autos heraus Fotos, wie er auf sein Motorrad stieg und davonfuhr. Die anschließende Verfolgung verlief aber ergebnislos, da wir unseren Star im Stau auf dem Freeway 10 verloren. Mit seinem Motorrad brauste er einfach zwischen den stehenden Autos davon.

Aber auch so konnten wir zufrieden sein, die Bilder brachten uns mehr als 10 000 Dollar ein. Immerhin waren es die ersten, die das Teenie-Idol nach seinem Unfall bei der Rehabilitation zeigten.

An diesem 25. August bekamen wir schließlich noch einen dritten Anruf – und das war der wichtigste von allen.

Brad Thompson vom *Enquirer* meldete sich gegen 18 Uhr und fragte, ob wir am nächsten Morgen für eine Woche nach Mexiko fahren könnten. Um was es ging, wollte er nicht verraten, aber da wir gerade nichts anderes vorhatten, sagten wir zu. Am nächsten Morgen wurde Thompson konkreter und verriet, daß Elizabeth Taylor für eine Woche Urlaub in Acapulco machen würde. Ihr Privatjet sollte am späten Nachmittag abfliegen, und wir sollten sofort aufbrechen, um bereits bei ihrer Ankunft Fotos zu bekommen.

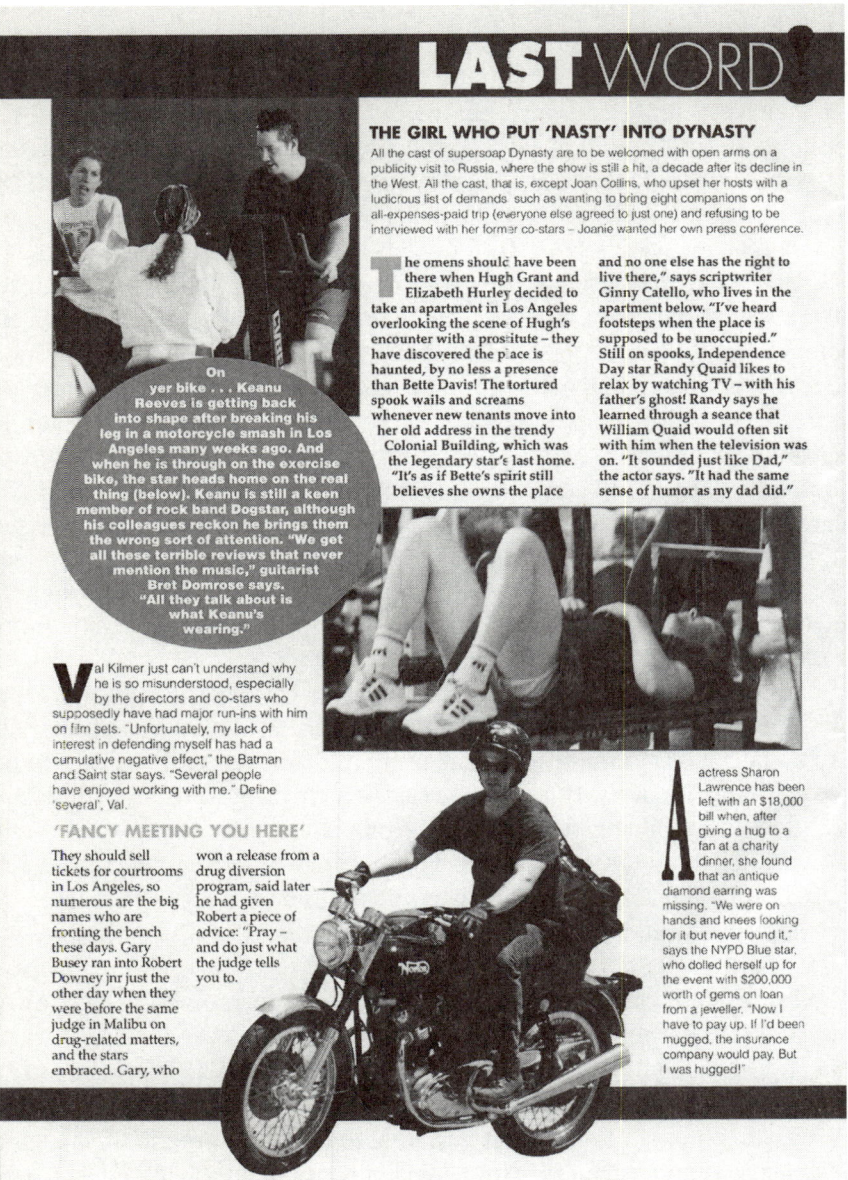

LAST WORD!

THE GIRL WHO PUT 'NASTY' INTO DYNASTY

All the cast of supersoap Dynasty are to be welcomed with open arms on a publicity visit to Russia, where the show is still a hit, a decade after its decline in the West. All the cast, that is, except Joan Collins, who upset her hosts with a ludicrous list of demands, such as wanting to bring eight companions on the all-expenses-paid trip (everyone else agreed to just one) and refusing to be interviewed with her former co-stars – Joanie wanted her own press conference.

The omens should have been there when Hugh Grant and Elizabeth Hurley decided to take an apartment in Los Angeles overlooking the scene of Hugh's encounter with a prostitute – they have discovered the place is haunted, by no less a presence than Bette Davis! The tortured spook wails and screams whenever new tenants move into her old address in the trendy Colonial Building, which was the legendary star's last home. "It's as if Bette's spirit still believes she owns the place

and no one else has the right to live there," says scriptwriter Ginny Catello, who lives in the apartment below. "I've heard footsteps when the place is supposed to be unoccupied." Still on spooks, Independence Day star Randy Quaid likes to relax by watching TV – with his father's ghost! Randy says he learned through a seance that William Quaid would often sit with him when the television was on. "It sounded just like Dad," the actor says. "It had the same sense of humor as my dad did."

On yer bike . . . Keanu Reeves is getting back into shape after breaking his leg in a motorcycle smash in Los Angeles many weeks ago. And when he is through on the exercise bike, the star heads home on the real thing (below). Keanu is still a keen member of rock band Dogstar, although his colleagues reckon he brings them the wrong sort of attention. "We get all these terrible reviews that never mention the music," guitarist Bret Domrose says. "All they talk about is what Keanu's wearing."

Val Kilmer just can't understand why he is so misunderstood, especially by the directors and co-stars who supposedly have had major run-ins with him on film sets. "Unfortunately, my lack of interest in defending myself has had a cumulative negative effect," the Batman and Saint star says. "Several people have enjoyed working with me." Define 'several', Val.

'FANCY MEETING YOU HERE'

They should sell tickets for courtrooms in Los Angeles, so numerous are the big names who are fronting the bench these days. Gary Busey ran into Robert Downey jnr just the other day when they were before the same judge in Malibu on drug-related matters, and the stars embraced. Gary, who won a release from a drug diversion program, said later he had given Robert a piece of advice: "Pray – and do just what the judge tells you to.

An actress Sharon Lawrence has been left with an $18,000 bill when, after giving a hug to a fan at a charity dinner, she found that an antique diamond earring was missing. "We were on hands and knees looking for it but never found it," says the NYPD Blue star, who dolled herself up for the event with $200,000 worth of gems on loan from a jeweller. "Now I have to pay up. If I'd been mugged, the insurance company would pay. But I was hugged!"

Keanu Reeves beim Fitneßtraining in L.A. Am rechten Bein des *Speed*-Stars ist eine Narbe zu erkennen, die von einem Motorradunfall herrührt. – *New Idea*, Australien, 7. September 1996

158

Fotos von Liz Taylor bedeuteten vor allem für US-Blätter eine gewaltige Auflagensteigerung, ließen sich aber auch international gut vermarkten. Allerdings war bekannt, daß die Taylor nur schwer vor die Kamera zu bekommen war.

Um 10 Uhr startete unser Flieger nach Mexico City, vor uns lag eine Woche in einem begehrten Urlaubsparadies – und wenn wir gar noch exklusive Fotos bekämen, hätten wir einen echten Hit. Entsprechend gutgelaunt brachen wir auf.

Nach fünf Stunden Flug erreichten wir Mexiko City, und von dort brauchten wir eine weitere Stunde bis Acapulco, wo wir gegen 17 Uhr landeten. Der Flughafen lag rund 20 Kilometer außerhalb der Stadt auf einem flachen Landstreifen in Meereshöhe. Zu beiden Seiten des Geländes erstreckten sich saftig grüne Berge von erstaunlicher Größe, und hinter den Bergen konnte man im Norden in einer halbmondförmigen Bucht bereits das legendäre Acapulco ausmachen – einen Ort, an dem viele reiche und berühmte Leute immer wieder Urlaub machten. Auch Liz Taylor war beileibe nicht zum ersten Mal hier.

Am Flughafen mieteten wir uns einen weißen Toyota Celica, mit dem wir nun die zehn Kilometer lange Strecke unter Palmen und immer am Meer entlang zum 5-Sterne-Hotel *Las Brisas* hinter uns brachten. Kurz vor der Stadt ging es über endlose Serpentinen einen Berg hinauf, von dem aus man einen wahren Bilderbuchblick auf Acapulco hat. Entlang der Bucht sind die Hotelburgen wie Perlen an einer Kette aufgereiht, direkt dahinter ragen dicht bewachsene Berge steil in die Höhe. Ein Jahr später spülte der Hurrican „Pauline" so viel Regen diese Berge hinunter, daß ganze Stadtviertel im Schlamm begraben wurden; dieser Naturkatastrophe fielen über 200 Menschen zum Opfer.

Das *Las Brisas* liegt noch vor dem eigentlichen Stadtkern rund 200 Meter über der Bucht am Berg. Hotel ist eigentlich keine treffende Bezeichnung für diesen riesigen Gebäudekomplex von über 50 luxuriösen Bungalows, mehreren Restaurants und Geschäften sowie einer Villen-Anlage. Diese Anlage hatte separate Eingänge und erstreckte sich unterhalb der Bungalows bis zum Meer. Unten am Wasser gab es dann noch einen Beachclub mit Restaurant und Swimmingpool. In einer der Villen, die überwiegend in Privatbesitz sind, sollte Liz Taylor sich für eine Woche eingemietet haben.

In einer luftigen Empfangshalle mit Blick auf die Bucht checkten wir ein. Ein Portier geleitete uns zu dem Bungalow, den der *Enquirer* auf unsere Namen gebucht hatte. Als wir die Tür zu unserem Domizil öffneten, standen wir gleich wieder im Freien und blickten auf unseren privaten Swimmingpool mit Panoramablick auf die Halbmond-Bucht. Nach links führte eine große Schiebetür in den Wohnraum und zum Badezimmer. Die kleine Küche samt Bar befand sich wieder im Freien. Es war schwül, aber eine leichte Brise und der phänomenale Blick auf Acapulco ließen uns das leicht vergessen.

Nach einer kurzen Erholungspause machten wir uns auf den Weg zum Bungalow von Paul Weller. Weller war „senior reporter" des *Enquirer*, 50 Jahre alt, also ein alter Hase und einer der ausgefuchstesten Boulevard-Reporter, die ich je kennengelernt habe. Und er war ein Spezialist in Sachen Liz Taylor, die er schon in den Siebzigern nach Acapulco verfolgt hatte, als sie noch mit ihrem Mehrfach-Ehemann Richard Burton bis spät in die Nacht durch Bars und Restaurants der Stadt zog.

Als Weller uns grinsend die Tür öffnete, glaubte ich Inspector Colombo alias Peter Falk vor mir zu sehen: dieselbe ahnungslos-verschmitzte Grimasse auf dem Gesicht, das rechte Auge leicht zugekniffen, die Haare etwas verwuselt. Selbst die eher bescheidene Körpergröße stimmte.

„Hereinspaziert, meine Herren", begrüßte Weller uns mit britischem Akzent, „ist mir eine Ehre, hab' schon viel von Ihnen gehört ... Wie war der Flug?"

„Ach, kein Problem", sagte ich und winkte ab. „Mensch, ist ja echt wunderschön hier!"

„Ja, das kann man wohl sagen. Ich bin gestern schon aus Florida eingeflogen. Bitte hier entlang!"

Wir setzten uns auf seine Terrasse und diskutierten unseren Vorgehensplan. Laut Weller würde Taylor in rund zwei Stunden am Flughafen landen, gerade noch rechtzeitig, um bei Tageslicht Fotos zu machen. Er wußte auch, daß sie in einer Villa mit dem Namen Santa Maria oder Santa Magarita wohnen würde, und da beide Namen unter denen der Villen vertreten waren, mußten wir ihr unbedingt vom Flughafen aus folgen, um die genaue Adresse herauszufinden. Zur Vorbereitung auf diese Aufgabe wollten wir die Villen-Anlage vorab besichtigen, um beide in Frage kommenden Häuser zu lokalisieren.

Um zu den Villen zu gelangen, mußten wir die Bungalowanlage verlassen. Beim Einchecken hatten wir einen Passierschein erhalten, der in der Windschutzscheibe unseres Wagens steckte und sicherstellte, daß wir uns frei auf dem gesamten Hotelareal bewegen konnten, die Villenanlage eingeschlossen. Zu den Villen kommt man wiederum über die Flughafenstraße, von der nach rund 200 Metern bei einem Kontrollposten eine kleinere Straße abzweigt. Von hier aus gelangt man auch zum Beachclub.

An dem Posten standen mit Maschinengewehren bewaffnete Wachmänner in sandfarbenen Overalls. Sie blickten grimmig drein, aber als sie den Passierschein sahen, winkten sie uns mit einem Lächeln durch. Wir fuhren nun eine Serpentine hinab, die steil zum Beachclub führt. Rechts und links sahen wir zwischen tropischen Bäumen gigantische Villen, die denen in Bel Air ohne weiteres Konkurrenz machen konnten. Schon nach 100 Metern sahen wir auf der linken Seite die Villa Santa Maria, und nach weiteren 500 stießen wir rechts auf die Villa Santa Margarita. Sie lagen dicht beieinander, das würde uns später die Arbeit erleichtern, wenn wir der Taylor vom Flughafen aus folgten.

Nachdem wir Weller zu seinem Bungalow zurückgebracht hatten, um seinen Wagen zu holen, fuhren wir direkt zum Flughafen. Am Acapulco-Airport parkten wir vor der für Privatflieger reservierten Halle und nahmen die üblichen Routine-Recherchen in Angriff. Weller war ein wahrer Meister auf diesem Gebiet. Mit seinem weißen Poloshirt, weißen Shorts und einer ebenfalls weißen Golfmütze auf dem Kopf ging er problemlos für einen britischen Touristen durch, der auf einen Geschäftsfreund aus L.A. wartete. In seiner sympathisch-penetranten Art redete er auf die Frauen hinter dem Schalter ein und quetschte alles aus ihnen heraus, was sie selber wußten. Leider war das nicht allzuviel, niemand wußte genau, wann Liz Taylors Flieger hier landen würde. Weller rief noch einmal beim *Enquirer* an, aber auch dort wußte man nur, daß sie abgeflogen war!

Mittlerweile war es 20.30 Uhr, wir hatten nur noch eine knappe Stunde, um bei Tageslicht zu fotografieren. Doch nichts geschah. Wir packten unsere Kameras ein und gingen in die Halle, um uns mit Weller zu beraten. Die Situation war einigermaßen verfahren. Um Fotos von Taylors Ankunft zu bekommen, mußten wir uns auf das Rollfeld schleichen und zu allem Überfluß auch noch das Blitzgerät benutzen. Die Frage war, ob die zu erwartenden Ergebnisse das Risiko rechtfertigen würden. Denn einerseits riskierten wir gewaltigen Ärger mit den Sicherheitskräften, und außerdem wüßte Liz dann, daß Paparazzi vor Ort waren und es auf sie abgesehen hatten. Sie würde auf jeden Fall noch vorsichtiger sein als ohnehin schon, und deshalb erschien uns die ganze Aktion als ziemlicher Schwachsinn. Was wäre ein einzelnes Foto am Flughafen schon wert – vor allem im Vergleich zu einer ganzen Serie „Liz im Urlaub", geschossen bei Tageslicht und mit Teleobjektiv und ohne daß sie etwas davon mitbekam?

Weller rief nochmals beim *Enquirer* an, um Thompson die Entscheidung zu überlassen. Verrückterweise beharrten sie in Florida darauf, daß wir schon am Flughafen fotografierten. Ihre Befürchtung war, daß wir Taylor später gar nicht mehr vor die Kamera bekamen, weil der Superstar der fünfziger und sechziger Jahre seit diversen Hüftoperationen kaum noch zu Fuß ging und die Villa wahrscheinlich kein einziges Mal verlassen würde.

Für uns blieb eine Blitzaktion am Flughafen weiterhin schwachsinnig, aber es ging auch um die Ehre: Wie würden wir in Florida dastehen, wenn wir keine Fotos bekämen? So etwas würde gewaltig am guten Ruf von *CA Images* kratzen.

Neben der Halle führte ein Weg direkt zum Rollfeld, allerdings gesichert durch einen Zaun. Das Einlaßtor wurde von Soldaten mit Maschinengewehren über den Schultern bewacht, eine Reaktion auf zahlreiche Terror-Anschläge, die Mexiko in diesem Jahr erschüttert hatten. Über den Zaun konnten wir also nicht klettern, die Aussicht, erschossen zu werden, war nicht allzu einladend. Wenn wir aufs Rollfeld wollten, gab es nur eine Möglichkeit: Wir mußten uns die Wachen zu Freunden machen.

Die Soldaten am Tor waren nicht viel älter als wir und wirkten sympathisch. Also versuchten wir, mit ihnen ins Gespräch zu kommen. Ich spreche ein paar Brocken Spanisch, und sie konnten ein bißchen Englisch. Wie sie erzählten, war es ihre Aufgabe, jedes Auto zu kontrollieren, das das Tor passierte. Natürlich wußten sie auch, daß auf dem Gelände für Privatflieger häufiger Prominente landeten.

Wir riskierten es und zogen unsere Presseausweise heraus, versuchten ihnen vorzulügen, daß wir offizielle Fotografen waren, die Liz Taylors Ankunft in Acapulco dokumentieren sollten. Ob wir aufs Rollfeld dürften, um dort die Fotos zu machen? Die Jungs lachten, musterten uns von oben bis unten und kratzten sich am Kinn. Dann tauschten sie ein paar spanische Wortfetzten aus und nuschelten was davon, daß wir zur Flughafenverwaltung gehen sollten. Natürlich hätten wir nie und nimmer eine Genehmigung erhalten. Also drucksten wir herum und erklärten augenzwinkernd und lachend, wir hätten von der Verwaltung bereits das ‚O.K.‘ bekommen.

Eine halbe Stunde ging es hin und her, ohne daß wir vorankamen. Immerhin verjagten uns die Soldaten nicht sofort, es sah also nicht völlig aussichtslos aus.

Inzwischen hatte vor der Privatflieger-Halle ein dunkler Suburban mit Chauffeur am Steuer geparkt, mit ziemlicher Sicherheit Taylors Fahrer. Auch die Soldaten bekamen mit, daß sich etwas tat, und plötzlich gab uns einer von ihnen mit dem weltweit gebräuchlichen Aneinanderreiben von Zeigefinger und Daumen zu verstehen, auf welche Weise wir unsere Erlaubnis erhalten könnten.

Sollten wir ihnen tatsächlich Geld geben? Einen Versuch war es wert, die Jungs sahen nicht wie mittelamerikanische Klischee-Soldaten aus, die nur darauf warteten, uns wegen eines Bestechungsversuches in den Knast zu stecken. Also nahm ich einen kleinen Stapel Dollarscheine in die Hand, so daß die Soldaten sie sehen konnten, und deutete auf das Rollfeld. Der Wortführer nickte nur mit dem Kopf und schwieg.

Dann ging alles ganz schnell. Ein Jet mittlerer Größe landete, der Suburban fuhr durchs Tor, und einer der Soldaten deutete mit heftigen Handbewegungen an, daß wir schnell durchhuschen könnten. Andreas rannte los, und ich begab mich in die Halle, um eventuell von dort aus Fotos zu machen. Dort sah ich, wie Andreas Richtung Jet rannte, der rund 100 Meter vor der Halle stand. Schemenhaft konnte ich nun auch Liz Taylor langsam die Gangway herunterkommen sehen, und im selben Augenblick wurde Andreas von ein paar Männern in Anzügen Richtung Tor zurückgedrängt. Die Taylor stieg in den Suburban ein, und ihre Begleiter, ein regelrechter Troß von Leuten, näherten sich mit Koffern und Taschen der Halle. Der Suburban war inzwischen zum Tor gefahren, wo Andreas auf ihn wartete. Zweimal sah ich den Blitz aufleuchten, der Suburban hielt auf dem Parkplatz, und Andreas kam zu unserem Auto gelaufen, wo ich bereits auf ihn wartete.

Er war außer Atem, fluchte über die idiotische Aktion, und zu allem Überfluß war er noch nicht einmal sicher, ob er die Diva tatsächlich erwischt hatte. Da der Suburban noch immer vor der Halle stand, hätten wir einen zweiten Versuch wagen können, aber wir zogen es vor, jetzt erst einmal in Deckung zu bleiben. Vielleicht hatten sie ja wenigstens nicht mitbekommen, zu welchem Auto der Paparazzo geflüchtet war.

Nach einer Viertelstunde wurde das Gepäck in einen zweiten Suburban geladen, und Taylors Gefolgschaft verteilte sich auf die beiden Autos. Dann verließen die Wagen langsam das Flughafengelände.

Inzwischen war es 22.30 Uhr. Weller saß wieder in seinem Touri-Jeep, und Andreas funkte ihn an. Er war hörbar genervt und wollte sich nun das Kommando nicht wieder aus der Hand nehmen lassen.

„Hören Sie, Weller, lassen Sie zunächst uns die Verfolgung übernehmen, wir haben das unauffälligere Auto! Bleiben Sie ein paar hundert Meter hinter uns, bis wir Ihnen das Zeichen geben zu übernehmen! Okay?"

„Alles klar, Jungs, ihr seid die Profis!"

Die Avenida Carretera Escenica war zu dieser späten Stunde kaum befahren. Taylors Wagenkolonne war etwa einen halben Kilometer vor uns, und auch Wellers Jeep war im Rückspiegel deutlich zu erkennen. Als wir uns den Bergen näherten, verringerten wir den Abstand, damit wir auf den engen Serpentinen nicht von langsamen Fahrzeugen, die sich von einer Seitenstraße aus zwischen uns und Taylors Suburban drängen konnten, abgeschnitten wurden. Kurz vor der *Las Brisas*-Anlage übernahm Weller das Kommando und folgte den beiden Suburbans in rund 100 Meter Abstand.

Wir hatten gerade den Gipfel des Berges erreicht, vor uns tauchte die Lichterkette Acapulcos auf, als Weller uns durchgab, daß Taylor und Anhang in die Villen-Anlage einbogen. Da sein Jeep einen *Las Brisas*-Schriftzug trug und Weller zudem wie ein reicher Golf-Tourist aussah, erschien uns das Risiko, sie könnten Verdacht schöpfen, wenn er ihnen zu dicht auf den Fersen blieb, nicht sonderlich groß. Und tatsächlich meldete er wenig später: „Okay, Santa Maria heißt unsere Frau ... Santa Maria ... Hört ihr mich?"

Nachdem wir nun Taylors Adresse kannten und wußten, daß wir fortan aus sicherer Distanz weiterarbeiten konnten, nahmen wir uns für den Rest des Abends frei. Kurz vor Mitternacht gingen wir mit Weller im Dinner-Restaurant des *Las Brisas* fein essen. Der Blick von der Terrasse des Restaurants war traumhaft. Am Himmel glitzerten Millionen Sterne, die Bucht war erleuchtet von den Lichtern der Nobelherbergen. Es war noch angenehm warm, und die Speise- und Weinkarte ließen nichts zu wünschen übrig.

Weller erklärte, die Rechnung würde auf ihn gehen, und bestellte sich einen Whiskey. Ich nahm einen trockenen Roten, Andreas trank wie immer Cola. Bei den Speisen wählten wir einfach die teuersten, die auf der Karte angeboten wurden.

Allmählich taute Weller auf und erzählte uns seine Geschichte. Mit 18 Jahren war er aus der schottischen Provinz nach London gezogen, wo er bis zu seinem 25. Lebensjahr als Reporter für verschiedene Boulevard-Zeitungen arbeitete. Er war damals schon verheiratet und hatte zwei kleine Kinder. Anfang der Siebziger wagte er wie viele seiner jüngeren

Kollegen den großen Schritt: Er ließ sich von amerikanischen Blättern abwerben und zog für gutes Geld in die Staaten. Britische Boulevard-Reporter hatten damals einen exzellenten Ruf.

„Machen wir uns nichts vor", sagte Weller beim dritten Whiskey, „in Sachen Boulevard-Journalismus sind wir Europäer einfach die besten, auch heute noch."

In gewisser Weise hatte er recht, zumindest soweit *wir* das beurteilen konnten. Die erfolgreichsten Paparazzi in L.A. waren zu unserer Zeit bis auf eine Ausnahme Europäer.

Weller hatte in seiner Karriere an unzähligen Themen gearbeitet, die die Welt des Klatsches und Tratsches bewegten – und speziell Liz Taylors Leben kannte er wie kein zweiter. Über die Jahre hin war er der Schauspielerin und ihren diversen Ehemännern bis nach Asien und Europa gefolgt. Er kannte sämtliche ihrer Macken und Marotten, wußte, wann, warum und wo sie operiert wurde, wie es ihr gerade jetzt gesundheitlich ging und so weiter. Weller hatte unzählige Quellen, zum Teil sogar in Taylors unmittelbarem Umfeld, das die Diva unter strengster Kontrolle hielt. Und doch kam es immer wieder vor, daß sich irgend jemand verplapperte. Der Acapulco-Tip, der uns hierhergeführt hatte, stammte beispielsweise von einem Angestellten ihres Leibfriseurs Jose Eber aus Beverly Hills, der Taylor auf vielen Reisen begleitete und der jetzt auch mit ihr in Acapulco war.

In zwei Jahren, vertraute uns Weller schließlich an, wolle er sich in Florida zur Ruhe setzen. Seine Kinder waren längst erwachsen und aus dem Haus, der Reporter freute sich nun auf einen ruhigen Lebensabend mit seiner Frau. Leider kam es nicht mehr dazu. Im Frühjahr 1997 reiste Weller zu Recherchearbeiten nach Colorado, wo Weihnachten 1996 unter mysteriösen Umständen eine Kinder-Schönheitsqueen ermordet worden war. Ohne jede Vorwarnung fiel er plötzlich um – ein Herzinfarkt bereitete seinem Leben ein allzu frühes Ende.

Da unser Bungalow oberhalb der Villen lag, versuchten wir am nächsten Morgen, die Villa Santa Maria von dort mit einem Fernglas auszumachen. Doch ein Dschungel aus riesigen Bäumen und Palmen sowie Dächer anderer Villen verstellten uns die Aussicht. Um Orientierungspunkte zu bekommen, fuhren wir in aller Frühe zum Beachclub und prägten uns auf dem Weg dorthin sämtliche Merkmale ein, die helfen konnten, Taylors Domizil aus der Ferne zu identifizieren: Palmenformationen, Satelliten-Schüsseln, Strommasten, die Farbe der Dächer und so weiter. Tatsächlich gelang es uns im zweiten Anlauf, Taylors Villa von der Terrasse unseres Bungalows aus mit dem Fernglas zu fixieren. Allerdings waren wir viel zu weit entfernt, um irgendein Foto schießen zu können. Der einzige Teil ihres Grundstückes, den wir einsehen konnten, war das flache Dach mit der Satellitenschüssel sowie ein kleines Stück Garten, das wegen der Bäume jedoch ständig im Schatten lag.

Obwohl es eigentlich sinnlos war, hielt ich bis 14 Uhr bei drückender Hitze mit dem Teleobjektiv auf der Terrasse Wache. Unter einem Sonnenschirm sitzend, die Beine im Pool baumelnd und das Auslöserkabel in der Hand, wartete und wartete ich, doch es gab keinen Anlaß, den Finger zukken zu lassen.

Weller war in der Stadt und wollte einen Bekannten beim britischen Konsulat aushorchen, ob er von irgendwelchen Dinner-Partys wußte, bei denen auch Liz Taylor auftauchen konnte. Andreas war ebenfalls unterwegs, um den Beachclub und die Umgebung der Villa Santa Maria auszukundschaften. Allerdings hielten wir die Möglichkeit, direkt nahe der Villa etwas zu unternehmen, wegen der Sicherheitsvorkehrungen für nahezu ausgeschlossen.

Als am Nachmittag die Sonne das kleine Stück Garten völlig in den Schatten tauchte, packte ich Kamera und Objektiv zusammen und ließ mich von Andreas abholen. Wir fuhren in die Stadt, um den Film vom Vorabend entwickeln zu lassen. In einem Supermarkt an der Strandpromenade gab es ein One-Hour-Fotolabor. Leider mußten wir feststellen, daß Andreas in die falsche Seite des Wagens geblitzt hatte. Die irrsinnige Aktion auf dem Rollfeld hatte uns absolut nichts gebracht.

Als wir zum *Las Brisas* zurückkehrten, erwartete uns Weller mit der nächsten schlechten Nachricht: Die Taylor hatte dieses Mal sämtliche Einladungen abgesagt und würde vermutlich ihre Villa nicht ein einziges Mal verlassen.

Es war zum Heulen. Was sollten wir nur tun? Natürlich hätten wir uns wie Idioten eine Woche lang mit den Autos an die Zufahrtsstraße stellen und darauf hoffen können, daß sie irgendwann doch mal rauskäme. Aber die Chancen, daß das geschah, waren äußerst gering. Aus größerer Entfernung zu fotografieren war ebenfalls unmöglich, da Tausende von Bäumen und Palmen den Blick auf ihr Grundstück verstellten. Wir mußten ganz nahe an die Santa Maria heran – und das war nun definitiv ausgeschlossen. Oder?

„Ich bin mir nicht ganz sicher", ergriff Andreas plötzlich das Wort, „aber ich glaube, das direkte Nachbarhaus steht leer. Als ich vorhin daran vorbeigefahren bin, hatte ich das Gefühl, daß da viel zu viel Laub auf der Treppe rumliegt, so, als wenn da seit Ewigkeiten nicht mehr gefegt worden ist. Allerdings liegt das Haus unterhalb der Villa, keine Ahnung, wie wir von da überhaupt was sehen wollen. Außerdem steht unten an der nächsten Straßenecke ein Typ mit Maschinengewehr. Trotzdem sollten wir da noch mal vorbeifahren und alles checken."

Inzwischen war es früher Abend, die Posten am Eingang der Villenanlage lachten uns mittlerweile schon zu und winkten uns durch. Links tauchte jetzt die Villa Santa Maria auf, gleich dahinter lag das Anwesen, von dem Andreas gesprochen hatte. Von außen konnte man nicht viel erkennen, eigentlich sah man nur einen hohen Zaun, der mit tropischen Pflanzen behangen war, dahinter Bäume und Palmen. Gleich neben dem Eckgrundstück bog links eine Straße ab. In etwa 15 Meter Entfernung befand sich dort ein Unterstellplatz für Autos. Daneben ging es durch ein Eisentor zu der Steintreppe, auf der Andreas das Laub gesehen hatte.

Wir fuhren jedoch nicht in diese Straße, sondern weiter geradeaus, und passierten an der kleinen Kreuzung einen weiteren Posten mit Maschinengewehr. Auch diese Wache war jung und machte keinen furchteinflößenden Eindruck. Außerdem stand er fast zwei Meter hinter der Kreuzung, so daß er das Eisentor und die Treppe nicht einsehen konnte. Bingo! Das war unsere Chance.

Eine Minute später passierten wir die Kreuzung ein zweites Mal und winkten dem Posten zu. Der Junge winkte zurück und lächelte sogar. Diesmal bogen wir in die kleine Straße ein, Weller stoppte kurz, und wir sprangen aus dem Auto. Weller sollte uns in 20 Minuten wieder abholen. Wir versicherten uns noch einmal kurz, daß der Posten nicht zu sehen war – und dann verschwanden wir durch das Eisentor, das einen Spaltbreit geöffnet war.

Tatsächlich, das Haus stand leer. Auf einer gigantisch großen Terrasse mit Swimmingpool lagen überall Palmenwedel und Kokosnüsse herum, viele Fenster waren zerbrochen, und in der völlig verwahrlosten Küche verrotteten ein paar leere Bierbüchsen. Natürlich hatte man aber auch hier von der Terrasse aus einen traumhaften Blick auf die Bucht.

Das Grundstück war durch eine fast vier Meter hohe Mauer vom Garten der Villa Santa Maria getrennt. Taylors Grundstück lag zusätzlich noch rund drei Meter höher, so daß wir uns fragten, wie wir von hieraus überhaupt etwas sehen sollten. Die wenigen Bäume kamen als Versteck zum Fotografieren nicht in Frage, da die Äste nicht dicht genug waren.

Eigentlich gab es nur eine Möglichkeit: Oben auf der Mauer wucherten dichte Sträucher, die uns den perfekten Schutz bieten würden. Doch wie sollten wir dort hinkommen?

Plötzlich machte es klick: eine Leiter! Wir mußten eine Leiter an die Mauer stellen, um durch das Gebüsch hindurch in den Garten der Villa Santa Maria zu schauen. Im Garten würde Taylor doch gewiß irgendwann mal auftauchen.

Instinktiv spürten wir, daß unsere Aktien gerade um ein Vielfaches gestiegen waren. Es war jetzt kurz vor 17 Uhr, wir hatten noch reichlich Zeit, um eine Leiter und Verpflegung zu besorgen, die Kameras zu holen und hier „einzuziehen". Wir wollten schon die Nacht in dem verlassenen Haus verbringen, um frühmorgens gleich ans Werk zu gehen.

Eine halbe Stunde später waren wir in der Stadt, wo wir eine ausklappbare Aluminiumleiter kauften und uns mit reichlich Wasser, Obst, Keksen und was wir sonst noch so benötigten, eindeckten. Danach holten wir noch ein paar Decken aus den Bungalows – und gegen 18.45 standen wir wieder vor der Einfahrt zur Villen-Anlage. Die Posten winkten uns wie gewöhnlich durch.

Dummerweise standen jetzt aber drei Wachleute an der Kreuzung nahe unseres Quartiers, so daß wir erst einmal weiter zum Beachclub fuhren, der erst gegen 23 Uhr schloß. Wir hatten also noch sehr viel Zeit.

Auf dem Weg zum Club beobachteten wir, daß rechts und links von den Häusern Bauarbeiter mit Lastwagen abgeholt wurden. Fast an jeder Straßenecke standen Wachen, die dafür sorgen sollten, daß auch wirklich alle Arbeiter die Anlage verließen. Klar, für die Einheimischen waren alle Gäste im *Las Brisas* reiche Yankees, und die Sicherheitskräfte waren hier abgestellt, um alle Gäste zu beschützen, auch uns. Dennoch hatten wir stets ein mulmiges Gefühl im Magen; die Maschinengewehre schüchterten uns ein.

Der Besuch im Beachclub kam uns ganz gelegen. Wir machten es uns auf der Terrasse des Restaurants gemütlich. Die Sonne hatte die Bucht bereits in ein sanftes Abendlicht getaucht, vom Meer wehte eine angenehme Brise, vor uns plätscherten die Wellen gegen die Klippen.

Wie immer speisten und tranken wir gut auf Kosten des *Enquirer*, und während Weller an seinem ersten Whiskey nippte, besprachen wir die letzten Einzelheiten. Wir wollten maximal zwei Tage in der Villa übernachten und unser Glück versuchen, bis dahin wüßten wir mit Sicherheit, ob wir dort eine Chance hatten oder nicht. Mit Weller wollten wir über

Funk in Kontakt bleiben. Wenn er länger nicht von uns hörte, mußte er reagieren.

Ich konnte nicht mehr viel essen an diesem Abend, ich hatte ein flaues Gefühl im Magen, wie damals mit zehn Jahren vor dem Finale der Berliner Jahrgangsmeisterschaften im 200-Meter-Brustschwimmen. Immerhin – damals hatte ich das Becken als Sieger verlassen. Ich würgte einen grünen Salat und Brot herunter und trank ein Bier, das mich allerdings nur noch hibbeliger machte.

„Wenn sie euch einknasten, holt euch der *Enquirer* schon raus, keine Sorge!" witzelte Weller mit halbzugekniffenen Augen und dem zweiten Glas Whiskey in der Hand. Hinter ihm färbte sich Acapulco violett.

Um 21 Uhr unterschrieb Weller die Rechnung, und wir machten uns wieder auf den Weg. Jetzt gab es kein Zurück mehr. Die Straßen waren inzwischen ruhig, die Wachen standen wieder in normaler Zahl auf ihren Posten. Als wir „unsere" Kreuzung erreichten, sahen wir nur das eine, uns schon bekannte Gesicht. Er lehnte an einer Mauer und starrte vor sich hin. Das war's.

Blitzschnell parkte Weller seinen Jeep in dem Unterstellplatz, wir sprangen raus, luden den Kofferraum leer – und schon war unser Kollege vom *Enquirer* wieder weg. Der Sicherheitsmann hatte von der Aktion nichts mitbekommen.

Nachdem wir sämtliches Gepäck auf die Terrasse gebracht hatten, horchten wir in die Nacht hinein, ob sich irgendwo Stimmen oder Geräusche bemerkbar machten. Aber nichts, Totenstille, niemand hatte uns bemerkt. Dann inspizierten wir nochmals die Mauer, um herauszufinden, von wo aus wir den besten Blick auf Taylors Garten hätten. Wie es aussah, mußten wir wohl die Leiter auf das Dach unseres Hauses stellen, auf eine abschüssige Stelle.

Schließlich zogen wir uns ins Haus zurück, stellten den Pieper auf 4.30 Uhr und informierten Weller über den Stand der Dinge. Wenig später, es war kurz vor 23 Uhr, schliefen wir auf der Terrasse ein.

Der Wecker erwischte mich mitten in einer Tiefschlafphase und riß mich aus einem Alptraum. Sicherheitsleute hatten uns beim Verlassen des Grundstücks erwischt und karrten uns nun in einem Laster gemeinsam mit den Bauarbeitern weg. An mehr konnte ich mich nicht erinnern, aber dieser Traum machte mir doch schwer zu schaffen.

Im Flüsterton besprachen wir die nächsten Schritte. Wir beschlossen, die Leiter gleich hier auszuklappen und vorsichtig aufs Dach zu transportieren. Um uns herum war es immer noch totenstill, so daß mir jedes Geräusch, das wir verursachten, wie ein Pistolenschuß vorkam.

Nachdem wir die ausgeklappte Leiter über eine kleine Steintreppe, die außen am Haus einen Zugang zum Dach ermöglichte, in Position gebracht hatten – das Dach grenzte hier direkt an die Mauer zu Taylors Grundstück –, kletterte Andreas als erster hoch. Er hatte eine kleine Gartenschere dabei. Ich setzte mich auf die unterste Stufe der Leiter, damit sie besseren Halt bekam, und legte hin und wieder den Kopf in den Nacken, um zu schauen, wie weit mein Partner bereits gekommen war. Blickte ich nach vorn, lag die Bucht von Acapulco vor mir. Allmählich wurde es hell.

Nach einigen Sekunden hörte ich, wie Andreas sich am Gebüsch zu schaffen machte. Es raschelte so laut, daß ich befürchtete, er würde die ganze Nachbarschaft wecken. Die nächsten Minuten wurden die reinste Qual für mich, da ich tatenlos herumsitzen mußte und es über mir knirschen und knistern hörte. Auch Andreas mußte bewußt sein, wie geräuschvoll er zu Werke ging, es mußte sich also lohnen. Dann endlich, nach Ewigkeiten, hörte der Krach auf, und Andreas kletterte langsam die Stufen herunter.

Er strahlte übers ganze Gesicht. „Ey, perfekt, du guckst genau auf die Terrasse, davor ist ein Pool, und im Garten stehen um einen Tisch ein paar Stühle herum. Man kann alles sehen. Das sind höchstens 15 Meter Entfernung zur Terrasse. Ich habe eine kleines Loch ins Gebüsch geschnitten, perfekt."

Wir legten uns noch mal kurz aufs Ohr. Gegen 7 Uhr gaben wir Weller die guten Nachrichten durch. Er wollte den Bossen in Florida sofort mitteilen, daß wir eine gute Position zum Fotografieren gefunden hatten. Wir würden uns in zwei Stunden wieder bei ihm melden. Dann schlichen wir zu unserer Leiter und gingen auf Posten.

Die nächste Stunde blieb es ruhig, lediglich ein weiß gekleideter Mexikaner lief einmal über den Rasen, vermutlich ein Hausangestellter. Gegen 8.30 Uhr tauchte eine etwa vierzigjährige Blondine auf und trank auf der Terrasse Kaffee. Die ganze Zeit schaute sie auf die Bucht – in einem 45 Grad-Winkel an der linken Schulter desjenigen vorbei, der gerade oben auf der Leiter stand. Kurz darauf setzte sich eine zweite, jüngere Frau zu ihr. Ein junger Mexikaner in weißer Kutte brachte neuen Kaffee.

Schließlich gesellte sich ein Mann zu ihnen. Er trug eine luftige, bunte Hose, ein orangefarbenes T-Shirt, und unter einem Kopftuch schauten lange dunkle Haare hervor. Außerdem trug er eine Sonnenbrille. Kein

Zweifel – das war Jose Eber, Taylors Leibfriseur. Dann war die Diva nicht weit.

Dachten wir! Tatsächlich sollte sich die Warterei noch annähernd zwei Stunden hinziehen. Ich saß in der prallen Sonne auf der untersten Stufe. Den Job da oben überließ ich meinem Partner, denn zum einen war er leichter als ich, und zum anderen vertraute ich seinen fotografischen Fähigkeiten fast blind. Er hatte das 350er aufgeschraubt, die Videokamera und das 500mm-Objektiv lagen griffbereit zu meinen Füßen. Mit dem 500er hätten wir zur Not die Zeitung lesen können, die Taylor oder wer auch immer auf der Terrasse in den Händen halten würde. Allerdings war es auch doppelt so lang wie das 350er und somit erheblich auffälliger.

Gegen 11 Uhr hörte ich dann zum ersten Mal Andreas' Kamera – wie eine schallgedämpfte Uzi ratterten Bilder durch, dann ein paar Sekunden Stille, bis es wieder losging. Diesmal ratterte eine ganze Salve Negativfilm durch das Gehäuse. Oh, oh, dachte ich, das hört sich verdammt gut an.

Nach einer Minute hörte ich, wie Andreas den Film wechselte. Als ich kurz nach oben schaute, drehte er sich um und hielt mir grinsend den nach oben gestreckten Daumen hin.

Die nächste halbe Stunde fotografierte er fast ohne Unterbrechung. Dann kam Andreas nach unten und flüsterte mir, noch immer grinsend, zu: „Jetzt bist du mal dran!"

Oben angekommen, schob ich ein paar Blätter zur Seite – und was ich jetzt sah, konnte ich fast nicht glauben: Liz Taylor saß im Nachthemd auf der Terrasse und frühstückte. Die Haare standen ihr zu Berge, sie mußte gerade erst aufgestanden sein. Nichts an ihr erinnerte an diesem Morgen an die berühmte Diva, die man aus dem Kino oder von Fotos in Magazinen her kannte. Ihr Gesicht war aufgedunsen, sie trug kein Make-up.

Niemand schaute in meine Richtung, alle starrten auf die Bucht. Auch Taylors kleiner Hund bemerkte uns nicht, obwohl er einmal direkt vor meiner Nase über den Rasen huschte. Weiter hinten auf der Terrasse stand ein großer, kräftiger Typ im Trainingsanzug, wohl ein Bodyguard. Auch er schien nicht zu spüren, daß die Szene beobachtet wurde.

Ich schoß ein paar Bilder, aber da Andreas Taylors Frühstück schon ausreichend dokumentiert hatte, drehte ich dann besser ein paar Minuten Video. Wenig später beendete Taylor ihr Frühstück, stand auf, gähnte mehrere Sekunden lang und streckte sich vor meiner Kamera. Dann verschwand sie im Haus.

Die nächsten zwei Stunden sahen wir nichts von ihr, nur ihre beiden

Freundinnen – oder wer auch immer die anderen Frauen waren – blieben in unserem Blickfeld. Sie sonnten sich, schwammen im Pool und ließen sich von einer Mexikanerin die Zehennägel feilen. Wir informierten kurz Weller, der völlig aus dem Häuschen war, als wir ihm erzählten, welche Fotos wir an diesem Vormittag schon geschossen hatten.

Um Punkt 14.30 Uhr tauchte die Taylor wieder auf. Ich hörte die Kamera rattern, und beim Filmwechseln flüsterte Andreas mir zu, daß sie sich die Haare hatte schneiden lassen. Dann fotografierte er weiter und drehte auch noch ein bißchen mit der Videokamera.

Nach etwa einer Stunde kam er wieder runter. Er war noch immer völlig aufgeregt.

„Sie ist wieder weg. Ey, superkurze Haare! Eber kam auch nach draußen und hat ihr noch am Kopf rumgefummelt. Die Haare sind richtig ab, was meinst du, was das für'n Wirbel gibt, wenn das bekannt wird?"

Gegen 17 Uhr brachen wir die Aktion ab. Wir hatten zwölf Rollen Film verschossen und die unterschiedlichsten Motive und Szenen dabei eingefangen. Mehr konnten wir heute wirklich nicht mehr erwarten.

Wieder holte uns Weller ab, ohne daß irgend jemand etwas bemerkte. Doch unser Kollege vom *Enquirer* war äußerst nervös, Schweiß stand ihm auf der Stirn, er sagte kein Wort und zog gierig an seiner Zigarette. Wir hingegen waren richtig berauscht, fürs erste konnte uns nichts mehr passieren, und wir hatten erstklassige Fotos. Weller konnte unsere gute Stimmung nicht ganz nachvollziehen, aber er hatte schließlich auch den ganzen Tag tatenlos in seinem Bungalow warten müssen und wahrscheinlich jeden Moment damit gerechnet, daß wir geschnappt würden.

Auf dem Weg in die Stadt, wo wir die Filme heute noch entwickeln lassen wollten, entspannte er sich allmählich. Wir erzählten ausführlich, was wir alles fotografiert hatten, und Weller meinte, daß wir anscheinend einen Megacoup gelandet hatten. Auch wir glaubten, eine „Big Money Story" im Kasten zu haben. Ein paar Monate zuvor hatte ein Paparazzo in Südfrankreich ein einziges Foto von Taylor bekommen, das sie im Nachthemd zeigte, ohne Make-up und die Haare verwuselt. Mit diesem einzigen Bild hatte der Fotograf angeblich 150 000 Dollar gemacht.

Hatte sich Andreas vor einer halben Stunde noch über unseren Erfolg gefreut, wirkte er jetzt plötzlich wieder skeptisch.

„Wir haben eigentlich nur zwei Motive: Taylor im Nachthemd mit langen und mit kurzen Haaren, das reicht eigentlich nicht aus. Wir bräuchten sie zum Beispiel im Badeanzug oder am Strand ..."

Der nächste Streit war damit vorprogrammiert. Während ich eigentlich nur noch einmal in das leerstehende Haus zurückkehren wollte, um unsere Spuren zu verwischen, schien Andreas auf Biegen und Brechen weitermachen zu wollen. Dabei stimmte es gar nicht, daß wir nur zwei Motive hatten: Wir hatten Taylor beim Essen fotografiert, wie sie sich Nachos mit den Fingern in den Mund stopfte; wir hatten Fotos, wie sie sich streckte, ein Buch las und so weiter. Natürlich hätten weitere Fotos den Gesamtwert unseres Sets gesteigert, aber das Risiko, nochmals einen ganzen Tag in dem Haus zu verbringen, erschien mir dafür zu groß. Doch mein Partner war manchmal bockig wie ein Esel, und ich hatte immer die Befürchtung, daß seine Sturheit uns irgendwann echte Probleme bringen würde. Hier hatten wir wieder einmal eine solche Situation – wir konnten im Knast landen, nur weil Andreas sich nicht satt fotografieren konnte.

Das Stundenlabor im Einkaufszentrum sah nicht besonders vertrauenerweckend aus, aber wir mußten die Filme hier entwickeln, da wir die Fotos sofort zum *Enquirer* senden sollten. Andreas hatte seinen Laptop und das erforderliche Equipment im Bungalow.

Wir konnten es kaum erwarten, die Ergebnisse dieses Tages endlich vor Augen zu haben. Die letzte Viertelstunde warteten wir direkt an der Kasse des Labors, bis uns ein Mitarbeiter endlich einen großen Stapel Fotos auf den Tisch knallte. Die Abzüge rissen wir uns fast gegenseitig aus den Händen. Paul Weller war hin und weg:

„Das wird Boulevard-Geschichte machen, Kinder, hiermit habt ihr den berühmten Vogel abgeschossen."

Auch Andreas war sichtlich beeindruckt. Mit diesen Fotos konnten ganze Magazine gefüllt werden, das wußte er. Wir vereinbarten, daß wir am nächsten Tag nur noch bis Mittag bleiben würden. Das war ein fairer Kompromiß, vier Stunden würde ich noch aushalten, obwohl es mir davor grauste, die Villa wieder zu betreten. Denn das war der kritischste Moment des ganzen Unternehmens.

Vom Bungalow aus informierte Weller die Redakteure des *Enquirer*, daß wir mega-exklusive Bilder geschossen hätten. Offenbar knallten in Florida schon die Sektkorken. Was mochten unsere Bilder wert sein? 100 000, 200 000, vielleicht sogar 300 000 Dollar? Es war schwer einzuschätzen, aber mit ziemlicher Sicherheit hatten wir an diesem Tag eine Menge Geld verdient. Vom *Enquirer* bekamen wir zwar nur die übliche Tagespauschale von 250 Dollar pro Kopf, aber weltweit konnten wir die Fotos frei verkaufen.

Am späteren Abend trafen wir uns mit Weller zum Essen im *Su Casa*, einem klassischen mexikanischen Restaurant, das nur fünf Minuten von der Strandpromenade entfernt in den Bergen lag. Bis auf ein Pärchen waren wir die einzigen Gäste. August sei Nebensaison, erklärte uns der Ober, und das Geschäft laufe seit einigen Jahren nicht mehr so gut. Als wir nebenbei nach berühmten Leuten fragten, die hier schon zu Gast gewesen seien, erzählte er sofort von Liz Taylor. „Aber die war schon seit drei Jahren nicht mehr hier", fügte er hinzu, und in seiner Stimme klang Bedauern mit.

Zu diesem Zeitpunkt war der größte Teil unserer Arbeit schon getan. Am nächsten Morgen ließen wir uns von Weller um 8 Uhr vor „unserer" Villa absetzen und huschten wieder unbemerkt hinein. Alles lief wie am Schnürchen, in der Villa lag alles noch haargenau so herum, wie wir es zurückgelassen hatten. Auch die Leiter, die wir an der Mauer flach aufs Dach gelegt hatten, war noch an Ort und Stelle.

Als Liz Taylor bis 11 Uhr noch immer nicht auf ihrer Terrasse erschienen war, brachen wir die Aktion schließlich vorzeitig ab und packten zusammen. Wir ließen in der Villa nicht einen Schnipsel Papier zurück und verwischten unsere Spuren, so gut es eben ging. Denn schließlich, ob verlassen oder nicht, hatte auch dieses Grundstück einen Besitzer; wir hatten also nicht auf öffentlichem Gelände fotografiert und konnten theoretisch auch später noch rechtlich belangt werden. Wenn wir aber im Haus keine Erinnerung an unseren Aufenthalt zurückließen, konnten sie uns kaum beweisen, von wo aus wir die Fotos gemacht hatten.

Nachdem wir auch die letzte Kekstüte aus dem Haus entfernt hatten, ließen wir uns von Weller abholen. Wie üblich winkten uns die Posten zu, als wir den Schlagbaum passierten – zum letzten Mal. Ich atmete tief durch.

Wir blieben noch zwei Tage in Acapulco, um eventuell am Flughafen noch einmal Fotos von Taylors Abreise zu bekommen. Die Terrassen-Bilder waren längst im System des *Enquirer* und wurden gerade für den Druck vorbereitet. Ein Foto sollte groß auf die Titelseite. Aus Florida kam außerdem die Order, daß wir mit der Herausgabe der Fotos an Magazine und Agenturen in anderen Ländern warten sollten, bis der *Enquirer* sie in Amerika veröffentlicht hatte. Das war normal, denn natürlich wollte das Blatt sich für ein paar Tage damit rühmen, die Fotos „welt-exklusiv" zu haben. Und für uns war dieses Verfahren sogar von Vorteil: Aus Erfahrung wußten wir nämlich, daß sich die Bilder noch besser verkauften, wenn sie zuvor im *Enquirer* veröffentlicht waren. Denn das US-Blatt gilt weltweit als die Boulevard-Bibel und wird von Klatsch-Redakteuren in aller Welt gelesen.

Die verbleibende Zeit verbrachten wir mit Sightseeing. Wir besuchten die legendären Felsenspringer und klapperten mit Jet-Skis die Bucht vom Wasser aus ab. Andreas trat dabei auf einen Seeigel, mußte ambulant behandelt werden und hatte noch Wochen später Stacheln im Fuß.

Im Beachclub rissen wir schließlich noch einen Hotel-Angestellten auf, der als Informant für uns arbeiten sollte, wenn wieder mal irgendein Star hier auftauchen sollte. Juan schien der richtige Mann für solch einen Job zu sein, er wirkte nicht wie einer, der sofort zu seinem Vorgesetzten rennen würde, um vor den Paparazzi zu warnen. Juan, leicht dicklich und ewig schwitzend, erzählte uns, daß Sylvester Stallone, Arnold Schwarzenegger und viele andere schon hier gewesen wären und er jeden Prominenten sofort erkennen würde.

Abends trafen wir unseren neuen Mitarbeiter im *Sheraton Hotel* und gaben ihm 300 Dollar Vorschuß sowie sämtliche Telefonnummern, unter denen wir in L.A. zu erreichen waren. Zum Abschied versicherte uns Juan, daß wir in spätestens einem Monat auf seinen Anruf hin wieder hier wären. Er war äußerst zufrieden – immerhin entsprachen die 300 Dollar einem vollen Monatslohn im Beachclub.

Am letzten Tag warteten wir noch einmal stundenlang am Flughafen, aber Liz Taylor wurde wieder gut abgeschirmt, so daß wir keine Fotos mehr bekamen. Dennoch flogen wir am Abend des 3. Oktober zufrieden und zuversichtlich nach L.A. zurück.

Sofort nach unserer Rückkehr verschickten wir die Bilder an unsere Partner-Agenturen in Italien, Frankreich und England. In diesen Ländern bezahlten die einschlägigen Magazine sehr gut für Paparazzi-Bilder, aber es gab so viele davon, daß wir den Verkauf nicht selber managen konnten. Auch in Dänemark, Spanien, Finnland, Japan, Südamerika und Deutschland arbeiteten wir mit Agenturen zusammen, aber die Profite waren dort vergleichsweise gering. In den Staaten und Australien hingegen kamen wir ohne Agenten aus, da es hier wie dort nur jeweils drei große Magazine gibt, die allesamt mit einem großen Budget ausgestattet sind.

In Gedanken schwammen wir schon im Geld, wir mußten nur noch abwarten, bis der *Enquirer* die Fotos veröffentlicht hatte. Um kein Risiko einzugehen, verschickten wir keine hochauflösenden Fotos, sondern sogenannte Kontaktbögen, auf denen die ausgewählten Fotos auf Briefmarkengröße zusammengeschrumpft sind. Wollte ein Magazin sie drucken, hätte man die Bildchen „aufblasen", also per Computer-Knopfdruck vergrößern müssen. Darunter hätte jedoch die Qualität gelitten, sie hätten extrem körnig und verwaschen ausgesehen – kein Magazin würde solche Fotos drucken. Vor allem nicht, wenn es die „echten" Fotos ein paar Tage später ohnehin geben würde. Also fühlten wir uns sicher. Die nächste *Enquirer*-Ausgabe erschien am 7. Oktober, danach würde der Rubel rollen. Brad Thompson hatte uns nochmal bestätigt, daß die Bilder sensationell wären und er uns mit diesem Auftrag reich gemacht hätte.

Am nächsten Morgen folgte dann die böse Überraschung. Gegen 8.30 Uhr klingelte mich Andreas aus dem Bett. „Christoph?"

„Ja, was ist? Schon die erste Million verdient?"

„Der *Enquirer* hat angerufen, die drucken die Bilder überhaupt nicht!"

Ich stand senkrecht im Bett, glaubte, ich hätte mich verhört. „Wie bitte!?"

„Ja, die bringen die Bilder nicht. Ihre Anwälte haben ihnen das geraten. Jedenfalls nicht so lange, wie sie noch lebt! Die Taylor könnte verrückt spielen. Und mit ihrer Anwaltsmeute will sich keiner anlegen."

„Ach du Scheiße ..."

„Das kannst du wohl sagen. So, jetzt kommt der nächste Hammer: Die Computerhacker von *Gente* in Italien haben die Bilder aus Rosettas Computer geklaut und bereits für die nächste Ausgabe in Druck gegeben ... Sie wollen vier Doppelseiten bringen."

XIII

Madonna und ihr Millionen-Baby

Als ich die Queen of Pop Anfang August 1996 zum ersten Mal sah, war sie im sechsten Monat schwanger. Der Vater von Madonnas erstem Kind war ihr Fitneßtrainer Carlos Leon. Die beiden hatten sich vor zwei Jahren in New York kennengelernt: Madonna joggte im Central Park, und der Sohn kubanischer Einwanderer sprach sie einfach an. Wenig später waren die beiden ein Paar.

Bekanntermaßen war Superstar Madonna schon seit einigen Jahren nach einem geeigneten Vater für ihr erstes Kind auf der Suche gewesen. Sowohl die Ehe mit Sean Penn als auch die Beziehung zu dem Basketball-Star Dennis Rodman waren in die Brüche gegangen, bevor sich Madonnas Wunsch erfüllt hatte.

Carlos Leon war attraktiv und sportlich, es konnte für Madonna eigentlich kaum einen besseren Kandidaten geben. Und tatsächlich mußten die beiden nicht lange „trainieren" – im Frühjahr 1996 wurde offiziell, daß Madonna ein Kind erwartete. Mitte Oktober sollte es soweit sein. Natürlich fragte sich die gesamte Welt des Klatsches, ob Madonna ein Mädchen oder einen Jungen bekäme und wie das Kind aussehen würde. Die ersten Baby-Fotos, soviel stand fest, würden die größte Yellow-Press-Geschichte des Jahres werden.

Im Juni sprachen wir zum ersten Mal über unsere Chancen, Fotos von dem Baby zu bekommen. Damals gab es allerdings nicht einmal Bilder der schwangeren Madonna. Unsere Erfolgsaussichten schätzten wir als sehr gering ein, da Madonna ihr Kind mit Sicherheit für längere Zeit von der Öffentlichkeit abschirmen und wahrscheinlich offizielle Fotos für ein renommiertes Frauen- oder Modemagazin wie *Vogue* oder *Cosmopolitan* schießen lassen würde. Doch auch Bilder der Schwangeren waren gut verkäuflich, also wollten wir es auf einen Versuch ankommen lassen.

Madonna wollte das Kind nicht in New York, sondern in Los Angeles zur Welt bringen und hatte eigens aus diesem Grund ein neues Haus im Stadtteil Los Feliz gekauft. Die genaue Adresse war im Juni noch nicht bekannt, aber so ziemlich jeder Paparazzo kannte ihr altes Domizil, das sogenannte Bugsy-Siegel-Haus in den Hollywood Hills. Siegel, ehemals einer der führenden Mafiabosse Amerikas und Mitbegründer des Spieler- paradieses Las Vegas, hatte sich später in den Bergen von L.A. ein Schlößchen im Rokoko-Stil bauen lassen, ganz in Blau und Gelb gehalten und mit einem spitzen Turm, der über das Dach hinausragte und einen wundervollen Blick auf die Skyline der Metropole ermöglichte. Lange genießen konnte Bugsy diese Aussicht allerdings nicht, da „alte Freunde" aus Mafia-Zeiten seinem Leben ein bleihaltiges Ende setzten.

Madonna hatte die Villa in den Achtzigern erstanden und lebte hier, wenn sie gerade mal wieder an der Westküste war. Allerdings pendelte sie ständig zwischen L.A. und dem Big Apple, so daß es sehr schwer war, Fotos von ihr zu bekommen. Das Bugsy-Siegel-Haus bot zudem wenig Möglichkeiten, ihre An- oder Abwesenheit zu überprüfen. Von der Straße, dem Canyon Lake Drive, kann man lediglich ein paar Fenster und einen Driveway sehen, der sich rechts herum um das Haus windet und dann nicht mehr einsehbar ist. Und die Fenster sahen immer gleich aus, ob sie nun da war oder nicht: nirgendwo Licht, immer nur geschlossene Jalou- sien.

Natürlich hätten wir uns vor das Haus stellen und abwarten können, bis jemand herauskam. Aber da gab es ein entscheidendes Problem: Das Schlößchen war im Umkreis von 200 Metern das einzige Gebäude und lag zudem auf der Spitze eines Hügels. Rechts und links des Canyon Lake Drive ging es steil bergab. In dieser Straße standen nie Autos, wir wären also sofort aufgefallen. Zwar gab es rund 150 Meter bergab einen kleinen Park, vor dem öfter Spaziergänger ihre Wagen parkten, aber von hier aus konnten wir die Einfahrt zu Madonnas Haus nicht einsehen, da Büsche den Blick verstellten. Wenn wir wie gewöhnlich verdeckt arbeiten woll- ten, mußten wir uns also etwas einfallen lassen.

Die zündende Idee kam uns eher zufällig, als wir zum x-ten Mal an dem Haus vorbeifuhren und unsere Möglichkeiten checkten. Wie wäre es, wenn wir uns ohne Auto auf die Lauer legten? Wenn sich einer von uns in die Büsche vor dem Haus schlug und die anderen außer Sichtweite in ihren Autos warteten? Mit dem Funkgerät konnte der „Busch-Mann" sofort durchgeben, wenn irgend jemand das Haus verließ. Ähnlich hatten wir ja damals schon gearbeitet, als wir Pamela Anderson und Tommy Lee zum Lake Mead verfolgten.

Da Andreas und ich erfahrener im Verfolgen und zudem auch die besseren Fotografen waren, fiel der Job, in den Büschen zu warten, an unseren Assi Jonathan. Daß es in den Hollywood Hills heiß und schwül war und unsere Autos immerhin mit Klimaanlagen ausgestattet waren, spielte natürlich auch eine „kleine" Nebenrolle.

Am 3. August war es soweit. Punkt 7 Uhr morgens versteckte sich Jonathan in Sichtweite des Bugsy-Siegel-Hauses, ausgestattet mit Funkgerät, Telefon, Wasserflasche und Keksen. Für den Fall, daß sich irgend etwas Wichtiges direkt vor seiner Nase abspielen sollte, hatte er außerdem die Videokamera dabei. Andreas stand in einer Seitenstraße Richtung Los Angeles, ich parkte in der entgegengesetzten Richtung, also zum Valley hin.

Nun begann die übliche Warterei. Immerhin steuerte schon wenig später das erste Auto in Madonnas Einfahrt. Am Steuer saß eine ältere Frau mit dunklen Locken, wahrscheinlich eine Hausangestellte. Um 8 Uhr tauchte einer von Madonnas Bodyguards am Tor auf, ein Afro-Amerikaner mit Muskeln wie Arnold Schwarzenegger. Er trug eine blaue Baseballmütze, ein weißes T-Shirt und Shorts. Nachdem er eine Zeitlang gelangweilt in die Gegend geschaut hatte, verschwand er wieder. Die Anwesenheit dieses Kraftpaketes ließ darauf schließen, daß der Superstar ebenfalls hier war.

Daß mit Madonnas Bodyguards nicht zu spaßen war, wußte jeder – spätestens seit dem 31. Mai 1995, als einer der Leibwächter den geistesgestörten Robert Roland Hoskins hier niedergeschossen hatte. Der Mann war über den Zaun geklettert und auf dem Grundstück herumgelaufen. Hoskins überlebte, ist seitdem allerdings querschnittsgelähmt. Im folgenden Prozeß stellte sich heraus, daß er Madonna seit Monaten mit bizarren Drohbriefen belästigt und schon mehrmals auf ihrem Grundstück herumspioniert hatte.

Bald kamen die ersten Beschwerden von Jonathan, der in seinem Versteck fürchterlich schwitzte. Außerdem langweilte er sich, da er weder Radio hören noch Zeitung lesen konnte. Doch die Strapazen sollten sich lohnen. Gegen 11 Uhr meldete er sich über Funk, völlig aufgeregt:

„Sie kommt aus dem Tor gelaufen! Mit Trainer! Sie läuft in deine Richtung, Christoph. Weiße Trainingsklamotten, 'ne weiße Mütze und Sonnenbrille. Und sie sieht schwanger aus!"

Wir gerieten in Panik, denn wir waren nicht darauf vorbereitet, daß sie das Haus zu Fuß verlassen könnte. Ich hatte sofort, als Jonathan sich meldete, reflexartig den Motor angelassen und war losgefahren. Als ich in den Canyon Lake Drive einbog, sah ich die beiden schon auf mich zukommen. Sie mußten mein Auto ebenfalls bemerkt haben. Was tun? Würde ich anhalten, um Fotos zu machen, wäre das verräterisch. Umdrehen und mir ein besseres Versteck suchen konnte ich aber auch nicht, ohne daß es ihnen auffiel. Also fuhr ich in normalem Tempo geradeaus und versuchte, im Vorbeifahren das Duo zu inspizieren. Hätte ich nicht gewußt, wer hier joggte, ich hätte sie kaum erkannt. Immerhin, ihr kleiner Bauch war deutlich zu erkennen, und da sie im Vorbeilaufen nicht zu meinem Wagen herübergeschaut hatte, schien sie keinen Verdacht geschöpft zu haben.

Über Funk informierte ich Andreas, daß ich die beiden passiert hatte und er sich aufmachen sollte, um sie zu überholen. Wie immer in solchen Streßsituationen wurde mein Partner wütend und machte mir Vorwürfe, weil Madonna meinen Wagen gesehen und ich keine Fotos gemacht hatte. Irgendwann schaltete sich Jonathan ein und quäkte, wir sollten uns besser aufs Fotografieren konzentrieren statt zu streiten. Und tatsächlich war ja noch nichts verloren, sie hatte meinen Bronco zwar gesehen, aber ihm weiter keine Aufmerksamkeit geschenkt. Noch war also alles drin.

Schließlich versuchten wir, Madonna unauffällig wieder einzuholen und irgendwo in Fotoposition zu gehen. Aber da wir uns ständig weiterstritten, bekamen wir nichts auf die Reihe. Nun bogen Madonna und ihr Begleiter auch noch in einen Trampelpfad, der um das Lake Hollywood Reservoir führte, einen kleinen Stausee in den Hollywood Hills. Uns blieb nichts anderes übrig, als zu warten, bis sie wieder zurückkommen würden. Da wir aber kein optimales Versteck fanden, gab es eigentlich nur eine Möglichkeit: Wir mußten uns mit Jonathans Wagen – dem einzigen, den Madonna und ihr Bodyguard noch nicht gesehen hatten – in die Straße vor dem Bugsy-Siegel-Haus stellen. Das war zwar absolut auffällig, aber nur hier hatten wir überhaupt noch eine Chance, heute Fotos von ihr zu bekommen.

Kurz darauf saßen wir zu dritt in meinem alten Toyota-4-Runner, den Jonathan von mir übernommen hatte, bei geschlossenen Fenstern in der prallen Sonne. Jonathan saß am Steuer, Andreas hielt die Foto- und ich die Videokamera bereit. Wir standen hier wie auf dem Präsentierteller, aber immerhin befanden wir uns auf öffentlichem Grund und Boden, so daß wir außer ein paar bösen Worten seitens des Bodyguards nichts weiter zu befürchten hatten.

Andreas maulte noch immer. „Wer weiß, was für Fotos wir jetzt gerade verpassen ... Vielleicht macht sie Gymnastik am See oder so!"

„Ey, halt doch jetzt einfach mal die Fresse!" schnauzte ich zurück. „Sei still und laß uns Fotos machen, wenn sie zurückkommt, okay?"

In solchen Momenten konnte Andreas unausstehlich sein, und ich haßte es, wenn er immer mehr Öl ins Feuer goß.

Übelgelaunt und schweigend warteten wir, daß endlich etwas geschah. Jonathan hatte die Sonnenblende in die Windschutzscheibe geklemmt, so daß es im Auto ziemlich dunkel war. Draußen mußten es mindestens 30 Grad sein, das Wasser lief mir nur so übers Gesicht, Salz brannte mir in den Augen.

Endlich kamen die beiden um die Ecke. Wir rissen sofort unsere Kameras hoch, neben mir hörte ich es sofort losrattern. Die Straße führte bergauf, Madonna lief langsam, die Arme in die Hüften gestemmt. Die meiste Zeit starrte sie auf den Boden, hin und wieder schaute sie aber auf, und dann blickte sie genau in unsere Richtung. Auch der Bodyguard schaute abwechselnd auf den Boden und zu uns. Als sie noch ungefähr 20 Meter entfernt waren, schaute Madonna plötzlich mehrere Sekunden auf unser Auto. Dann drehte sie sich zu ihrem Bodyguard und redete mit ihm. Als sie nun beide den Toyota fixierten, ging ich fest davon aus, daß sie Bescheid wußten. Gleich gibt's Ärger, dachte ich.

Doch die beiden liefen in zwei Meter Entfernung an unserem Auto vorbei. Lediglich der Bodyguard schaute einmal kurz zur Seite, als wollte er durch die dunklen Scheiben hindurch ausmachen, ob jemand im Auto saß. Schließlich verschwanden sie mit einem zweiten Bodyguard, der kurz zuvor aus dem Haus gekommen war, in der Einfahrt.

„Na, wunderbar", sagte Andreas mit einem breiten Grinsen. Seine Stimmung war von einer Sekunde auf die andere total umgeschlagen. Die Sonne hatte perfekt gestanden, Fotos wie auch das Video mußten einfach gut geworden sein. Tatsächlich brachten uns die Bilder rund 15 000 Dollar ein, und *Hard Copy* legte für das Video noch mal 4000 drauf.

Trotzdem blieb Jonathan noch zwei Tage im Gebüsch in Stellung – und auch das lohnte sich. Am zweiten Tag verfolgten wir einen 600er-S-Klasse-Mercedes und einen zweiten Wagen mit einem farbigen Bodyguard am Steuer. Der Bodyguard bemerkte uns und bremste mich vor einer Ampel aus, doch Andreas fuhr einfach um beide Wagen herum und blieb dran. Wenig später bog der Mercedes in die Einfahrt zu einer Villa im spanischen Stil ein. Und da dieses Gebäude ausgerechnet in Los Feliz lag, gab es keinen Zweifel mehr: Wir hatten Madonnas neues Haus ausgekundschaftet.

Da es erst Anfang August war, beschlossen wir, den Superstar vorerst einmal in Ruhe zu lassen. Schließlich stand das große Ereignis ja erst im Oktober an.

Ende September 1996 war Madonna endgültig in Los Feliz eingezogen, und wir erhielten immer häufiger Anfragen von Magazinen und Agenturen aus aller Herren Länder, ob wir schon einen Plan hätten, wie wir Fotos bekommen konnten. Doch dieses Unterfangen war mehr als schwierig. Wahrscheinlich würde das Kind in einem der bekannten Krankenhäuser der Stadt zur Welt kommen, im Cedar Sinai Hospital in Beverly Hills zum Beispiel oder im USC Medical Center in Downtown. Doch eine Aktion im Krankenhaus erschien uns aussichtslos. Die Zeiten, in denen sich Paparazzi als Krankenpfleger verkleiden und den heimlichen Shot mit der Pocketkamera bekommen konnten, waren definitiv vorbei. Auf den Etagen, wo Stars wie Frank Sinatra, Liz Taylor oder eben Madonna lagen, herrschte Sicherheitsstufe eins, jeder Besucher wurde überprüft, und wer mit einer Kamera auf einer der Stationen erwischt wurde, mußte mit harten Strafen rechnen. Und auch der Versuch, vor dem Krankenhaus auf einen Glückstreffer zu warten, wenn ein Star das Hospital verließ, war wenig sinnvoll.

Nein, wenn wir die ersten Fotos des Babys bekommen wollten, dann dürften wir es gewiß nicht im Krankenhaus versuchen. Und das neue Haus in Los Feliz war als Ort zum Fotografieren auch nicht gerade verheißungsvoll. Von der Straße aus, einer Sackgasse nicht weit entfernt vom Los Feliz Boulevard, sahen wir lediglich das große Einfahrtstor und eine hohe weiße Mauer. Aus etwas größerer Entfernung konnte man über die Mauer hinweg auf den Driveway blicken, der ein Stück aufwärts führte und dann nach rechts abbog. Zwar konnte man einen Teil des Gartens einsehen, aber hier würde sich Madonna kaum mit ihrem Baby zeigen, schon gar nicht, wenn draußen Fotografen herumlungerten.

Was sollten wir also machen? Wir fuhren die Nachbarschaft ab und suchten nach Stellen oberhalb der Villa, von denen aus wir mehr vom Grundstück sehen konnten. Aber lediglich die unmittelbar an Madonnas Haus angrenzenden Grundstücke hätten uns bessere Möglichkeiten eröffnet, und das waren allesamt Privatgrundstücke. Sie zu betreten wäre illegal und viel zu gefährlich gewesen.

Natürlich waren wir längst nicht mehr die einzigen, die an dieser Megastory dran waren. Es wimmelte nur so von Paparazzi, die Madonnas Nachbarschaft absuchten oder einfach nur mit ihren Autos in der Straße parkten. Und so vergaßen wir die Geschichte. Sollten doch andere Spinner auf ein Wunder warten.

Doch dann rief Valerie an, unsere Kontaktfrau bei *Hard Copy*. Das Videomagazin versprach uns 350 Dollar pro Tag dafür, daß einer von uns mit dem Auto vor Madonnas Haus stand und alles filmte, was sich dort abspielte. Da wir zu dritt waren, sagten wir zu. Die beiden anderen konnten sich um einen der vielen anderen Stars kümmern, die Hollywood uns zu bieten hatte. Am 10. Oktober – bis zur Geburt des Babys sollten es nur noch wenige Tage sein – stellte ich mich mit meinem neuerworbenen Toyota Camry vor Madonnas Anwesen in Los Feliz. Ich parkte direkt vor ihrem Eingangstor auf der anderen Straßenseite. Camrys – ein gehobener Mittelklassewagen, dunkelgrün, mit verdunkelten Scheiben – gab es in L.A. wie Sand an Meer, das perfekte Auto zum Observieren und Verfolgen. So auffällig, wie ich hier stand, war dieser Effekt natürlich verloren, aber auch in größerer Entfernung hätte man mich bestimmt bemerkt. Andere Paparazzi parkten rund 150 Meter weiter hinten an der nächsten Kreuzung. Mit meinem Ausblick konnten sie nicht konkurrieren, aber besser getarnt waren sie trotzdem nicht.

Vor meinen Augen fuhr ein Auto nach dem anderen in die Einfahrt hinein oder kam heraus. Meist waren es gewöhnliche Fahrzeuge, in denen wahrscheinlich Hausangestellte oder Boten saßen. Hin und wieder kamen auch ein FedEx-Laster oder ein Blumenlieferant, seltener Freunde des Superstars, die man an ihren Edelkarossen erkennen konnte. Der schwarze Bodyguard fuhr ebenfalls mehrfach an mir vorbei und starrte mich auch kritisch an. Aber was sollte er machen? Das Parken in einer öffentlichen Straße konnte er mir ja nicht verbieten.

Trotzdem kam ich mir ziemlich blöd vor, schließlich war ich es nicht gewohnt, wie auf dem Präsentierteller zu arbeiten. Gegen 10 Uhr öffnete sich das weiße Tor erneut, und Carlos Leon kam in einem grünen Jeep-Cherokee aus der Einfahrt heraus. Einige Sekunden lang starrte er direkt in die Kamera, dann fuhr er mit quietschenden Reifen davon. Meine erste Reaktion war: Hinterher, scheiß egal, er hat dich sowieso schon gesehen! Also schmiß ich den Motor an und gab Gas. Natürlich war ich nicht der einzige Verfolger, und so hielt Carlos schon nach einer Minute genervt an und brüllte aus dem Fenster heraus: „Verpißt euch, ihr Wichser!" Ich drehte sofort um und stellte mich wieder vor das Tor.

Am Nachmittag dieses 10. Oktober kam Andreas zu mir. Er hatte zusammen mit Jonathan das Haus von Nicolas Cage beobachtet, das nur wenige Kilometer entfernt lag. Im Notfall wären beide innerhalb von wenigen Minuten zur Stelle gewesen.

„Ey, laß uns doch noch mal überlegen, ob wir hier nicht irgendwas machen können. Ich habe heute ein Dutzend Anrufe bekommen von überall, ob wir schon irgendwelche Fotos haben."

„Was wollen wir hier denn noch machen?" fragte ich.

„Ich weiß es auch nicht ... Aber es muß eine Möglichkeit geben. Es muß einfach!"

Wir hatten schon öfter überlegt, ob wir nicht einfach versuchen sollten, uns in eines der Nachbarhäuser einzumieten, den Gedanken aber immer wieder verworfen, da sich in einer vornehmen Gegend wie dieser kaum jemand auf so etwas einlassen würde. Als ich den Vorschlag jetzt wiederholte, meinte ich das eigentlich eher als Scherz. Doch Andreas meinte, wir hätten ohnehin nichts mehr zu verlieren, also sollten wir es versuchen.

Aber wo sollten wir anfangen? Die unmittelbaren Nachbarn anzusprechen erschien uns nicht besonders schlau. Allerdings gab es im Wendekreis der Sackgasse zwei Hausnummern weiter ein Grundstück, das sich wie Madonnas länglich am Hügel hochzog. Rund 100 Meter weiter oben grenzten die beiden Grundstücke direkt aneinander, und da das Nachbargrundstück etwas erhöht lag, hatte man von dort wahrscheinlich einen recht guten Blick auf Madonnas Haus und Garten, sofern nicht zu viele Bäume den Blick verstellten. Aber Madonnas Nachbar war bestimmt loyal, hier wollten wir nur im Notfall klingeln.

Oberhalb des Grundstückes, das wir fotografieren wollten, gab es noch ein oder zwei Anwesen, die uns eventuell ebenfalls den erwünschten Einblick gewähren konnten. Als wir die Gegend etwas genauer ausgekundschaftet hatten, kam schließlich nur noch ein Haus in Frage, das zum Tal hin einen runden Pavillon mit riesigen Fenstern hatte. Von dort aus hatte man mit Sicherheit einen guten Blick auf Madonnas Haus.

Doch unsere Anfrage wurde abgeschmettert. Ein älteres Pärchen öffnete die Tür, und da wir mit offenen Karten spielen mußten, war die Diskussion schnell beendet. Die beiden waren sichtlich schockiert und baten uns, sofort zu verschwinden, mit solch unmoralischen Aktionen wollten sie nichts zu tun haben.

Wir waren nicht sonderlich überrascht über die Reaktion der Nachbarn und hatten eigentlich auch nichts anderes erwartet. Dennoch wagten wir einen letzten Versuch und klingelten auch an unserem „Notfall-Haus". Andreas steuerte seinen neu erworbenen schwarzen BMW vor ein Eisentor, das die Zufahrt zu dem etwa fünf Meter über der Straße gelegenen Gebäude versperrte. Seitlich des Klingelknopfes befand sich eine Videoüberwachungskamera, durch die der Besitzer der Villa jeden Besucher beobachten konnte.

„Hallo, worum geht es bitte?" hörten wir kurz darauf eine leise Stimme; mir war, als würde ich einen Akzent durchhören.

„Wir würden gerne mal mit Ihnen sprechen", sagte Andreas. „Es hat mit einem ihrer Nachbarn zu tun ... Wir sind Fotografen."

Sekunden später öffnete sich das Eisentor, und Andreas ließ den Wagen langsam auf das Gelände rollen. Immerhin wurden wir eingelassen, das war schon mehr, als wir eigentlich erwartet hatten. Auf Kopfsteinpflaster fuhren wir den Driveway ein Stück bergauf bis zu einer scharfen Rechtskurve, die in einen runden Innenhof mündete. In der Mitte stand ein Brunnen, um den herum ein Rolls-Royce, zwei Mercedes und ein Chevy-Van abgestellt waren. Zum Eingang des Hauses führte eine breite Treppe, auf der jetzt zwei Männer auftauchten. Der eine war leicht dicklich, um die Fünfzig und in eine chinesische Robe gehüllt, der andere etwas jünger, hochaufgeschossen und eindeutig asiatischer Abstammung.

Wir stiegen aus dem Wagen und näherten uns den beiden.

„Guten Tag", begann ich etwas unsicher, „entschuldigen Sie bitte die Störung, aber wir wollten Sie etwas fragen."

Die beiden verzogen kaum eine Miene. Der Dickere – er hatte einen kleinen Pekinesen im Arm und streichelte ihn – ergriff schließlich das Wort, nachdem er uns eine Zeitlang gemustert hatte: „Na, dann schießen Sie mal los!" Er schaute mich etwas herablassend an, wirkte aber trotzdem nicht unsympathisch. Es war eher so, daß er neugierig war, das aber nicht zeigen wollte.

Da allein schon die Tatsache, daß sie uns nicht gleich weggeschickt hatten, ein Vertrauensbeweis war, beschloß ich, nicht lange um den heißen Brei herumzureden, sondern ihnen reinen Wein einzuschenken.

„Wir sind Fotografen", kam ich ohne Umschweife zur Sache, „und wie Sie sicher wissen, wohnt Madonna gleich bei Ihnen um die Ecke. Sie wissen wahrscheinlich auch, daß sie schwanger ist ... Nun, wir würden gerne die ersten Fotos des Babys bekommen ... Und wir sehen keine andere Chance, als Sie zu fragen, ob wir Ihr Grundstück für ein paar Tage mieten können ... Sie haben ja wahrscheinlich einen sehr guten Blick auf das Haus von Madonna, nicht wahr?"

„Den haben wir in der Tat ...", antwortete der Dicke. Er musterte mich erneut in seiner leicht hochnäsigen Art. Dann holte er tief Luft und fuhr fort: „Aber Sie sind nicht die ersten, die hier fragen ... Und ehrlich gesagt, bin ich gegen solche Aktivitäten ..."

„Wir würden auch gut bezahlen", warf Andreas ein.

„Das haben die anderen auch gesagt. Eine Dame von einer britischen

Fotoagentur hat mir 1500 Dollar pro Tag geboten ... Dieses kleine Sümmchen hat mich dann doch eher beleidigt."

Während ich noch ziemlich geschockt war von der Tatsache, daß er 1500 Dollar pro Tag als „Sümmchen" bezeichnete, rief Andreas wie aus der Pistole geschossen: „Wir zahlen mehr!"

„Wieviel?" Der Dicke lächelte verschmitzt.

„Wieviel wollen Sie denn?"

„Ich mag euch irgendwie", erwiderte der Dicke nach einer längeren Pause, „ihr seht o.k. aus." Er drehte sich mit einem fragenden Blick zu seinem Freund, der kurz nickte. „5000 Dollar am Tag", sagte er dann, „soviel nehme ich, wenn Filmcrews auf meinem Gelände drehen. Ich vermiete es öfter an Produktionsfirmen. 5000 Dollar, keinen Cent weniger. Außerdem will ich einen offiziellen Vertrag. Ihr mietet mein Grundstück für ein Fotoshooting ... Mode oder so. Damit bin ich aus dem Schneider, wenn's Ärger gibt."

5000 Dollar – eine Menge Holz, dachte ich. Aber immerhin, die beiden schienen es ernst zu meinen, sie wollten uns ihre Hütte tatsächlich vermieten.

Andreas blickte kurz zu mir, dann wandte er sich wieder dem Dicken zu: „Können Sie uns mal zeigen, was man von Madonnas Haus sehen kann?"

„Man kann fast alles sehen, aber kommen Sie, ich zeige es Ihnen gerne!"

Er lachte in seiner leicht arroganten Art, führte uns die Treppe hinauf und links an dem gewaltigen Haus vorbei, das eher wie ein französisches Schloß wirkte. Es mußte mehr als 20 Zimmer haben. Von hier ging es in einen terrassendurchbrochenen Garten, der sich den Hügel hochzog. Oben konnte ich noch ein oder zwei kleinere Häuser erkennen.

Der Dicke hielt an, drehte sich um und flüsterte uns zu:

„Ab jetzt sollten wir nicht mehr so laut sprechen. Wie heißt ihr eigentlich? Mein Name ist Balthazar O'Mary. Und das ist Peter."

Er zeigte auf den Asiaten, der hinter uns stand und bisher noch kein einziges Wort gesagt hatte. Vermutlich hatte er uns an der Sprechanlage begrüßt, denn O'Mary sprach ohne jeden Akzent. Inzwischen hatte ich auch keinen Zweifel mehr, daß die beiden stockschwul waren.

„Ich bin Christoph, das ist Andreas!" flüsterte ich zurück.

An der Seite zu Madonnas Grundstück ging es ziemlich steil bergab. Wir betraten jetzt eine Art Gemüsegarten mit hohen Bäumen. O'Mary lief langsam und hangelte sich an einem Zaun entlang. Dann hielt er an. „Da unten, das ist ihre Eingangstür, da geht sie ständig rein und raus."

Wir blickten auf eine große Holztür. Links von ihr stand eine Marmorbüste, vermutlich der Kopf eines römischen Gottes. Obwohl überall Zweige und Äste das Sichtfeld einengten, konnte man von einigen Stellen aus frei auf die Tür blicken.

„Und dort", fuhr Balthazar fort, „seht ihr ihre Garagen. Den schwarzen Mercedes fährt sie selber."

Vor den drei geschlossenen Garagen stand neben dem von O'Mary erwähnten 500er Mercedes-Cabrio mit verdunkelten Scheiben noch ein weißer Lexus, in dem wir den Bodyguard schon mehrfach gesehen hatten. Ich war ziemlich baff – wir schauten direkt auf Madonnas Haus –, und wir konnten diesen Aussichtspunkt tatsächlich mieten, wenn auch für einen ziemlich saftigen Preis. Aber besser hätte es wirklich nicht sein können!

„So, jetzt zeige ich euch noch eine andere Stelle weiter oben ... Denn von hier aus könnt ihr nicht fotografieren", sagte O'Mary und verließ den Gemüsegarten.

Wir liefen den Hügel weiter bergauf, vorbei an dem kleineren Gästehaus zum Pool-Haus, wie O'Mary es nannte, weil es an einem kleinen Pool lag, der eher wie ein römisches Bad aussah – mit kleinen Statuen am Rand und gekachelt, nicht kunststoff-blau wie die anderen Pools, die ich bisher gesehen hatte. Das Pool-Haus selbst schätzte ich auf mindestens vier Schlafzimmer. Außerdem gab es hier einen rund zehn Meter langen Balkon, von dem aus man wahrscheinlich einen perfekten Blick auf die Stadt hatte. Neben dem Gebäude befand sich ein kleiner Hof mit einem Tisch, um den herum drei Stühle plaziert waren. O'Mary ging langsam bis an den Rand des Hofes, der direkt an Madonnas Grundstück grenzte.

„Von hier aus hat man einen noch besseren Blick auf ihre Haustür", flüsterte er und deutete nach unten. Tatsächlich blickte man in einem Winkel von 45 Grad auf den Eingang zu ihrem Haus, der nur knapp 60 Meter Luftlinie entfernt war. Für das 600er- oder das 500er-Objektiv war das nahezu perfekt. Und da links und rechts alles von Bäumen und Büschen verdeckt war, würden wir sogar gut geschützt sein.

Ich sah Andreas an und flüsterte auf deutsch: „Was meinst du?"

„Ey, mal ehrlich", antwortete er, „eine bessere Stelle gibt es weit und breit nicht. Wenn wir Fotos bekommen wollen, dann von hier. Wir sollten auf jeden Fall zusagen, bevor Bahrami oder irgend jemand anderes sich hier einnistet. Mich wundert sowieso, warum die anderen nicht zugeschnappt haben, die angeblich schon hier waren. Aber egal, die Kohle werden wir schon irgendwie auftreiben ..."

Er drehte sich zu O'Mary. „O.k., wir machen es. Können wir die erste Rate heute schon bezahlen? Wir gehen Geld holen und kommen nachher wieder. Wie lange können wir bleiben?"

„Solange ihr bezahlt", meinte der Dicke und lächelte. „Ihr könnt übrigens auch im Pool-Haus schlafen, wenn ihr wollt."

„Mal sehen, wie es so läuft", antwortete ich. „Auf jeden Fall freut es uns, mit Ihnen Geschäfte machen zu dürfen."

Wir schüttelten beiden zum Abschied die Hand, und bevor wir losfuhren, streckte Andreas noch einmal den Kopf aus dem Fenster seines BMW und rief O'Mary zu: „Und bitte nicht an jemand anders vermieten, wir kommen heute auf jeden Fall noch mit der ersten Rate zurück ... Spätestens in zwei Stunden sind wir wieder hier, so gegen 19 Uhr."

Noch während wir auf dem Kopfsteinpflaster Richtung Ausfahrt rollten, klatschten wir uns mit einem High Five ab. Vor ein paar Tagen noch wollten wir die Baby-Story abschreiben, und jetzt hatten wir die Top-Fotoposition schlechthin. Das einzige Problem war die höllische Miete, da wir mit mindestens einer Woche Aufenthalt bei O'Mary und Peter rechneten, benötigten wir 35 000 Dollar. Dummerweise hatten wir in den vergangenen Wochen und Monaten ziemlich viel Geld ausgegeben – Andreas hatte ein Reihenhaus gekauft, wir hatten uns beide Zweitwagen zugelegt, die Kamera- und Computerausrüstung mußten ständig aufgerüstet werden, Reserven für die Steuer wollten zurückgelegt sein ... Und schließlich war auch das Eheleben nicht gerade billig ... Aber irgendwie würden wir das schon managen!

Am 26. September 1996 brachte das italienische Magazin *Gente* unter der Headline „FOTOSHOCK" auf der Titelseite ein briefmarkengroßes Foto, das eine ältere Frau zeigte. Die kurzen Haare standen zu allen Seiten ab, das Gesicht wirkte aufgedunsen. Die Qualität der Abbildung war unter aller Kanone – aber bei der abgelichteten Person handelte es sich um Liz Taylor. Und die Fotos stammten ... von uns, aufgenommen vor wenigen Wochen in Acapulco. Im Innenteil brachte das Boulevardblatt mit Millionen-Auflage und einem ausgeprägten Hang zu Skandalgeschichten und Paparazzi-Fotos auf vier Doppelseiten noch weitere zwölf Fotos, allesamt in derselben Qualität. Wäre darauf nicht Liz Taylor zu sehen gewesen, hätte das Blatt sie nie und nimmer gedruckt.

Was war geschehen? Die Lösung des Rätsels war ebenso überraschend wie ärgerlich für uns: Die Chefin unserer italienischen Agentur hatte unseren Kontaktbogen mit den auf Briefmarkengröße verkleinerten Fotos

Madonna und ihr Baby - das erste Foto, Los Feliz, 20. Oktober 1996.

Jonathan, der Mann,
der das Babyfoto „schoß",
im Versteck oberhalb des Anwesens von Madonna,
Los Feliz, Oktober 1996.

Wenige Tage vor der Geburt:
Madonna beim Rosenschneiden,
Los Feliz, 12. Oktober 1996.

Neun Monate später:
Madonnas Bodyguard und
das Baby, Los Feliz,
7. Juli 1997.

Oben: John Malkovich mit
seinen Kindern im Ver-
gnügungspark, Santa Monica,
25. August 1996.

Rechts: Charlie Sheen vor
der Lost Hills Sheriff Station
in den Ausläufern der
Santa Monica Mountains,
22. Dezember 1996.

Oben: Demi Moore
und Leonardo Di Caprio im
Koo Koo Roo Chicken,
Beverly Hills, 27. Februar 1997.

Rechts: Debbie Rowe,
Michael Jacksons Ehefrau, am
Flughafen von Los Angeles,
17. März 1997.

Links: Brad Pitt beim Eislauftraining für den Film
Sieben Jahre in Tibet, San Fernando Valley,
Sommer 1996.

Oben: Courtney Love beim Verlassen der
Bar Marmont, Hollywood, 25. Februar 1997.

Links: Jurassic Park-Star Jeff Goldblum beim
Einkaufen, West Hollywood, 28. Mai 1997.

Til Schweiger mit Familie
Los Angeles, 5. April 1997.

David Duchovny im Shopping
Center, Malibu, 31. August 1997.

26 SETTEMBRE 1996 • N. 39 • ANNO XL • SETTIMANALE DI POLITICA, ATTUALITÀ E CULTURA • SPED. ABB. POST. COMMA 20 ART. 2 LEGGE 549/95 • MILANO • RUSCONI EDITORE   L. 3.000

GENTE

Ridotta così dopo il divorzio
È LIZ TAYLOR FOTO SHOCK

IL MEMORIALE DI MEROLA
"Ho amato Bianca Berlinguer"

Le foto serene della figlia di Ranieri

$3.95

CAROLINA NON SONO MALATA: ORA LANCIO LA MODA DEL FOULARD

STEFANIA DIVORZIA E FILI CI SCRIVE: "DANIEL MI HA AMATO DAVVERO"

Die Titelseite des italienischen Boulevard-Magazins *Gente* vom 26. September 1996. Im Innenteil wurden auf insgesamt drei Doppelseiten weitere zwölf Fotos von Liz Taylor gebracht, die in Acapulco aufgenommen worden waren. Die Qualität der Drucke war ausgesprochen schlecht, da die Fotos ohne Genehmigung von Kontaktabzügen abgenommen und „aufgeblasen" wurden. Der *National Enquirer*, der *CA Images* den Auftrag zu dieser Story gab, hat die Bilder bis heute noch nicht veröffentlicht.

189

per Computer zur Voransicht an *Gente* weitergegeben, und nach dem Rückzieher des *Enquirer* hatten die Verantwortlichen des Magazins sich zu einem selbst in der Boulevard-Szene seltenen Verbrechen hinreißen lassen und die Bilder einfach ohne Genehmigung veröffentlicht. Dafür mußten sie die Kontaktabzüge aufblasen – mit der Konsequenz, daß der Druck unscharf wirkte. Um den Effekt der schockierenden Fotos zusätzlich zu verstärken, stellten sie neben unsere Fotos noch offizielle Aufnahmen der Taylor aus ihrer *Black Pearl*-Parfum-Werbung. Auf diesen Bildern sieht die 64jährige, aufgepeppt durch Make-up, Styling und Weichzeichner, gerade einmal wie 40 aus. Und die Geschichte, wie die Fotos entstanden sein sollten, war schlicht und einfach erfunden: Angeblich hielt sich Taylor zu der Zeit, als die Fotos entstanden, in einer mexikanischen Erholungsklinik auf.

Wir waren natürlich geschockt, weil wir Riesenärger vom *Enquirer* befürchteten. Nie im Leben hätten wir die Bilder ohne Zustimmung unseres Auftraggebers verkauft. Dafür war das Blatt einfach zu wichtig für uns. Immerhin hatten wir laut Aussage Rosettas, unserer Agentin in Rom, eine satte Entschädigungssumme zu erwarten. Das hatten ihr die Leute von *Gente* bereits in Aussicht gestellt. Deren einzige Absicht war gewesen, die Bilder als erste zu veröffentlichen – weltexklusiv! Und koste es, was es wolle!

Da wir einen unerwarteten Geldsegen zu dieser Zeit gut gebrauchen konnten, um die „Miete" bei O'Mary in Los Feliz zu bezahlen, freuten wir uns insgeheim sogar ein wenig über die unglaubliche Frechheit der Italiener. Allerdings mußten wir den *Enquirer* beruhigen, und natürlich war Brad Thompson stocksauer, als er von der Geschichte erfuhr. Aber auch er wußte genau, daß nichts mehr zu machen war, die aktuelle Ausgabe des *Gente* lag längst an den Kiosken, der *Enquirer* konnte seinen Plan, die Bilder nach Liz Taylors Tod aus dem Archiv zu kramen und „weltexklusiv" zu veröffentlichen, definitiv zu Grabe tragen. De facto bedeutete das, daß das amerikanische Boulevard-Magazin über Nacht mehrere Millionen Dollar verloren hatte. Denn so viel wären die Fotos nach dem Tod der Diva gewiß wert gewesen.

Andreas bot an, dem *Enquirer* einen Teil oder notfalls sogar die gesamte Entschädigungssumme zu überlassen. Doch Thompson lehnte mit einem abfälligen Lachen ab, für ihn waren die paar zehntausend Dollar, um die es ging, nur Peanuts. Für uns hingegen ging es um eine nette Stange Geld, die wir gerade jetzt gut gebrauchen konnten. Und außerdem hatte Thompson mit keinem Wort durchblicken lassen, daß er unsere

Beziehung zum *Enquirer* durch diese unerfreuliche Geschichte für beendet hielt. Wahrscheinlich wußten sie in Florida, daß wir zur Zeit ihre besten Leute waren. Und tatsächlich arbeiteten wir auch weiterhin für Thompson & Co. – allerdings legten sie uns Handschellen an: Nach Abschluß wichtiger Aufträge durften wir fortan die Filme nicht mehr selbst entwickeln, sondern mußten die Rollen direkt an die Redaktion schicken. Erst nach Veröffentlichung erhielten wir dann die Negative und konnten sie weltweit weiterverkaufen.

Die Entschädigung von *Gente* fiel für unsere Verhältnisse saftig aus: Wir bekamen 40 000 Dollar, die wir nicht, wie ursprünglich geplant, für die Steuer zurücklegten, sondern in die Miete für die Madonna-Geschichte investierten. Und zusätzlich wollten wir einen Partner an Land ziehen, um das finanzielle Risiko zu verringern. Denn trotz unserer jetzt sehr guten Ausgangssituation mußten wir immer noch damit rechnen, daß wir Madonna vielleicht gar nicht zu Gesicht bekommen würden.

Also verabredeten wir uns mit Valerie von *Hard Copy* und schilderten ihr die Situation. Wir baten sie, mit ihren Leuten zu reden und die Sache ansonsten streng vertraulich zu behandeln. Hollywood ist ein Dorf, in dem jeder jeden kennt, es hätte sich wahrscheinlich schnell herumgesprochen, daß die Germans das Nachbarhaus von Madonna gemietet haben. Und wir wollten bestimmt nicht das Risiko eingehen, daß neidische Paparazzi-Kollegen bei der Queen of Pop klingelten und ihr erzählten, was auf dem Nachbargrundstück vor sich ging.

Hard Copy gehörte zur TV-Abteilung der *Paramount Studios*, und Valerie, eine ebenso gerissene wie respektierte Producerin, wußte, was zu tun war. Sie traf sich mit einem engen Zirkel von Bossen, denen sie vertraute, und versuchte, erst einmal 15 000 Dollar für die ersten drei Raten bei ihnen herauszuholen. Im Gegenzug sollte das Magazin sämtliches Video- und Fotomaterial für den amerikanischen TV-Markt exklusiv bekommen.

Nach einer Stunde, gegen 18.30 Uhr, kehrte sie erschöpft von ihrer Konferenz zurück und teilte uns mit, daß ihre Chefs trotz großer Bedenken die 15 000 locker gemacht hätten. Sie drückte uns einen Briefumschlag mit dem Geld sowie einen Karton mit leeren Videotapes in die Hand. Vor dem Abschied gab Valerie uns noch den Rat, auf dem Hügel keine analogen Funktelefone oder Walkie-Talkies zu benutzen, da unser Konkurrent Bahrami angeblich die Gegend um Madonnas Haus mit Scannern abhörte. Auch bei *Hard Copy* hatte man von dem Gerücht gehört, daß der amerikanische Paparazzo ebenfalls ein Haus in der Nachbarschaft anmieten wollte, doch hatte er wohl kein geeignetes Objekt gefunden. Um so eifersüchtiger würde er also darauf achten, daß kein anderes Paparazzi-Team ihm die Show stahl.

Auf dem Rückweg nach Los Feliz besuchten wir eine der vielen hier ansässigen „location agencies", Agenturen, die für TV-, Film- und Foto-produktionen Verträge aufsetzen. Diese Agentur war uns von Valerie empfohlen worden, da die Besitzerin angeblich absolut vertrauenswürdig war. Also ließen wir einen Vertrag entwerfen, demzufolge wir das Grundstück von O'Mary offiziell für einen Modeshoot mit rund 15 Personen mieteten. Im Notfall hätte ich Suzanne am Pool-Haus fotografieren können, so daß wir tatsächlich Beweise für unseren „offiziellen" Job hätten vorlegen können, wenn es Ärger gegeben hätte.

Auf dem Weg zurück zu O'Mary fiel uns ein, daß wir ein ernsthaftes Problem bislang übersehen hatten: In der Sackgasse könnten andere Papa-razzi stehen, und da unsere Gesichter in der Szene bekannt waren, würde es Verdacht erwecken, wenn wir aufs Nachbargrundstück zu Madonnas Anwesen führen. Die Aktion wäre sofort aufgeflogen. Also parkten wir unsere Autos in rund zwei Kilometer Entfernung und nahmen uns ein Taxi, und als wir damit in Madonnas Straße einbogen, duckten wir uns vorsichtshalber, mochte der Taxifahrer doch denken, was immer er wollte.

Unseren Vermieter hatten wir schon von unterwegs über unser Kom-men informiert, und so stand das Eisentor bereits offen, als wir ankamen. Wir überreichten Balthazar die ersten 5000 Dollar, unterschrieben den Location-Vertrag und machten uns vorerst wieder aus dem Staub.

Anschließend kauften wir in einem Baumarkt ein Dutzend Zaunstücke und einige Spanplatten. Damit wollten wir uns am nächsten Morgen auf dem kleinen Hof neben dem Pool-Haus ein Versteck basteln. An diesem Abend gingen wir früh schlafen, schließlich wollten wir uns am nächsten Morgen an die heißeste Boulevard-Geschichte des Jahres begeben.

Am Freitag, den 11. Oktober 1996, riß mich der Wecker um 5 Uhr aus dem Schlaf. Als ich die Wohnung verließ, war die Sonne noch nicht auf-gegangen, es war kühl, und über Santa Monica lag Nebel, der vom Meer her kam. Die Straßen waren angenehm leer, ich kam problemlos zu Andreas, der rund fünf Minuten entfernt wohnte. Jonathan war inzwi-schen bei ihm eingezogen, doch wir ließen ihn noch schlafen, er sollte später mit seinem Auto in Madonnas Nachbarschaft in Stellung gehen, um uns darüber zu informieren, was sich auf der Straße so tat.

Nach einer halben Stunde, so gegen 6 Uhr, erreichten wir die Sackgasse. Es war immer noch dunkel, aber wir mußten uns trotzdem beeilen, um unser Versteck fertigzustellen, bevor der Tag anbrach. Wie verabredet hatten wir O'Mary kurz vor unserer Ankunft angerufen, damit er das Tor öffnen konnte. Wenig später parkte ich den Bronco vor dem Brunnen. Es war absolut still, zwischen den Bäumen lag leichter Nebel. O'Mary kam die Treppe heruntergelaufen, den Pekinesen im Arm. Heute früh lächelte er sogar.

„Guten Morgen, wie geht es Ihnen?" sagte er leise und reichte mir seine Hand. Er trug wieder seine Chinesen-Robe und war frisch rasiert, das konnte ich sehen und riechen. „Machen Sie, was Sie machen müssen, ich lasse Sie jetzt alleine." Dann drehte er sich um und verschwand im Haus.

Wir luden vorsichtig die Zaunteile aus dem Bronco und trugen sie den Hügel hinauf, wo wir sie an jene Seite des Pool-Hauses legten, die von Madonnas Grundstück aus nicht einsehbar war. Als alle Teile oben waren, war es fast hell.

Dann bauten wir uns ein Kabuff, das gerade genug Platz für zwei Leute und die Kameraausrüstung bot. Wir stellten die Zaunteile so an den Rand des Hofes, daß sie von Madonnas Haus aus wie ein gewöhnlicher Zaun aussehen mußten. Und um unsere Tarnung zu perfektionieren, stellten wir auch hinter uns Zaunteile auf und verdeckten alle Stellen, durch die wir nicht hindurchfotografieren mußten, mit Spanplatten. Im Inneren unserer „Hütte" war es jetzt so dunkel, daß uns von draußen niemand bemerken konnte.

Nachdem alles soweit eingerichtet war, befestigten wir das 600er-Objektiv und die Videokamera auf Stativen und richteten sie direkt auf die Eingangstür von Madonnas Haus. Dann machten wir es uns auf Stühlen gemütlich. Es war inzwischen 7 Uhr, hier herrschte noch immer Totenstille, nur von weitem hörte man das Rauschen des Berufsverkehrs.

Nach einer Stunde hörten wir leise Schritte, und plötzlich stand O'Mary vor uns mit einem Tablett, auf dem eine Kaffeekanne, zwei Tassen sowie Milch und Zucker standen.

„Hier, zum Aufwachen", flüsterte er und stellte das Tablett auf den Tisch, der den Zaunteilen Halt gab.

„Vielen Dank, Mr. O'Mary, das ist sehr nett von Ihnen!" sagte ich, völlig überrascht von dieser Geste.

„Kein Problem. Ihr könnt mich übrigens Balthazar nennen. Und, habt ihr schon was gesehen?"

„Nein, bisher noch nicht", antwortete ich.

O'Mary grinste. „Sie ist da, nur Geduld."

Dann verschwand er wieder. Wir waren beeindruckt von dieser Gastfreundschaft, besser hätten wir es wohl kaum treffen können.

Gegen 9 Uhr öffnete sich zum ersten Mal die Tür von Madonnas Haus, der farbige Bodyguard kam heraus. Wir hielten die Luft an, denn natürlich hatten wir Bammel, daß unser Versteck auffiel, weil es am Vortag noch nicht hier gestanden hatte. Doch das Muskelpaket schaute kein einziges Mal nach oben, wir konnten beruhigt sein. Solange sich niemand in unsere Nähe „verirrte", war wohl nichts zu befürchten, von unten sah man gewiß nichts anderes als einen gewöhnlichen Zaun.

Um 10 Uhr hatte sich der Morgennebel aufgelöst, die Sonne strahlte auf Madonnas Haus und unser Versteck. Es wurde allmählich warm. Unten war es mit der Ruhe ebenfalls vorbei, ständig fuhren Wagen ein und aus, Paketdienste lieferten Ware ab, und der Bodyguard war ununterbrochen im Blickfeld.

Gegen 11.30 Uhr tauchte Carlos zum ersten Mal auf. Er trug Trainingsklamotten und stieg in den Cherokee. Über Funk informierten wir Jonathan, der allerdings nur hinterherfahren sollte, falls Madonna mit im Auto saß. Das war nicht der Fall.

Dann hieß es wieder warten! Über sein neu erworbenes digitales Telefongerät – seltsamerweise gab es zu dieser Zeit in den USA noch kein voll ausgebautes digitales Telefonnetz, die meisten Amerikaner benutzten noch immer Analog-Telefone – informierte Andreas unsere Freundin Valerie von *Hard Copy* über den Stand der Dinge und versicherte ihr, daß wir Madonna bald vor die Linse bekommen würden. Carlos war da, also konnte sie selbst auch nicht allzu weit sein.

Gegen 14 Uhr kehrte der Vater des Kindes zurück. Die folgenden Stunden waren nervenaufreibend, es passierte absolut nichts. Da ich permanent nach vorne gebeugt auf die kleine Tür starren mußte, um alles zu erkennen, was unten vor sich ging, bekam ich allmählich Rückenschmerzen. Von Jonathan erfuhr ich auch nicht mehr, als daß in der Gasse unzählige Wagen herumstanden – die Paparazzi lagen auf der Lauer wie Piranhas.

Punkt 17 Uhr fuhr dann ein FedEx-Lieferwagen vor. Der Fahrer, ein Afroamerikaner, sprang aus dem Wagen, und im selben Augenblick kam auch der schwarze Bodyguard aus der Haustür heraus. Die beiden riefen sich aus der Entfernung ein paar Worte zu, der Fahrer kam zum Haus und sie verschwanden durch die Tür. Während ich Andreas aus einem Nickerchen weckte, erinnerte ich mich dran, daß ich den Fahrer am Vortag schon mal gesehen hatte.

Eine Viertelstunde später öffnete sich die Haustür erneut – aus dem Haus kamen der FedEx-Fahrer, der Bodyguard, dann Carlos ... und zuletzt eine kleine blonde Frau – Madonna! Immer noch schwanger! Ich drückte sofort den Startknopf der Videokamera, neben mir hörte ich die Kamera rattern.

Wir gerieten in Panik, wollten soviel wie irgend möglich von der Szene einfangen.

Kurz darauf tauchte das Grüppchen am FedEx-Wagen auf. Ich filmte, und auch Andreas hatte sie wieder im Sucher und machte ein paar Bilder. Der Fahrer öffnete die Heckklappe, Madonna und Carlos stiegen ein, der Bodyguard blieb draußen. Dann rollte der Lieferwagen langsam Richtung Ausfahrt. Kein schlechter Trick, dachte ich.

Andreas griff zur Funke und riß Jonathan aus einem Halbschlummer. „Jonathan, siehst du den Wagen, der gerade in die Gasse rollt?"

„Ja, ein FedEx-Transporter ...‟

„Okay ... Sag mal, wolltest du nicht ein Paket aufgeben?"

„Ein Paket ... Ja, natürlich ... alles klar, bis später!‟

„Aber ... Jonathan, sei vorsichtig! Da ist zerbrechliche Ware drin, okay?"

„Kein Problem, bis später!‟

Jonathan hatte kapiert, jetzt blieb nur zu hoffen, daß sie ihn nicht im Rückspiegel entdeckten ... Doch schon nach wenigen Minuten meldete er sich erneut und teilte uns mit, daß er sie verloren hatte.

Später am Abend erzählte Jonathan, daß der FedEx-Wagen ein paar Straßen weiter gehalten hatte, wahrscheinlich um zu checken, ob irgend jemand hinterhergefahren war. Unser Assi hatte sich deshalb besser aus dem Staub gemacht – und das war richtig so. Denn vor der Geburt des Babys wollten wir Madonna und ihren Anhang nicht unnötig nervös machen.

Gegen 20 Uhr wurde es dunkel. Da seit drei Stunden nichts mehr passiert war, gaben wir für diesen Tag auf.

Am nächsten Morgen waren wir pünktlich um 6 Uhr wieder vor Ort. O'Mary blieb diesmal im Bett, er hatte mittlerweile Vertrauen zu uns gefaßt.

Wir befestigten die Kameras auf den Stativen und führten einige Umbaumaßnahmen an unserem Versteck durch. Andreas hatte einen Mini-Fernsehschirm dabei, den wir an die Videokamera anschlossen. So konnten wir auf dem Schirm beobachten, was sich unten abspielte, und mußten nicht ständig durch die Zaunlatten starren. Dann hieß es wieder warten. Das Tal lag in dichtem Nebel, es roch nach Herbst.

Der Vormittag verlief ausgesprochen langweilig. Nur einmal tauchte Carlos kurz auf, um die Zeitung hereinzuholen, die der Bodyguard morgens als erstes vom Eingangstor holte und vor Madonnas Haustür legte. Der Leibwächter hatte ein separates Häuschen auf dem Grundstück.

Gegen 11 Uhr wurde es erstmals interessant. Madonna kam aus der Tür, hinter ihr Carlos. Beide trugen Trainingsanzüge, und der Popstar war eindeutig immer noch schwanger. Die beiden alberten herum und verschwanden dann nahe der Autos zwischen den Bäumen. Wir ließen ein paar Bilder durchrattern und warteten, was passieren würde. Doch statt knallender Autotüren hörten wir plötzlich Geräusche – Eisen stieß auf Eisen, so als ob jemand Gewichte stemmte. Wahrscheinlich gab es irgendwo auf dem Gelände einen Fitneßraum. Nach circa einer Stunde tauchten sie wieder im Sucher auf, beide waren verschwitzt, über ihren Schultern hingen Handtücher.

Erst gegen 14 Uhr ließ O'Mary sich blicken und entschuldigte sich dafür, daß er morgens keinen Kaffee gebracht hatte. Seine Pekinesen-Hündin hatte Krebs, er war mit der Kleinen beim Tierarzt gewesen. Über den Namen des Hündchens – sie hieß Françoise – kamen wir tiefer ins Gespräch. O'Mary fragte, woher wir kämen, und als ich erzählte, wir seien Deutsche, geriet er in Begeisterung. Er war ein Fan des Bayern-Königs Ludwig II. und hatte Süddeutschland zusammen mit Peter schon mehrfach besucht. Ich kramte mein Wissen über den Monarchen hervor, der Ende des 19. Jahrhunderts unter mysteriösen Umständen im Starnberger See ertrunken war. Plötzlich öffnete sich O'Mary wie eine Blume im Frühling. Innerhalb einer knappen halben Stunde erzählte er mir fast sein ganzes Leben.

Ich erfuhr, daß er und Peter, ein Taiwan-Chinese, mit dem Im- und Export von Computer-Hardware ihre Millionen gemacht hatten. Dieses Haus mit über 40 Zimmern und einem eigenen Kinoraum besaßen sie seit sechs Jahren. Da O'Marys Maklerin auch Madonnas Haus verkauft hatte, war er gut über seine Nachbarin informiert. Angeblich hatte sie das

Bugsy-Siegel-Haus aufgegeben, weil es dort zu viele Treppen gab. Das wollte sie sich und dem Baby nicht zumuten.

„Warum erlauben Sie uns eigentlich, hier Fotos zu machen?" fragte ich in einem günstigen Augenblick.

„Erstens stört's mich nicht, was ihr hier macht", antwortete er, „und was Madonna betrifft – ihr müßtet nur mal hören, wie laut die manchmal singt oder Musik dröhnen läßt. Das ist auch nicht sehr nachbarschaftlich." Er rümpfte die Nase. „Und dann ihre Arroganz! Als sie hier eingezogen ist, hat sie sich nicht mal vorgestellt. Irgendwann klingelte ihr Bodyguard bei uns, gab uns einen Zettel mit Telefonnummern und sagte: ‚Madonna ist nebenan eingezogen, wenn Sie Probleme mit Eindringlingen haben, rufen Sie uns einfach an. Ich habe immer 'ne Knarre dabei.' Das hat mir nicht sehr imponiert, das kann ich euch sagen. Irgendwie kann ich so ein rüdes Verhalten nicht akzeptieren."

O'Mary schien vollkommen überzeugt zu sein von dem, was er sagte. Ich dachte mir meinen Teil: Wenn ihm das schon genügte, um die Privatsphäre seiner Nachbarin zu verkaufen ... Aber uns konnte das ja nur recht sein.

O'Mary war gerade wieder verschwunden, da kam Madonna zur Tür heraus – bekleidet mit Schlabberhose und Jesus-T-Shirt, die Haare hinten locker zusammengesteckt, ungeschminkt. Sie wirkte erschöpft, und das T-Shirt brachte ihren Bauch noch stärker zur Geltung. Direkt neben dem Eingang, wo wir sie noch gut beobachten konnten, schnitt sie mit einer Schere in aller Ruhe ein paar Rosen ab und ging ins Haus zurück. Wir hatten natürlich alles fotografiert und gefilmt.

In diesem Moment wurde uns zum ersten Mal richtig bewußt, daß wir inzwischen schon Material im Wert von 20 000 bis 40 000 Dollar zusammenfotografiert hatten. Vor allem die eben geschossenen Aufnahmen waren ein sattes Sümmchen wert, denn sie waren qualitativ fast perfekt und zeigten Madonna in absolut privater Atmosphäre. Allerdings konnten wir sie noch nicht zum Verkauf anbieten, da unser Versteck dann sofort aufgeflogen wäre. Und wenn wir gar noch Baby-Fotos bekommen würden, hätten wir garantiert einen Megahit gelandet. Unsere Chancen waren extrem gut, eigentlich konnten uns nur noch andere Paparazzi einen Strich durch die Rechnung machen. Oder Madonna selbst, indem sie gleich nach der Geburt Fotos von dem Kind machen ließ und an die Presse gab. Dann wären unsere nur noch relativ wenig wert.

Aber noch war das Kind ja nicht geboren, ja, Madonna war noch nicht einmal im Krankenhaus. Wahrscheinlich würden wir weitaus länger als eine Woche hier oben ausharren müssen. Denn drei Tage würde sie mindestens im Krankenhaus bleiben, und wenn wir dann keine Fotos bei ihrer Heimkehr bekämen, würde es richtig eng. Niemand wußte, wie lange es dauern konnte, bis sie sich mit ihrem Nachwuchs im Garten zeigen würde. Und ab übermorgen mußten wir für jeden weiteren Tag bei O'Mary 5000 Dollar aus eigener Tasche hinlegen – es sei denn, *Hard Copy* würde noch ein paar Tausender lockermachen. Aber das würde laut Valerie schwierig werden.

Tatsächlich sollte es fünf Tage dauern, bis ich Madonna wiedersah. Am 18. Oktober, einem Freitag, war es soweit.

Wir hatten nicht mitbekommen, daß die werdende Mutter ihr Haus verlassen hatte. Wahrscheinlich waren sie in einer der Nächte aufgebrochen, in denen wir nicht Wache hielten.

Bereits am 14. Oktober war öffentlich bestätigt worden, daß das Baby in einem Krankenhaus in L.A. zur Welt gekommen war. Seitdem warteten wir auf Madonnas Rückkehr. Während dieser Zeit waren wir oft damit beschäftigt, uns vor den TV- und Paparazzi-Hubschraubern zu verstecken, die in regelmäßigen Abständen im Tiefflug über das Haus in Los Feliz knatterten. Wir hatten wenig Lust, von unseren Konkurrenten gesehen zu werden, und um unsere Tarnung zu perfektionieren, hatten wir unsere Zaun-Hütte zusätzlich mit einem „Dach" versehen. Jetzt konnte uns niemand mehr hier entdecken.

Seit der Geburt des Babys häuften sich die Anrufe von Magazinen und Agenturen, die Fotos kaufen wollten. Um keinen unnötigen Lärm zu veranstalten, hatten wir unsere Funktelefone abgestellt, hörten aber regelmäßig unsere Anrufbeantworter ab. Wichtige Kunden wie den *Enquirer*, die Magazine in Australien oder unsere Partneragenturen in Europa riefen wir zurück und teilten ihnen mit, daß unsere Aussichten auf Baby-Fotos gut standen. Mehr verrieten wir nicht, und da unsere Partner professionell waren, hakte auch niemand nach.

Natürlich war in der Paparazzi-Szene längst aufgefallen, daß Andreas und ich wie vom Erdboden verschluckt waren. Nur Jonathan ließ sich hin und wieder vor Madonnas Haus blicken. Auf die Fragen von anderen Fotografen, wo denn die „Germans" seien, zuckte er nur mit den Schultern und nuschelte etwas davon, daß wir an einer anderen Geschichte arbeiteten, weil das hier sowieso alles keinen Sinn hätte.

Noch lief alles perfekt, doch das Geld, das wir O'Mary stets abends als

Miete für den nächsten Tag überreichten, gaben wir doch mit einem weinenden Auge aus der Hand.

Irgendwann schienen wir unserem Vermieter leid zu tun. Er verzichtete zwar nicht auf sein Geld, gewährte uns aber Zugang zu einem tiefer gelegenen Teil des Gartens, von dem aus wir einen noch besseren Blick auf die Eingangstür hatten. Hier saßen wir fast auf gleicher Höhe mit Madonnas Haus und schauten fast in gerader Linie auf ihre Tür.

Unsere Mission war mittlerweile zu einer regelrechten High-Tech-Operation ausgeartet. O'Mary hatte uns einen kleinen Fernseher zur Verfügung gestellt, den wir in unserer „Zaunhütte" an die Videokamera anschlossen; das war eine Erleichterung, weil der Minibildschirm, mit dem wir bislang gearbeitet hatten, doch stark auf die Augen ging. Als O'Mary uns das zweite Versteck zeigte, brachten wir von zu Hause einen zweiten Fernseher mit, um auch hier unten eine Foto- und Video-Überwachung zu installieren. Außerdem schlossen wir an die Fotokameras kleine Antennen an, so daß wir beide via Fernbedienung auslösen konnten. Die Videokameras liefen nun ohne Unterbrechung, von morgens bis abends. Alle zwei Stunden mußten wir die Tapes wechseln, beschriften und wegsortieren.

Der Grund für diesen Aufwand lag auf der Hand: Wir mußten damit rechnen, daß Madonna jeden Moment zurückkehren würde, und wir durften diesen Moment auf keinen Fall verpassen. Zwei Tage lang übernachteten wir sogar im Pool-Haus, um die Videokameras auch nachts laufen zu lassen.

Und doch haben wir nicht mitbekommen, wann und wie Madonna in ihre Villa zurückkam. Entweder haben wir den entscheidenden Moment regelrecht „verpennt", oder – und diese Erklärung erschien uns schon aus Gründen der „Berufsehre" viel logischer – die Aktion geschah in einer der Nächte, die wir nicht auf O'Marys Grundstück verbrachten. Wie auch immer, spätestens als am 17. Oktober die ersten Geschenke angeliefert wurden, wußten wir, daß sie wieder zu Hause war. Der Bodyguard mußte von nun an ständig große Pakete mit bunten Schleifen oder riesige Blumensträuße entgegennehmen, und nach und nach kamen auch wieder Freunde zu Besuch.

Am folgenden Tag erwartete statt des Bodyguards eine von Madonnas Assistentinnen vor der Tür einen Boten, der einen Blumenstrauß ablieferte. Und in diesem Moment tauchte plötzlich auch die junge Mutter in der Tür auf, im Nachthemd, darüber eine Strickjacke, die Arme in die Seite gestemmt, sah sie zu, wie die Assistentin die Blumen entgegennahm. Ihr Bauch war noch immer leicht gerundet.

Kurz darauf zogen sich die beiden Frauen wieder ins Haus zurück. Somit hatten wir die ersten Fotos von Madonna nach der Geburt, aber leider immer noch ohne Baby.

Dann kam der erste Rückschlag. Gegen 16 Uhr trat eine Afroamerikanerin in weißer Krankenhauskluft in den Garten. Im Arm hielt die Frau ein kleines, weißes Bündel, daß sie so trug, wie man halt ein Baby trägt. Sie drehte eine Runde durch den Garten und ging wieder ins Haus.

Wir schossen Bilder und Videoaufnahmen, konnten uns aber nicht so richtig freuen. Denn erstens war das Baby nicht zu erkennen, und zweitens fehlte Madonna in dieser Szene – und ein Baby-Foto ohne die berühmte Mama war nicht das, worauf die Boulevard-Welt wartete. Aber immerhin durfte das Neugeborene schon das Haus verlassen, wir mußten die Hoffnung noch nicht aufgeben.

Um 18 Uhr erschien auf dem Display von Andreas' Pieper plötzlich die Nummer von Valerie, dahinter leuchteten die Ziffern „911" auf – die amerikanische Polizei- und Notrufnummer, ein Zeichen dafür, daß es dringend war. Andreas verzog sich zum Pool, um in Ruhe telefonieren zu können. Nach ein paar Minuten kam er wütend zurück.

„Schöne Scheiße!" fluchte er. „Als die Babysitterin vorhin rauskam, hat ein Fernsehteam vorne an der Straße vom Dach des Übertragungswagens aus über den Zaun gefilmt, und dabei haben sie die Babysitterin gekriegt. Das haben die eben in den Lokalnachrichten gezeigt. Valerie sagte auch, daß man vom Baby nichts sehen konnte, aber dennoch, sie hatte erst mal ganz schön Panik. Sie wollte außerdem wissen, ob wir auch was hätten und ob das Baby besser zu erkennen wäre. Sie meint, wir sollen locker bleiben. Fotos hat offenbar keiner davon bekommen, also haben sie uns das ‚Exklusiv' wohl noch nicht versaut."

Mein Adrenalinspiegel stieg. Inzwischen hatten wir schon 20 000 Dollar für Miete hingelegt, und ich hatte überhaupt keine Lust darauf, daß uns irgendwelche Stümper dazwischenfunkten. Was, wenn auch Madonna die Schnappschüsse ihres Babys in den Nachrichten gesehen hatte? Würde sie dann noch mit dem Kind vor die Haustür treten?

Schlechtgelaunt brachen wir gegen 20 Uhr unsere Oberservation für diesen Tag ab. Später am Abend trafen wir uns noch mit Valerie, die versprach, alles zu tun, damit *Hard Copy* noch ein paar Tagesmieten übernahm. Wir wollten jetzt auf keinen Fall aufgeben, denn noch hatten wir eine realistische Chance, die ersten Bilder von Mutter und Kind zu bekommen. Insgesamt wollten wir noch eine weitere Woche ausharren, auch wenn uns das nochmals 35 000 Dollar kostete. Es war eine Art Roulette, aber die Gewinnchancen waren vergleichsweise groß.

Zwei Tage gingen ins Land, ohne daß wir Madonna zu sehen bekamen. Allmählich wurden wir nervös.

Am 18. Oktober machten wir Bekanntschaft mit ihrem Hund, einer kleinen, stupsnasigen Promenadenmischung. Plötzlich stand das Tier vor unserem Versteck und knurrte grimmig. Wie es aussah, mußte er durch ein kleines Loch im Zaun geschlüpft sein, der Madonnas Grundstück von demjenigen O'Marys trennte. Ich versuchte, ihn zu dem Loch zurückzulocken, und betete, daß er bloß nicht loskläffte und dadurch den Bodyguard alarmierte. Und tatsächlich ging alles gut, knurrend zog das Tier wieder ab, bellte aber nicht. Wir atmeten auf.

Sonntag, der 20. Oktober, war der zehnte Tag unserer Aktion, wir hatten inzwischen 30 000 Dollar aus eigener Tasche bezahlt, da *Hard Copy* nur 5000 draufgelegt hatte. Vier Tage wollten wir noch weitermachen, dann würden wir abziehen. Sollten zwei Wochen darauf immer noch keine Fotos von Madonna und dem Baby veröffentlicht worden sein, würden wir unser Glück noch einmal versuchen.

Seitdem Madonna das erste Mal nach der Geburt im Garten gewesen war, hatten wir Jonathan zur Verstärkung zu uns geholt. Dadurch konnte sich immer einer von uns ausruhen, während die beiden anderen auf Beobachtungsposten waren. So arbeiteten wir effektiver, ohne auch nur eine Sekunde zu verpassen. Denn jeder Fehler, jede Unachtsamkeit konnte uns eine weitere Tagesmiete kosten.

Seit einigen Tagen benutzten wir keine Funkgeräte mehr, mit denen wir anfangs zwischen den beiden Verstecken in kodierter Sprache kommuniziert hatten. Denn vor kurzem hatten wir während eines Funkgesprächs gehört, daß jemand unsere Worte wiederholte – eine männliche Stimme, die so deutlich zu verstehen war, daß der Mann nicht allzu weit entfernt sein konnte. Man hörte uns also ab, und vielleicht ahnten diese Leute sogar schon, daß wir uns auf dem Nachbargrundstück eingenistet hatten. Die Aufgabe, Nachrichten zu übermitteln, fiel seitdem an den dritten aus unserem Team, der gerade nicht Wache hielt.

An diesem Sonntag saß ich die meiste Zeit im oberen Versteck. Mittlerweile war es schon recht kühl geworden, also hatte ich eine Sportjacke über das T-Shirt gezogen und trug außerdem schon seit Tagen lange Hosen. Die T-Shirt- und Shorts-Zeit war definitiv vorüber. Innerlich hatte ich mich längst damit abgefunden, daß wir die Aktion in vier Tagen erfolglos abbrechen würden. Madonna war schon seit zwei Tagen nicht mehr zu sehen gewesen; wahrscheinlich gab es auf der anderen Seite des Hauses ein geschützteres Stück Garten, wo sie mit dem Baby an die frische Luft gehen konnte.

Ehrlich gesagt, war ich sogar ein wenig erleichtert, daß wir noch keine Baby-Fotos hatten und auch die anderen Bilder noch nicht verkauft waren. Selbst der finanzielle Verlust bedrückte mich weniger als eine andere Sorge, die mir von Tag zu Tag mehr zu schaffen machte: Ich befürchtete, daß wir von Madonna ein Donnerwetter zu erwarten hätten, sobald irgendwelche Bilder erschienen. Wir hatten sie zehn Tage lang von morgens bis abends beobachtet, und das würde an den Fotos auch zu erkennen sein, da alle aus denselben Blickwinkeln gemacht worden waren. Auch die Videoaufnahmen verrieten deutlich, daß die Kamera auf einem Stativ gestanden hatte und über längere Zeit auf den Eingang zum Haus des Superstars fixiert worden war. Von zufälligen Paparazzi-Schnappschüssen konnte da gewiß nicht mehr die Rede sein, all unser Material war vielmehr das Ergebnis einer offensichtlich langwierigen Observation. Wie die Rechtslage aussah, wußte ich nicht, aber ich hatte keine Lust auf einen Prozeß. Madonna war einfach zu reich, zu mächtig, als daß wir wirklich eine Chance gegen sie und ihre Anwaltsmeute gehabt hätten. Unsere einzige Hoffnung war, daß sich ihre geballte Wut gegen die Magazine und gegen *Hard Copy* richten würde und nicht gegen uns, die eigentlich Verantwortlichen bei diesem Eingriff in ihre Privatsphäre.

Je länger wir hier oben warteten, desto mehr Zeit hatte ich zum Nachdenken. Und mehr und mehr wurde mir bewußt, daß unsere Aktion auf O'Marys Grundstück völlig inakzeptabel war. Madonna hatte nicht den geringsten Schimmer, daß sie tagaus, tagein beobachtet wurde, daß jeder ihrer Schritte außerhalb des Hauses von Kameras dokumentiert wurde. Sie fühlte sich absolut sicher, der Gedanke, daß ein Nachbar sie „verkaufen" könnte, lag ihr vermutlich völlig fern.

Auch daß ich kein besonders großer Fan der Pop-Ikone war, daß ich ihr provokativ zur Schau gestelltes Diva-Verhalten gegenüber der Öffentlichkeit ablehnte, war keine Entschuldigung für unser Tun. Hinter ihrer Star-Maske war auch Ms. Ciccone eine ganz normale Frau mit ganz normalen menschlichen Gefühlen. Wie mußte sie sich fühlen, wenn sie diese Fotos zu Gesicht bekäme? Wenn sie begriff, daß sie über Wochen hin feige und hinterhältig beschattet worden war? Denn schließlich hatten wir nicht nach üblicher Paparazzi-Art von öffentlichem Grund und Boden aus zugeschlagen, sondern uns ein Versteck direkt vor ihrer Nase erkauft – so nah, daß sie wahrscheinlich nicht einmal im Traum auf die Idee gekommen wäre, jemand könne so dreist in ihre Privatsphäre eindringen.

Erstmals seit längerem nistete sich in meinem Kopf ein gewisses Schuldgefühl ein, das nicht von selbst wieder verflog. Doch noch ließ es sich verdrängen durch die Aussicht auf das viele Geld, das wir mit diesen Fotos und Videos verdienen konnten. Also machte ich weiter.

Gegen Mittag lieferte uns ein Pizza-Dienst unsere tägliche Mahlzeit. Schon seit Tagen waren wir auf diese Variante der Verpflegung umgestiegen. Jonathan saß mit Andreas im unteren Versteck, ich machte es mir oben gerade vor dem Monitor bequem. Plötzlich kam Jonathan zu mir, völlig außer Atem und ziemlich aufgeregt.

„Hast du sie gekriegt?" fragte er.

„Wovon redest du?"

„Na, von wem wohl? Madonna ... Mit Kind auf'm Arm ... Eben gerade hat sie eine Runde durch den Garten gedreht."

„Nein, ich habe nix gesehen, da müssen die Büsche davor gewesen sein." Erst allmählich begriff ich, was mein Kumpel gerade gesagt hatte. „Ihr habt sie? Ihr habt Bilder?"

„Ja, natürlich ... und Video auch. Wir wissen nur noch nicht, ob man das Baby erkennen kann. Sie war vielleicht insgesamt zehn Sekunden zu sehen, davon nur eine Sekunde, in der auch das Baby zu erkennen war. Dann hat sie sich nach links weggedreht und das Kind verdeckt. Auf dem Video ist es aber zu sehen, das haben wir schon gecheckt."

Gemeinsam rekonstruierten wir, was abgelaufen war, und kamen schließlich zu dem Resultat, daß das Baby auch auf den Fotos zu sehen sein mußte. Jonathan hatte mit dem Auslösekabel in der Hand auf den Monitor gestarrt, während Andreas noch an seiner Pizza aß. Plötzlich sah er Madonna von links ins Bild laufen, wieder mit Nachthemd und einer Strickjacke darüber bekleidet und das Baby im Arm. Er drückte sofort auf den Auslöser, das Gesicht des Säuglings mußte mindestens zur Hälfte im Blickfeld gewesen sein. Dann drehte Madonna eine große Linkskurve, wodurch sie den Blick aufs Baby versperrte. Wenn Jonathan also tatsächlich sofort gedrückt hatte, mußte das Baby auf dem Foto sein.

Nur zögerlich brach Freude aus. So ganz mochten wir noch nicht glauben, daß dies nun tatsächlich die mega-exklusiven Fotos waren, auf die die Klatsch-Welt wartete. Noch am Abend wollten wir zum Labor fahren, um den Film zu entwickeln. Wenn das Baby zu erkennen war, würden wir die Aktion abbrechen und sofort mit dem Verkauf beginnen. Vielleicht hatten wir an diesem einen Tag 100 000 Dollar oder mehr verdient ...

Wenig später erhielt unsere Jubelstimmung allerdings einen heftigen Dämpfer. O'Mary besuchte uns und berichtete, daß eine Nachbarin ihn vor wenigen Minuten angerufen hatte. Angeblich hatte die Frau gesehen, daß zwei Fotografen über einen Zaun gesprungen und zu Madonnas Haus gelaufen waren – und zwar vor ungefähr einer halben Stunde. Und das war dummerweise in etwa der Zeitpunkt, als Madonna mit Baby durch den Garten gelaufen war. Offensichtlich hatten die Typen einen Tip bekommen, von wem auch immer. Und wenn das Grundstück, um das es ging, auch nicht so hoch lag wie Madonnas oder „unseres", konnten sie doch den Eingangsbereich von Madonnas Haus im Blick gehabt haben. Es war also nicht auszuschließen, daß auch sie Baby-Fotos geschossen hatten.

Wir waren am Boden zerstört. Zehn Tage 5000 Dollar sollten verloren sein? Ein paar Vollidioten hatten uns tatsächlich das gewinnbringende „Exklusiv" versaut? Das durfte doch nicht wahr sein!

Eine halbe Stunde später wurden wir in unseren schlimmsten Befürchtungen bestärkt. Valerie meldete sich und berichtete, daß Fotografen bei *Hard Copy* angerufen und erste Madonna-Baby-Bilder angeboten hätten – für 50 000 Dollar. Leider hatte sie die Bilder noch nicht gesehen, so daß wir noch immer nicht wußten, ob das Baby darauf zu erkennen war oder nicht.

Andreas rief sofort beim *Enquirer* und bei einem australischen Magazin an. Auch dort hatten die Paparazzi die Bilder schon angeboten, für jeweils 200 000 Dollar. Wir erzählten, daß wir ebenfalls Baby-Bilder hätten und darüber hinaus noch Dutzende anderer „privater" Fotos, die über einen Zeitraum von zehn Tagen entstanden seien. Damit hatten wir den anderen wenigstens das schnelle Geschäft erst einmal versaut, denn schließlich hatten die „Germans" in der Szene einen guten Namen. Bevor Magazine wie der *Enquirer* Fotos von irgendwelchen No-Names kauften, würden sie sich zunächst sicher unsere Shots anschauen.

Wie wir erfuhren, hieß der Paparazzo, der uns die Tour vermasseln wollte, Ken Winner, ein Brite, der bisher immer auf eigene Faust losgezogen war. Winner galt nicht als große Nummer, vielleicht hatte er sich deshalb einen Partner als Verstärkung gesucht.

Brad Thompson vom *Enquirer* gab uns Winners Telefonnummer, und Andreas rief sofort bei ihm an. Es meldete sich jedoch ein junger Typ mit französischem Akzent, definitiv nicht Louis oder einer seiner Leute, sondern jemand, den wir noch nicht kannten. Andreas wollte ihnen einen Deal vorschlagen.

„Hallo, wer spricht da? ... Ah, Alain ... Also, Alain, hier ist Andreas, laß mich mal mit Ken sprechen! ... Ja, jetzt sofort!"

Andreas blickte mich von der Seite an und verdrehte die Augen, was soviel bedeutete wie: ‚Am anderen Ende der Leitung sitzen Stümper.' So mochte ich meinen Partner, er zeigte selbst in einer solchen Situation noch ein bißchen Humor und blieb trotzdem total cool und professionell.

„Ken?" hörte ich ihn nach einigen Sekunden wieder in den Hörer rufen. „Hier ist Andreas. Hör mir mal gut zu, Ken! Wir sitzen seit zehn Tagen auf dem Nachbargrundstück und fotografieren jede Maus, die übers Gras hoppelt. Wir haben ungefähr 30 Rollen Film verschossen und haben auch die Fotos von Madonna und dem Baby. Ich weiß nicht wie ... wie bitte!? ... Nein, laß mich weiterreden ... Also, ich weiß nicht, wie die Qualität eurer Fotos ist, aber unsere sind einwandfrei, man kann das Baby sehen und alles." Er pokerte hoch, noch hatten wir die Fotos ja gar nicht gesehen.

„Außerdem haben wir haufenweise Material aus den letzten zehn Tagen, die Madonna, Carlos und alles mögliche zeigen. Ich glaube kaum, daß ihr das toppen könnt ... Ken, laß mich ausreden!" Andreas stöhnte. „Also, wenn ihr euer Foto allein und non-exklusiv verkauft, verdient ihr im Vergleich zu uns so gut wie nichts, weil die Magazine mit unseren Fotos Seiten füllen können. Ich weiß nicht, was sie mit einem Foto von euch anfangen sollen!? Allerdings versaut ihr uns damit mächtig den Preis, weil wir unsere Fotos auch nicht mehr als exklusiv anbieten können. Wenn wir uns aber zusammentun, gibt es nur einen Anbieter ... und alle Fotos sind exklusiv. So machen wir wesentlich mehr Kohle. Und die teilen wir. Es liegt an euch!"

Andreas schaute fragend zu mir herüber, und ich nickte kurz. Denn auch mir war klar, daß die Magazine die jetzt entstandene Situation gnadenlos ausnützen und die Preise drücken würden, ganz egal, ob unsere Fotos nun qualitativ besser waren und wir ein ganzes Set anzubieten hatten. Auch wenn es uns nicht schmeckte, es war wohl das beste, wenn wir uns mit Winner zusammentaten und mit ihm teilten.

Jetzt warteten wir gespannt auf eine Antwort. Sekunden später hörte ich Andreas wieder reden.

„Ja? ... Natürlich bin ich's, wer denn sonst? ... Wie bitte!? ... Ey, das ist echt dumm von euch ... aber bitte, ihr wollt es ja so ... Du hast ja meine Nummer, Ken, eine halbe Stunde gebe ich dir noch."

Er legte auf und sah mich mit großen Augen an: „Ey, die sind doch total bekloppt, wollen sich auf keinen Deal einlassen. Dann eben nicht, verkaufen wir unsere Bilder eben alleine."

Anschließend machte sich Andreas auf den Weg zum Labor. Am Abend wollten wir die Videotapes mit Madonna und dem Baby zu Valerie bringen, da *Hard Copy* für den nächsten Tag bereits den ersten Teil einer zweiteiligen Sondersendung plante.

Mittlerweile war es 14 Uhr, Jonathan und ich blieben für den Rest des Tages in Stellung, falls sich noch irgend etwas Fotografierenswertes tat.

Zwei Stunden waren bereits verstrichen, als Andreas sich wieder meldete. Er hatte die Filme entwickeln lassen.

„Also", berichtete er, „auf unseren Fotos kannst du die Hälfte des Babys sehen. Wir haben Glück gehabt, schon auf dem dritten Bild war das Baby verdeckt ... Zum Glück hat Jonathan tatsächlich sofort auf den Auslöser gedrückt. So, und jetzt kommt's noch besser: Die Fotos von Winner kannste vergessen. Ein Baby ohne Gesicht ist halt nichts wert. Thompson hat's mir gerade erzählt. Schwein gehabt, daß sie unseren Vorschlag nicht angenommen haben. Ich schicke unser Material sofort raus und rufe später noch mal an."

Ich atmete tief durch. Wie es aussah, hatten wir durch Winners Starrköpfigkeit einen satten Schnitt gemacht.

Gegen Abend begannen Jonathan und ich, unser Versteck am Pool-Haus abzubauen. Am unteren Versteck hatten wir die Kameras an einen schon vorhandenen Zaun gestellt und Sträucher davorgelegt. Wir mußten nur noch unsere Geräte abholen, mehr war dort nicht zu tun. Hier hingegen mußten wir richtig schuften und dabei absolut leise sein. Langsam hoben wir das erste Zaunteil von der Konstruktion und lehnten es an die Wand des Pool-Hauses. So wollten wir auch mit dem Rest des Verschlages verfahren.

Wir hatten kaum angefangen, als plötzlich von Madonnas Haus her Stimmen zu uns drangen. Jonathan kauerte sich auf den Betonboden vor dem Pool, und ich kroch geduckt in unser Versteck, wo ich, mit einem mulmigen Gefühl im Magen, langsam nach vorne kroch, um einen Blick auf das Nachbargrundstück zu werfen. Als ich durch die Zaunlatten schaute, bekam ich einen Schreck: Madonna schien mir direkt in die Augen zu starren. Sie stand in der Haustür, mit verschränkten Armen, und sah in Richtung unseres Verstecks. Wenn sie schon länger hier war, mußte sie gesehen haben, wie wir das erste Zaunteil abgehoben hatten. Jetzt rief sie in Richtung Garage, und Bruchteile von Sekunden später stand der Bodyguard neben ihr. Draußen war es zu dieser Stunde totenstill, so daß ich sogar ein paar Bruchstücke von dem mitbekam, was sie sprachen. Kein Zweifel, sie hatten unseren Bretterverschlag gesehen und unterhielten sich darüber, daß diese seltsame Konstruktion vor ein paar Tagen noch nicht zu sehen gewesen sei.

Ich zog sofort meinen Kopf zurück und legte mich flach auf den Boden. Jetzt aber nichts wie fort, dachte ich und kroch langsam zurück. Jonathan hockte immer noch auf dem Boden, und plötzlich erschien auch O'Mary wie aus dem Nichts, auch er in geduckter Haltung.

Nachdem ich ihn kurz informiert hatte, was geschehen war, schickte er uns ins Pool-Haus, er würde die Angelegenheit schon regeln.

In Windeseile liefen wir geduckt zum Haus und kauerten uns hinter ein Fenster, von wo aus wir die folgende Szene gut beobachten konnten. Schon nach weniger als einer Minute tauchte der Bodyguard in dem brachliegenden Stück Garten auf, das auf einer Höhe mit unserem oberen Versteck lag. Er stand jetzt unweit der Stelle, an der Madonnas Hund durch den Zaun geschlüpft war. Glücklicherweise hatten wir schon zu Beginn der Aktion zu dieser Seite des Gartens hin Sichtblenden in Form von Zaunteilen und riesigen Palmenpflanzen aus O'Marys botanischem Garten aufgestellt, so daß der Bodyguard von seiner jetzigen Position aus das obere Versteck nicht sehen konnte.

O'Mary hatte inzwischen begonnen, mit einem Schlauch einige Pflanzen zu wässern, die neben dem Pool-Haus in die Höhe wucherten. Er schaute nicht einmal auf, als der Bodyguard auftauchte, sondern verrichtete weiter seine Gartenarbeit. Zwischen seinen Füßen wuselte der Pekinese herum.

Der Leibwächter starrte noch eine Weile auf diese Herr-Hund-Idylle, dann drehte er sich um und rief laut den Hügel hinunter: „Alles in Ordnung, Baby, er wässert seine Pflanzen."

Wir atmeten mehrmals tief durch: Das war gerade noch mal gutgegangen. Jetzt aber nichts wie weg!

Mit O'Mary verabredeten wir, an einem der nächsten Tage noch mal wiederzukommen, um die Abbauarbeiten zu beenden. Heute war es einfach zu gefährlich. Gegen 18.30 Uhr bogen wir in die Sackgasse ein und sahen zwei Paparazzi in ihren Autos – die Ärmsten warteten immer noch auf ein Wunder.

Kaum hatten wir Madonnas Nachbarschaft verlassen, da klingelte das Telefon. Andreas gab die ersten Ergebnisse durch. „Also: 26 000 in

Australien und 21 000 vom *Enquirer*. In Deutschland und England können wir erst heute nacht anrufen. Sind zwar nicht die Megasummen, aber insgesamt wird da schon einiges zusammenkommen. Ach so: Der *Globe* hat das Bild von Winner gekauft, angeblich für 5000 Dollar. Lächerlich!"

„Na, wunderbar", antwortete ich, „wir sind schon unterwegs. Du wirst nicht glauben, was eben passiert ist: Madonna hat uns wahrscheinlich doch noch entdeckt ..."

Wir fuhren direkt zu Andreas, wo wir im Schnelldurchlauf die Videotapes sichteten und eine Auswahl für *Hard Copy* zusammenstellten. Ein Messenger-Service brachte das Tape zu den *Paramount Studios*. Andreas sendete unterdessen eine Auswahl von 30 Bildern an sämtliche Agenturen in den für uns wichtigen europäischen Ländern. In England und Deutschland wollten wir direkt verkaufen, um die Provisionen zu sparen. In beiden Ländern erwarteten wir gute Einnahmen.

Mit Simone, der L.A.-Korrespondentin der deutschen *Gala*, hatten wir bereits gesprochen und wußten deshalb, daß dieses Magazin sehr interessiert war. Gegen Mitternacht telefonierte ich mit der Foto-Chefin von *Gala* in Hamburg. Dort war es bereits 9 Uhr morgens, und sie hatte die Bilder auf dem Computer vor sich.

„Und das soll Madonna sein?" fragte sie ungläubig.

Ich mußte lachen. „Natürlich ist das Madonna, das sieht man doch!"

„Ja, aber ... Ich meine, das sind schon beeindruckende Fotos, aber ... die sieht so anders aus!"

Ich schaute zu Andreas hinüber und schüttelte den Kopf. Lebten die in Deutschland denn hinter dem Mond?

„Das ist Madonna, wie man sie normalerweise nicht sieht", versuchte ich zu erklären, „privat, ohne Make-up, und schwanger ... Das heißt, nicht mehr schwanger ..... Aber es ist Madonna! Wir haben sie zehn Tage lang vom Nachbarhaus aus beobachtet und fotografiert. Der *Enquirer* hat die Bilder für mehr als 20 000 Dollar gekauft ... Und morgen läuft das hier im landesweiten Fernsehen bei ‚Hard Copy'. Sie können uns schon glauben."

Sie druckste kleinlaut herum. Die nächste Frage schien ihr selber unangenehm zu sein: „Ist es okay, wenn Sie uns ein Fax schicken, in dem Sie bestätigen, daß die Frau auf den Fotos wirklich Madonna ist?"

Ich verdrehte die Augen und schlug mir den Hörer gegen die Stirn; dann riß ich mich aber zusammen und versicherte ihr, das Fax sofort aufzusetzen. Dann legte ich auf, griff zum Kugelschreiber und schrieb:

CA IMAGES, Christoph Seitz
Tel./Fax: 001 310 ███████

Los Angeles, 20.10.96

Gala Deutschland
z. Hd. ████████████
Fax: 01149 40 ████████

Hiermit bestätigen wir, daß die auf den Fotos
zu sehende blonde Frau Madonna ist, und das
die Fotos in den Tagen vor und nach der Geburt
ihrer Tochter Lourdes am 14.10.96 in Los Angeles
entstanden sind. Sie befand sich zu der Zeit
auf ihrem Grundstück im Stadtteil Los Feliz.
Bei den anderen Personen handelt es sich um
den Vater des Kindes, Carlos Leon, den Bodyguard,
eine Assistentin sowie Besuch.
Wir befanden uns beim Fotografieren auf Öffentlichem Grund.

Via Fax bestätigten *CA Images* am 20. 10. 96, daß die auf den Fotos abge-
bildete junge Mutter tatsächlich Madonna ist.

209

„Hiermit bestätigen wir, daß die auf den Fotos zu sehende blonde Frau Madonna ist und daß die Fotos in den Tagen vor und nach der Geburt ihrer Tochter Lourdes am 14. 10. 96 in Los Angeles entstanden sind. Sie befand sich zu der Zeit auf ihrem Grundstück im Stadtteil Los Feliz. Bei den anderen Personen handelt es sich um den Vater des Kindes, Carlos Leon, den Bodyguard, eine Assistentin sowie Besucher. Wir befanden uns beim Fotografieren auf legalem Grund."

Diese Erklärung unterschrieben wir beide und faxten sie nach Hamburg. Schließlich handelten wir mit *Gala* 10 000 Dollar für die deutschen Erstverwertungsrechte aus. In England lief das Geschäft professioneller ab. Das *Here Magazine* schlug ohne große Nachfragen für 12 000 Pfund zu, rund 20 000 Dollar. Tatsächlich waren die Fotos diese Summen auch wert, da man etliche Seiten mit ihnen füllen konnte.

Bis zum nächsten Morgen in L.A. hatten die meisten Agenturen die Bilder schon verkauft. Vom Bett aus hörten wir uns die Summen an, die erzielt worden waren: 20 000 in Frankreich, 10 000 in Italien, 10 000 in Spanien und so weiter. Mit allen Zweit-, Dritt- und Viertverwertungen würden wir vermutlich mehr als 150 000 Dollar umsetzen – ein super Feeling. Selbst wenn wir davon unsere Investitionen von über 30 000 Dollar abzogen, war das ein Spitzengeschäft.

Doch die Geschichte sollte ein Nachspiel haben.

Am Abend des 21. Oktober sendete *Hard Copy* den ersten Teil des Madonna-Baby-Specials, das den ganzen Tag über mit Spots vorangekündigt wurde. Der halbstündige Beitrag zeigte den sogenannten „baby walk", also den Moment, in dem Madonna mit dem Baby durch den Garten lief, immer und immer wieder. Zwischendurch wurden andere Szenen eingeklinkt – Carlos Leon beim Aufheben der Zeitung, Madonna beim Begrüßen von Freunden, die Lieferung der Geschenke und so weiter. Um den Beitrag aufzupeppen, interviewte *Hard Copy* bekannte Klatschreporter, die über Gewicht und Größe der kleinen Lourdes und das Befinden Madonnas und Carlos' spekulierten. Das Ganze lief unter dem Label „welt-exklusiv", und man gewann beim Sehen den Eindruck, als hätten die Macher des Magazins den Beitrag selbst gedreht. Uns konnte das nur recht sein, da wir so vorerst aus der Schußlinie blieben.

Am nächsten Tag wurde der zweite Teil gesendet, der im Grunde nur die Bilder des Vortages wiederholte, allerdings ein bißchen anders zusammengeschnitten. Bei *Hard Copy* wußte man, daß die ersten Bilder von Madonnas Baby die Quoten in die Höhe treiben würden – und tatsächlich erreichte das Magazin mit dem Special Spitzenergebnisse.

Eine Woche später war für uns bereits wieder der Alltag eingekehrt, wir arbeiteten an einer Story über die Popsängerin Paula Abdul, die im *Four Seasons*-Hotel in Beverly Hills ihre Hochzeit mit einem Geschäftsmann feierte. Den Auftrag hatten wir vom *Enquirer* erhalten, der inzwischen auch unsere Madonna-Bilder veröffentlicht hatte. Bislang hatte es kaum Probleme gegeben. Lediglich das australische Magazin *Woman's Day* wollte die vereinbarten 26 000 Dollar nicht mehr in voller Höhe zahlen, weil ein neuseeländischer TV-Sender den Beitrag von *Hard Copy* ausgestrahlt hatte. Da *Woman's Day* Neuseeland zu seinem Einzugsgebiet rechnete, wollten sie uns wegen nicht mehr gegebener Exklusivität nur noch 16 000 Dollar zahlen. Und der *Star*, der zur selben Muttergesellschaft wie der *Enquirer* gehört, hatte das Babyfoto klein auf dem Titel und groß auf einer Innenseite gebracht. Wir erhielten dafür eine Entschädigung von 8000 Dollar.

Im großen und ganzen konnten wir mit den bisherigen Verkäufen sehr zufrieden sein. Und Ärger mit Madonna hatte es auch nicht gegeben.

Am 25. Oktober bezogen wir ein vom *Enquirer* für uns angemietetes Zimmer im *Four Seasons*, unsere Ehefrauen Suzanne und Jenny waren zur Tarnung mitgekommen, wir spielten ein paar junge Leute, die von ihren reichen Eltern eine Nacht im Nobel-Hotel spendiert bekommen hatten. Während wir noch am Auspacken waren, klingelte Andreas' Funktelefon. Ich hörte neugierig zu, am anderen Ende war unser Ex-Vermieter O'Mary.

„Hallo!? ... Balthazar? Hi! Wie geht's Dir? ... Danke, uns geht's gut!" Andreas lachte – noch! „Wie bitte!? ... Ist ja interessant ..." Er setzte sich auf einen Stuhl, sein Gesicht lief rot an. „Kannste das mal 'rüberfaxen, wir sind gerade im *Four Seasons* ... Warte, hier ist die Nummer."

Dann legte er das Telefon auf den Tisch und sah uns für einen Moment gedankenverloren an. Ich schnippste mit den Fingern: „Hallo, Andreas ... Was ist denn los?"

Allmählich kam er wieder zur Besinnung. „Madonnas Anwälte haben O'Marys Anwalt ein Fax geschickt", berichtete er. „Sie fordern die Herausgabe aller Fotos und Videos und wollen die Namen aller an der Aktion Beteiligten wissen. Wenn das bis heute, 17 Uhr, nicht gelaufen ist, würden Madonnas Anwälte die erforderlichen rechtlichen Schritte einleiten ... was immer das bedeutet ... Was machen wir jetzt?"

„Was hat denn Balthazar gesagt?", fragte ich nach.

„Er meint, sein Anwalt wird die erst mal in ihre Schranken verweisen. Aber wir sollten uns was überlegen."

OCT-25-1996 15:53   P.02

LAW OFFICES OF

████████████████████████████

A UNITED LIABILITY PARTNERSHIP INCLUDING PROFESSIONAL CORPORATIONS

555 SOUTH FLOWER STREET
LOS ANGELES, CALIFORNIA 9007-2371
TELEPHONE (213) 683-6000
FACSIMILE (213) 627-0705
INTERNET www.phjw.com

October 25, 1996

WRITER'S DIRECT ACCESS

(213) 683-6149

OUR FILE NO.

52121.78244

VIA MESSENGER, VIA FEDERAL EXPRESS
AND U.S. MAIL

Mr. ████████████
Mr. ████████████

Los Angeles, CA 90027-1223

Re: Demand to Cease and Desist Invasion of
     Privacy and Unlawful Surveillance

Dear Mr. ████████ and Mr. ██████:

        We are litigation counsel to Madonna Ciccone. We
are informed that you have used your property, or have
allowed the media to use your property, for the unlawful
purpose of conducting surveillance of Ms. Ciccone and her
daughter. This illegal activity has included the taking of
videos, photographs, audio or other sound recordings, in
violation of California Penal Code Section 632, a criminal
statute. Further, you have violated our client's right of
privacy under the California Constitution and under the
common law.

        We therefore demand that you immediately do the
following:

        (1) Cease and desist using your property, or
allowing others to use your property, for such surveillance;

        (2) Turn over to us any and all videos,
photographs, audio or sound recordings that you have of our

In einem Telefax vom 25. Oktober 1996 fordern Madonnas Anwälte von
den Nachbarn des Superstars die Einstellung der „illegalen" Aktionen
und die Herausgabe aller bislang gemachten Fotos.

212

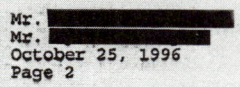

Mr. ██████████
Mr. ██████████
October 25, 1996
Page 2

client, her daughter, her friends or her guests on her
property;

      (3) Confirm to us in writing, that you will stop
the foregoing unlawful activity, and that you will not
resume it in the future; and

      (4) Cooperate in our investigation by disclosing
the identities of all other individuals or entities who have
been conducting such surveillance from your property.

      If you do not immediately agree in writing to the
foregoing, on or before 5:00 p.m. on October 25, 1996, then
our client has instructed us to vigorously pursue her rights
and remedies without further notice.

      I can be reached by telephone at (213) 683-6149 or
by facsimile (213) 627-0705.

               Very truly yours,

GLF:rz
cc: Madonna Ciccone

Zehn Minuten später hatten wir das Fax vorliegen:

„Sehr geehrter Mr. O'Mary, wir sind die rechtlichen Vertreter von Madonna Ciccone. Wir sind darüber informiert, daß sie Ihr Grundstück zu illegalen Aktionen benutzt oder daß Sie der Presse erlaubt haben, Ihr Grundstück mit der illegalen Absicht zu benutzen, Ms. Ciccone und ihre Tochter zu überwachen. Diese Überwachung beinhaltete die Aufnahme von Video-, Foto- und Audiomaterial ..."

Und dann kam es knüppeldick. Madonnas Anwälte zählten auf, welche Gesetze wir gebrochen hatten, und forderten: 1.) die Einstellung der illegalen Aktivitäten; 2.) die Herausgabe aller Video-, Foto- und Audio-Aufnahmen; 3.) die schriftliche Bestätigung, daß die Aktivitäten eingestellt seien und nie wiederholt würden; 4.) die Preisgabe der Namen aller Personen und Organisationen, die an der Überwachung beteiligt waren.

Das alles sollte Balthazar O'Mary also bis heute 17 Uhr erklärt und getan haben, ansonsten würden rechtliche Schritte eingeleitet werden.

Mit Verspätung schienen sich meine Befürchtungen doch noch zu bestätigen: Wir hatten uns mit Madonna angelegt – und jetzt drohte die Hölle über uns loszubrechen. Zu allem Überfluß lag im Hotelzimmer auch noch eine aktuelle Ausgabe der *USA Today*, die Madonnas Empörung über das Special von *Hard Copy* beschrieb. Dem Artikel folgte ein offener Brief, in dem sich die Pop-Ikone über unsere „Invasion in ihre Privatsphäre" beschwerte. Madonnas Pressesprecherin Liz Rosenberg erklärte am Ende des Briefes: „Wir sind sicher, daß sie immer noch da sind, aber wir werden dagegen vorgehen."

Allerdings stellte sich innerhalb von wenigen Tagen heraus, daß das alles nur Drohgebärden waren, die nur ein Ziel verfolgten – nämlich unsere Aktionen zu beenden. Kein Star, selbst Madonna nicht, hatte ein Interesse daran, eine Bande Paparazzi vor Gericht zu zerren und dann monatelang im Rampenlicht eines öffentlichen Prozesses zu stehen.

O'Marys Anwalt schickte noch am selben Tag ein Fax an seine Kollegen, die Madonna vertraten, und bekundete darin sein Verständnis für Madonnas Verärgerung. Gleichzeitig wies er aber darauf hin, daß seit dem Einzug des Stars in die Nachbarschaft das Leben dort erheblich an Qualität verloren habe, weil ständig zwielichtige Individuen auf sein Grundstück eindringen würden, wahrscheinlich in der Absicht, das Nachbargrundstück auszuspähen. Im übrigen sei sein Klient nicht in illegale Aktivitäten involviert gewesen, besitze keinerlei Video- oder sonstige Aufnahmen von Madonna und verbitte sich alle diesbezüglichen Beschuldigungen.

Madonna miffed by 'Hard Copy' video

Madonna is taking on tabloid TV.

Incensed by two nights of *Hard Copy* video footage of her, her newborn daughter, and **Lourdes Maria's** father, **Carlos Leon,** on the grounds of their L.A. home, the star issued this statement to USA TODAY:

"I'm fully cognizant that when one is a public figure, having one's picture taken goes with the territory of fame. But when I'm in the confines of my own home, my sanctuary, I can't help but feel violated by the invasion of my privacy. I really shouldn't be surprised, but I am truly stunned that the television show *Hard Copy* would set up a camera and spy on me for more than a week solely for the purpose of filming my family in the privacy of our home.

"Furthermore, my daughter is not a public figure. She is a week-old child who does not deserve to be exploited in this way."

Jeannie Williams

News & Views

The tapes show what appears to be the front door of the star's house, with Leon getting the paper, flowers being delivered, a turbaned counselor arriving. *Hard Copy* spokesman Gary Rosen said Thursday, "Quite frankly, we are surprised that Madonna is stunned by anything."

Otherwise, Madonna "looks beautiful, the baby is adorable," says Liz Rosenberg, the star's spokeswoman. "She's anxious to get back into shape, but she's focused on the baby." The *Evita* premiere is Dec. 14 in Los Angeles (it opens Dec. 25), which Rosenberg said probably will be Madonna's first official post-birth appearance.

Leon is still with her, and Madonna's breast-feeding is going smoothly. The bad news: Those video paparazzi also provided photos to next week's *National Enquirer.*

"I'm sure they are still there," Rosenberg says. "'We have people investigating.'" The tape appears to be shot from the window of a neighboring house.

She adds that well-wishers who realize Madonna has every conceivable gift can make donations in **Lourdes'** name to Hale House, a Manhattan children's shelter, or any breast cancer or AIDS-related organization.

In der *USA Today* vom 25. Oktober 1996 wird ein offener Brief von Madonna abgedruckt, in dem sie ihre Verärgerung über die heimlichen Foto- und Videoaktivitäten unmittelbar vor und nach der Geburt ihrer Tochter Lourdes zum Ausdruck bringt. Liz Rosenberg, die Pressesprecherin der Queen of Pop, äußert den Verdacht, die Fotografen seien noch immer in der Nähe, doch man habe bereits Gegenmaßnahmen ergriffen.

Auch der Vorwurf, O'Mary habe sein Grundstück unrechtmäßig vermietet, ließ sich letztlich nicht beweisen. Also gaben Madonnas Anwälte schließlich auf.

Doch das Opfer unserer Aktion und andere Stars gingen wenige Wochen später in die Gegenoffensive. In einer spektakulären Pressekonferenz kündigte „Batman" George Clooney stellvertretend für eine ganze Reihe von Hollywood-Promis an, daß sie ab sofort den TV-Sendungen von *Paramount Studios* keine Interviews mehr geben würden. Es sei denn, *Hard Copy* beende seine Video-Paparazzi-Geschichten, die die Privatsphäre der Stars verletzen würden. Damit trafen die Stars den Nerv des Studios, das auch die Show *Entertainment Tonight* (*ET*) produziert, eine tägliche Klatsch- und Tratsch-Sendung, die allerdings Wert auf Seriosität legte. *ET* brachte keine Paparazzi-Videos, sondern lebte von Interviews und offiziellen Meetings mit den Stars. Wenn diese das Magazin boykottierten, müßte die Sendung eingestellt werden. Und siehe da – von heute auf morgen kaufte *Hard Copy* keine Paparazzi-Videos mehr, die Stars auf Privatgelände oder in intimen Situationen zeigten. Auch Videos, auf denen die Kinder der Stars zu sehen waren, fanden keinen Absatz mehr. Der Boykott hatte also für Clooney und Co. zum erwünschten Erfolg geführt. Uns gingen dadurch im Schnitt pro Monat 5000 Dollar verloren. Und eine Menge Kids, die mit billigen Videokameras vor den Restaurants und Clubs der Stadt herumhingen und auf schnelles Geld hofften, mußten wieder Zeitungen austragen.

XIV

Aspen 1996 –
auf der Piste mit Jack Nicholson

Die Auseinandersetzungen mit Madonnas Anwälten hatten so stark an unseren Nerven gezerrt, daß die Paula-Abdul-Story nicht zuletzt deshalb zu einem bösen Reinfall wurde. Die Hochzeitsfeier im Garten des *Four Seasons* war so gut abgesichert, daß wir dort keine Fotos bekommen konnten. An Einladungen für die Party war natürlich nicht heranzukommen, und auch der Plan, vom Balkon aus Fotos zu machen, schlug fehl, weil im Garten Zelte aufgebaut waren und uns die Sicht versperrten.

Am späten Nachmittag hörten wir, daß in einer Suite im neunten Stock gerade die offiziellen Fotos gemacht wurden. Suzanne und ich brachen sofort dorthin auf, ich hatte eine Pocketkamera in der Hosentasche. Als wir aus dem Fahrstuhl stiegen, trafen wir auf mehrere Männer in Anzügen, einige von ihnen hatten kleine, verdrahtete Knöpfe im Ohr. Im selben Moment kamen vom Ende des Ganges das Brautpaar und ein Teil der Hochzeitsgesellschaft auf uns zu. Wir blieben neben den Fahrstühlen stehen und schauten aus dem Fenster. Vielleicht konnte ich ja in einer glücklichen Sekunde unbemerkt ein paar Bilder aus der Hüfte schießen. Doch dann stellte sich ein Security-Typ ins Blickfeld und ließ uns erst wieder aus den Augen, als Abdul samt Ehemann und Gästen im Fahrstuhl verschwunden war.

Von unseren Informanten beim *Enquirer* wußten wir, daß die frischgebackenen Eheleute ihre Hochzeitsnacht im *Bel Air Hotel* verbringen würden. Da hier nichts mehr zu machen war, blieb uns nur die Hoffnung auf den nächsten Morgen. Also mieteten wir uns für 500 Dollar die Nacht im *Bel Air* ein. Noch ahnten wir nicht, daß uns ein Desaster bevorstand.

Beim Frühstück besprachen wir mit Jimmy Powell, einem jungen, talentierten *Enquirer*-Reporter, unseren Plan. Jimmy kannte die Zimmernummer von Paula Abdul und wollte im Hotel Wache halten, während wir auf der Straße in unseren Autos warten würden. Angeblich wollten die Frischvermählten das Hotel sehr früh verlassen, um in die Flitterwochen aufzubrechen; das Reiseziel war jedoch auch dem *Enquirer* nicht bekannt. Wir mußten sie also bis zum Flughafen verfolgen und dort eventuell recherchieren, wohin die Reise ging.

Noch während ich in meinem Hotelzimmer damit beschäftigt war, der träumenden Suzanne eine Nachricht über unser Vorhaben zu hinterlassen, meldete mir Jimmy über Funk, daß Paula und ihr Ehemann im Aufbruch begriffen seien. In größter Hektik machten Andreas und ich uns auf den Weg – und dummerweise vergaß ich in dem Durcheinander das 350er-Objektiv, weil ich davon ausging, daß mein Partner es in seinem Rucksack hatte. Meinen Fehler bemerkte ich erst, als wir auf den Parkplatz kamen und die Eheleute dort auf ihren Wagen warten sahen. Normalerweise hätten wir von unseren Autos aus unbemerkt gute Fotos schießen können, doch mit der Pocketkamera war das unmöglich. Andreas ließ sich nicht zurückhalten, sondern ging bis auf drei Meter Entfernung an die Wartenden heran und drückte auf den Auslöser. Natürlich wurde er bemerkt, und während ich mit meinem Camry langsam auf die Straße rollte, um an der nächsten Kreuzung auf die Flitterwöchner zu warten, beobachtete ich im Rückspiegel, wie drei oder vier Männer vom Sicherheitsdienst Andreas am Arm festhielten.

Etwa eine Minute später fuhr ein grüner Landrover an mir vorbei. Da ich beim Verlassen des Hotelgeländes noch gesehen hatte, daß Abdul in einen grünen Rover mit verdunkelten Scheiben gestiegen war, blieb ich an dem Fahrzeug dran, um herauszufinden, wohin die Reise ging. Eine ganze Stunde lang fuhren wir quer durch L.A. Richtung Süden, bis wir das Hafengelände in Long Beach ansteuerten. Bingo, dachte ich, sie planen eine Kreuzfahrt!

Sofort besserte sich meine Stimmung, die ein paar Minuten zuvor auf den absoluten Tiefpunkt gesunken war. Denn Andreas hatte mir mitgeteilt, daß er samt Jenny und Suzanne hochkantig aus dem Hotel geworfen worden war. Andreas hatte Hausverbot bekommen, und die beiden Frauen seien von den Sicherheitsleuten behandelt worden wie Nutten, die wir zur Tarnung unseres illegalen Vorhabens angemietet hätten. Ich war froh, daß ich das nicht hatte miterleben müssen.

Jetzt hielt der Landrover in einer Parklücke, die Fahrertür öffnete sich – und heraus stieg ein Typ, der nicht die geringste Ähnlichkeit mit

Paula Abduls frisch angetrautem Ehemann hatte. Und neben der Beifahrertür kam ebenfalls eine wildfremde Frau zum Vorschein – ich war ohne jeden Zweifel dem falschen Auto gefolgt! Es war ein einziges Fiasko!

Unserem Image schadete dieser kleine Ausrutscher jedoch nicht. *CA Images* hatten Madonnas Baby abgeschossen – und dieser Ruf sollte uns noch lange nacheilen.

Anfang November flog ich mit Suzanne für neun Tage nach Berlin, um meine Ehefrau und meine Eltern miteinander bekannt zu machen. Natürlich waren die Lieben daheim nicht gerade vor Begeisterung an die Decke gesprungen, als ich ihnen von meiner Heirat erzählt hatte. Da Suzanne und ich zu dieser Zeit nicht nur verheiratet, sondern ein richtiges Paar waren, wurde es höchste Zeit, daß meine Familie sie kennenlernte.

Schon als wir aus dem Flugzeug stiegen, wußte ich, warum ich Deutschland verlassen hatte: Es war eiskalt. Während wir in Kalifornien um diese Jahreszeit noch Tage mit mehr als 25 Grad hatten, näherten sich die Temperaturen hier bereits dem Gefrierpunkt. Für Suzanne, die fast ihr ganzes Leben im ewig warmen Phoenix verbracht hatte, waren derartige Temperaturen hart an der Schmerzgrenze.

Meine Eltern waren regelrecht begeistert, als sie sahen, daß ich nicht irgend jemanden geheiratet hatte, sondern ein intelligentes, hübsches Mädchen. Auch Suzanne verstand sich bestens mit meiner Familie, und als wir nach einer Woche wieder abreisten, bemerkte meine Mutter zum Abschied, daß sie doch gerne bei meiner Hochzeit dabeigewesen wäre.

„Vielleicht heiraten wir ja irgendwann noch einmal richtig. Und dann kommt ihr natürlich in die Staaten!" versuchte ich sie zu trösten.

Nachdem wir auf dem Rückflug einen Zwischenstop in New York City eingelegt hatten, wo es auch schon eisig kalt war, kehrten wir Mitte des Monats in den „Sunshine State" zurück.

Der Rest des Novembers verlief ungewöhnlich ruhig. Andreas war seit einiger Zeit vorwiegend damit beschäftigt, seine „Karriere" als Filmproduzent voranzutreiben. Jeff, sein Makler und unser gelegentlicher Informant, hatte ein Filmprojekt auf die Beine gestellt, für das er dringend Investoren suchte. *Smiley*, so der Titel des Streifens, sollte eine Komödie über einen von Jeff gespielten Tolpatsch werden, der von New York nach

Los Angeles zieht, um seine Lieblingsschauspielerin zu erobern. Der Produzent und Hauptdarsteller benötigte dafür rund eine halbe Million Dollar, und natürlich hatte Jeff sofort an seine „reichen" Paparazzi-Freunde als Geldgeber gedacht. Mit einer „geringen" Investition von 50 000 Dollar und ein wenig Glück, rechnete er uns vor, könnten wir in kürzester Zeit Millionäre werden. *Smiley* mußte nur von einem großen „Distributor", also einer Verleihfirma, aufgekauft und in die Kinos gebracht werden, dann würde es für uns nur so regnen vor Dollars. Im besten Fall würden wir für unseren Einsatz das Zehnfache an Gewinn einstreichen, aber auf jeden Fall bekämen wir auch bei einem Flop die investierte Summe voll zurück.

Andreas ließ sich schließlich zum Kauf von 19 „shares" à 5000 Dollar überreden – und das machte die stolze Summe von 95 000 Dollar. Ich warnte ihn davor, soviel Geld für ein sehr unsicheres Geschäft einzusetzen, aber er witterte die Chance, auf die Schnelle Millionär zu werden.

Auch bei mir versuchte Jeff Geld lockerzumachen. Da ich bisher noch keine Drehbücher gelesen hatte, mußte ich mich auf meinen Instinkt verlassen. Die Idee schien solide zu sein, und der vielseitige Jeff konnte ein solch schwieriges Projekt meiner Meinung nach durchaus zustande bringen. Auf der anderen Seite landeten in Hollywood jedes Jahr Hunderte solcher Low-Budget-Produktionen im Mülleimer oder erreichten bestenfalls die Regale einiger Videoläden. Aus Neugier und in der Hoffnung, Jeffs Film könne eine der wenigen Ausnahmen werden, nahm ich Andreas schließlich für 15 000 Dollar drei „shares" ab. Mit ein bißchen Glück konnte mir dieser Einsatz mehr als 100 000 Dollar einbringen, und wenn der Film floppen sollte, wäre ich halt um eine Erfahrung reicher. Gemeinsam erwarben wir noch eine Beteiligung für Jonathan, dem wir schließlich das Madonna-Baby-Foto zu verdanken hatten.

Seit im November die Dreharbeiten zu *Smiley* begonnen hatten, verbrachte Andreas sehr viel Zeit auf den Locations, um Stills von einzelnen Szenen zu machen, die später für Promotion-Zwecke benötigt wurden. Er tat das zum Nulltarif, als Gefallen für Jeff und natürlich auch in der Absicht, den zu erwartenden Erfolg des Films und damit seine Einnahmen zu steigern. Ich war von seiner neuen Leidenschaft natürlich weniger begeistert. Denn während Andreas am Set Häppchen aß, saßen Jonathan und ich im Auto und beobachteten Promi-Villen.

Eine Weile hielt ich still. Doch als die Produktion wegen Budget-Problemen und Unprofessionalität der Crew ins Stocken geriet, sah ich nicht länger ein, daß Andreas seine wertvolle Arbeitszeit am Set von *Smiley* vertrödelte. Natürlich hatten wir uns sofort wieder in den Haaren – aber nachdem er über vier Wochen in seiner Produzenten-Traumwelt verbracht hatte, war er schließlich wieder bereit, sich auf das Wesentliche zu konzentrieren.

Suzanne und Jenny, unsere Ehefrauen, hatten sich noch immer keinen Job in L.A. gesucht, sondern vertrieben sich die Zeit mit Shopping, gingen Essen oder lagen einfach nur faul am Strand herum. Da sie beide sehr attraktiv waren, lernten sie eigentlich jeden Tag irgendwelche Typen kennen, die ebenfalls nicht allzuviel zu tun hatten.

An einem Nachmittag Ende November trafen sie am Strand von Malibu den Bruder des *Baywatch*-Babes. Der 25jährige Steve spielte in einer unbekannten Rockband, und da Jennys Ex-Freunde fast ausnahmslos Musiker waren, hatten die beiden jede Menge Gesprächsstoff. Bald faßte er Vertrauen zu den beiden jungen Frauen und erzählte ihnen interessante Details aus dem Leben seiner Schwester. Selbstverständlich ahnte er nicht, daß die Ehemänner der beiden Hübschen Paparazzi waren.

Ende 1996 kursierten die wildesten Gerüchte um Pamela Anderson. Angeblich hatte sie Tommy Lee aus dem Haus geworfen, weil sie seine Alkohol- und Drogenexzesse nicht mehr ertragen mochte. Schon seit Wochen versuchten alle Boulevard-Blätter, Fotos der beiden zu bekommen, einzeln oder zusammen, aber niemand wußte, wo sie aufzutreiben waren. Als Anderson nun Jenny gegenüber erwähnte, seine Schwester halte sich bei Freunden in Aspen, Colorado, versteckt, um sich eine Weile von Tommy zu erholen und neue Energie zu tanken, war uns sofort klar, was wir zu tun hatten: Wir würden so schnell wie möglich nach Aspen reisen! Suzanne und Jenny wollten für ein paar Tage nach Phoenix, um mit ihren Familien und Freunden Thanksgiving zu feiern, das amerikanische Erntedankfest.

Am 27. November 1996 brachen Jonathan und ich gegen Mittag mit meinem alten Bronco auf, da wir zum Fotografieren ein taugliches Auto benötigten. Außerdem hatte der Bronco Allradantrieb, was bei dem in Aspen zu erwartenden Schnee von Vorteil war. Andreas wollte am Tag darauf im Flieger nachkommen.

Über Las Vegas ging es in die Wüstengebiete von Utah und weiter Richtung Colorado im Nordwesten der Staaten. Wir saßen abwechselnd am Steuer, während der jeweils andere schlief. Ungefähr zwei Autostunden vor Aspen wurde ich von der Sirene eines Polizeiautos geweckt.

Jonathan war wohl zu schnell gefahren. Jedenfalls tauchte kurz darauf ein Uniformierter an der Fahrertür auf – ein Highway-Cop wie aus dem Bilderbuch: kurzgeschorene Haare, Sonnenbrille, Kaugummi im Mund. Angeblich waren wir in einer 65-Meilenzone mit 90 unterwegs gewesen. Der Cop ließ sich Fahrzeugpapiere und Ausweise geben, fragte nach unserem Reiseziel und ging zu seinem Auto zurück.

Normalerweise dauert es rund drei Minuten, dann kommen die Cops zurück, drücken einem den Strafzettel in die Hand und halten einem noch eine kurze Strafpredigt. Aber dieser Cop kam nicht wieder, und wir konnten uns nicht erklären, was das zu bedeuten hatte.

Nach zwanzig Minuten tauchte hinter uns ein Polizei-Van auf. Drei weitere Cops mit einem Hund stiegen aus, und der erste Polizist kam wieder zu unserem Auto.

„Wir würden gerne Ihr Auto durchsuchen. Sie können sich natürlich weigern, wenn Sie wollen ...“

Da wir uns durch eine Weigerung wahrscheinlich nur noch größeren Ärger eingehandelt hätten, unterschrieben wir einen Zettel, daß wir mit der Durchsuchung des Autos einverstanden waren.

„Haben Sie Waffen oder Drogen dabei?“ fragte der Cop nun, und allmählich kapierte ich, was das Ganze sollte.

„Nein, keine Waffen und keine Drogen“, antwortete ich leicht genervt.

Nun mußten wir aussteigen und die nächste halbe Stunde in der Kälte herumstehen, und um diese Jahreszeit war es schon verdammt kalt in der Wüste von Utah. Immer wieder ließen die Cops den Schäferhund an den Radaufhängungen, Sitzen und im Kofferraum herumschnüffeln, bis sie wohl endlich einsahen, daß sie sich die Falschen herausgepickt hatten.

Endlich pfiffen sie den Hund zurück und verzogen sich. Der Highway-Cop kam noch einmal zu mir und entschuldigte sich für die Unannehmlichkeiten, die sie uns bereitet hatten. Der Interstate 70, auf dem sie uns gestoppt hatten, sei die Hauptroute für den Kokain-Schmuggel zwischen Los Angeles und Chicago, und junge Typen wie wir am Steuer eines teuren Autos gehörten nun mal zu den üblichen Verdächtigen. Unser Ticket für zu schnelles Fahren bekämen wir trotzdem, erklärte er schmunzelnd und verabschiedete sich.

Als wir gegen 10 Uhr morgens endlich in Aspen ankamen, fühlte ich mich in die Alpen zurückversetzt. Alles war in Weiß getaucht, es roch nach Schnee, überall liefen Skifahrer durch die Gegend, und aus den Schornsteinen stieg Rauch.

Für 100 Dollar die Nacht mieteten wir uns in das billigste Hotel der Stadt ein. Dann begannen wir sofort mit den üblichen Recherchearbeiten – denn dummerweise hatte Jenny von Anderson nicht herausbekommen, wo genau sich Pamela in diesem Skiparadies aufhielt. Als erstes riefen wir sämtliche Privatdetektive an, die es in Aspen und Umgebung gab, und versprachen ihnen hohe Gewinnbeteiligungen, wenn sie den Aufenthaltsort des Stars für uns herausbekämen. Doch keiner der Detektive meldete sich zurück.

Schon am zweiten Tag hatten wir das Gefühl, daß wir nicht weiterkamen. Wir liefen in jedes Geschäft, jeden Supermarkt, jedes Café, wir fuhren sämtliche Lifte auf und ab und fragten sogar die Leute aus, die zufällig eine Gondel mit uns teilten. Natürlich gaben wir uns nicht als Paparazzi zu erkennen, sondern spielten die naiven Touris aus Europa, die einfach mal einen Superstar aus nächster Nähe sehen wollten. Doch es war wie verhext, niemand hatte von Pamela gehört, geschweige denn sie gesehen.

Am dritten Tag, dem 30. November, waren wir fast völlig entmutigt. Inzwischen war auch Andreas in Aspen eingetroffen. Mit vereinten Kräften wollten wir noch einen letzten Versuch starten. Ich wollte an diesem Tag Ski laufen und dabei Skilehrer, Liftboys, Pistenfotografen und Kellner in den Berghütten ausfragen, während Andreas und Jonathan in Snowmass recherchieren sollten, einem rund 15 Kilometer von Aspen entfernten Ort, in dem auch viele Stars Urlaub machten.

Nach dem Frühstück stapfte ich mit schweren Skistiefeln durch den tiefen Schnee, die Skier rechts geschultert. Die Uhr zeigte gerade 8 Uhr, ich war noch ziemlich verschlafen. Doch plötzlich mußte ich zweimal schauen – den Typen, der mir da entgegenkam, kannte ich doch: groß, schlaksig, blonde Locken ... Kein Zweifel, das waren Thomas Gottschalk und seine Ehefrau Thea!

Jetzt war schnelles Handeln gefragt. Unauffällig folgte ich dem Paar und rief über Funktelefon Andreas und Jonathan zu Hilfe. Zu dritt hatten wir nun leichtes Spiel. Innerhalb von kaum mehr als einer Stunde verschossen wir zwei Rollen Film. Die Fotos, die Thomas und Thea Gottschalk in Aspen beim Shopping zeigten, brachten uns in Deutschland rund 8000 Dollar ein – ein kleines Trostpflaster dafür, daß wir Pamela Anderson nicht zu sehen bekamen. Immerhin waren so zumindest die Kosten unseres kleinen „Urlaubs" wieder eingespielt.

Danach blieben wir noch vier Tage in Aspen, doch Fotos bekamen wir nicht mehr. In wenigen Wochen würden wir jedoch wieder hier sein; denn zu Weihnachten drängeln sich die Hollywood-Stars nur so in diesem Wintersport-Paradies.

Die erste Dezemberhälfte verlief überwiegend ruhig. Vor dem Haus von Sandra Bullock in den Hollywood Hills bekamen wir ein paar Fotos der deutschstämmigen Schauspielerin mit ihrem damaligen Lover Matthew McConaughey, die sich einigermaßen verkauften. Und am 15. des Monats verhalf uns ein Tip unseres Freundes Jeff zu einigen Schnappschüssen, die Michelle Pfeiffer samt Ehemann und Kindern bei einem Ausflug nach Santa Monica zeigten. Obwohl es solche Fotos bereits x-mal gab, nahmen wir immerhin noch 5000 Dollar ein. Selbst nach Abzug der 10 Prozent für unseren Informanten war dies für knapp zwei Stunden Arbeit ein ziemlich gutes Ergebnis.

Je näher Weihnachten rückte, desto mehr bereiteten wir uns auf Aspen vor. Gleichzeitig nahm allerdings der Streß mit Suzanne zu, die unbedingt nach Phoenix wollte, angeblich wegen ihrer Familie. Aber natürlich wollte sie auch ihren Ex-Freund treffen. Schon seit Wochen hatte ich den Eindruck, daß Suzanne unter Schuldgefühlen litt. Die fünf Jahre, die sie mit Frank zusammengewesen war, ließen sich anscheinend nicht so einfach verdrängen. Außerdem hatte sie wohl das Gefühl, ihre Zelte in Phoenix zu voreilig abgebrochen zu haben.

Wir waren „verheiratet", und wir waren Freunde und Lover, aber ich konnte und wollte sie nicht in L.A. festbinden. Dafür hatte sich alles zu kurios entwickelt. Und in gewisser Weise war ich ja mitverantwortlich dafür, daß sie sich unwohl fühlte. Also lenkte ich ein und protestierte nicht, als Suzanne kurz vor Weihnachten nach Phoenix aufbrach. Auch Jonathan nahm sich ein paar Tage frei. Er wollte nach den Feiertagen direkt von Phoenix aus nach Aspen nachkommen.

Unsere Abreise in den Wintersportort war für Sonntag, den 22. Dezember geplant. Allerdings verlief dieser Tag ziemlich aufregend. Früh um 6 Uhr klingelte mich Brad Thompson vom *Enquirer* aus dem Bett:

„Charlie Sheen sitzt im Knast in der Lost Hills Sheriff Station. Er hat vergangene Nacht in seinem Haus in Malibu eine Nutte windelweich geprügelt, und die hat ihn angezeigt. Er wird in einer Stunde auf Kaution rausgelassen."

Innerhalb von zwei Minuten war ich auf dem Weg zum Valley. Bis zur Sheriff Station waren es rund 50 Meilen, aber am Sonntagmorgen waren die Straßen leer, so daß ich schnell vorankam. Kurz vor sieben erreichte ich die Lost Hills Road-Ausfahrt am Freeway 101. Über den Hügeln lag leichter Nebel, von der Sonne war gerade erst ein rötlicher Schimmer zu sehen. Mit 15 Grad war es für diese Jahreszeit angenehm mild.

Als ich auf den Parkplatz der Sheriff Station rollte, wartete Andreas dort bereits. Der Parkplatz war ziemlich leer, doch direkt vor der Treppe, die zum Eingang führte, parkte ein großer Lexus. Möglicherweise gehörte er dem Mann, der die Kaution für Sheen überbrachte.

Nach einer kurzen Beratung kamen wir zu dem Ergebnis, daß wir etwas abseits der Treppe, aber außerhalb unserer Autos warten wollten. Ohne eine Reaktion von Sheen wären die Fotos langweilig, vielleicht ließ er sich ja dazu provozieren, uns zuzuwinken oder die Hand vors Gesicht zu halten, wenn er uns hier entdeckte. Wir hatten jeder ein 350er-Objektiv dabei.

Minuten später kam Sheen tatsächlich heraus. Ich hatte schon so einiges über seine Wutausbrüche gehört, aber was jetzt geschah, übertraf doch meine schlimmsten Befürchtungen. Der Schauspieler trug einen schwarzen Mantel, hatte eine Sonnenbrille auf und trug nur eine Socke. Wir begannen sofort zu fotografieren, und es dauerte nur Sekunden, bis Sheen uns bemerkte. Durch den Sucher sah ich, wie sich seine Miene verdüsterte.

„Eh, du Pisser, hast du 'n Arsch offen?" brüllte er Andreas an, der ungefähr fünf Meter neben mir stand. Er lief direkt auf ihn zu und fuchtelte wild mit den Armen, doch Andreas fotografierte unbeirrt weiter. Erst als er Sheens Alkoholfahne fast schon riechen mußte, nahm er die Kamera runter, drehte sich um und rannte Richtung Innenhof, wo die Cops ihre Wagen parkten. Sheen rannte ihm in großen Schritten hinterher. Mich ignorierte er seltsamerweise, obwohl ich die ganze Zeit auf den Auslöser drückte.

Auf dem Innenhof packte ein verwirrter Cop Andreas am Kragen. Erst als er merkte, daß Sheen hinter dem Fotografen her war, stellte er sich schützend vor den Gejagten. Es folgte ein kurzes Wortgefecht, währenddessen Andreas aus der Hüfte weiterfotografierte. Sheen drehte jetzt mürrisch ab und schien nun auch mich wahrzunehmen. Ich fotografierte immer noch, und er kam auf mich zugerannt. Ich war kurz davor, die Kamera herunterzunehmen und die Kurve zu kratzen, als sich Sheens Begleiter dem tobenden Star in den Weg stellte und ihn Richtung Lexus dirigierte. Bis zu dem Auto waren es rund 20 Meter, und auf dem ganzen Weg dorthin drehte sich Sheen immer wieder um und überschüttete mich mit allen erdenklichen Schimpfwörtern. Mehrmals griff er sich obszön in den Schritt und zeigte mir den Mittelfinger. Das alles fing meine Kamera ein. Schließlich nahm ich den Apparat runter und sprach den wutschnaubenden Star an:

„Mr. Sheen, ich verstehe ja, daß Sie wütend auf uns sind. Aber wir haben hier nur fotografiert, das ist doch kein Grund, uns zu verprügeln. Vielleicht sollten Sie jetzt wirklich gehen!"

Seine Antwort beschränkte sich auf ein wütendes „Fuck you!". Dann verschwand er im Lexus.

Andere Paparazzi hätten vielleicht versucht, aus dieser Aktion so richtig Profit zu schlagen. Hätten wir Charlie Sheen noch weiter provoziert und uns sogar richtig von ihm verprügeln lassen, noch dazu hier, auf dem Parkplatz einer Polizeistation, wäre eine Klage auf Schadensersatz möglich gewesen. Etwas Vergleichbares war rund ein Jahr zuvor geschehen, als der Hollywood-Star Alec Baldwin, zugleich Ehemann des Ex-Bond-Girls Kim Basinger, dem Paparazzo Alan Banning die Kamera so „geschickt" aus der Hand geschlagen hatte, daß Banning als Zugabe noch ein blaues Auge davontrug. Der Fotograf hatte umgehend auf eine Million Dollar Schmerzensgeld geklagt – doch die Klage war abgewiesen worden. Manchmal ist selbst Amerika doch nicht das Land *aller* unbegrenzten Möglichkeiten.

Und für uns waren solche Aktionen ohnehin tabu, wir hätten Stars nie mit Worten oder Taten zu irgendwelchen Überreaktionen provoziert. Wir fotografierten sie, auch und gerade, wenn sie das nicht wollten. Das war unser Job. Durch eine Klage Geld zu verdienen, entsprach nicht unserem Ethos.

Der Ausflug in die Lost Hills hatte sich auch so gelohnt: Die Fotos waren ein absoluter Renner und brachten uns schnell verdiente 15 000 Dollar ein.

Noch am selben Tag brachen wir mit dem Auto nach Aspen auf, wo wir nach einem 20-Stunden-Trip ohne Zwischenfälle ankamen.

Wieder kamen wir in einem „billigen" Hotel für hundert Dollar die Nacht unter, im *Helsinki Lodge*, einem kleinen Motel im Zentrum der Stadt. Hier jobbte Sarah, eine 22jährige Ex-Studentin aus Kansas City, die Jonathan und ich bei unserem letzten Aufenthalt in Aspen kennengelernt hatten. Sarah hatte eine Leidenschaft für Klatsch und Tratsch und störte sich deshalb auch nicht im geringsten an unserem Job. Im Gegenteil, sie hatte versprochen, Augen und Ohren offenzuhalten und uns zu informieren, wenn hier irgendwas Interessantes passieren würde.

Am ersten Tag nahm ich mir die Pisten von Aspen vor, während Andreas nach Snowmass fuhr. Wie schon vor einem Monat quetschte ich jeden Liftboy aus, ob er heute schon einen Promi gesehen hätte. Überraschenderweise gaben die Liftboys immer bereitwillig Auskunft, ohne je nachzufragen, warum ich das eigentlich wissen wollte.

Schon nach einer Stunde hatte ich Erfolg. In der Gipfelstation der Aspen-Gondel erfuhr ich, daß Vanna White, die Glücksfee der TV-Sendung *Wheel of Fortune*, mit ihrem Ehemann gerade hier gewesen sei. Vanna White kam jedes Jahr nach Aspen und Fotos von ihr verkauften sich gut in den USA.

Unmittelbar neben der Gipfelstation befand sich eine Lodge mit Restaurant und Sonnenterrasse, vor der Tische und Stühle aufgestellt waren. Vanna hier zu entdecken war ein Kinderspiel, denn um sie herum standen etliche Touristen, die ihre neugierigen Blicke dezent hinter ihren Sonnenbrillen zu verstecken suchten. Denn in Aspen gafft man nicht, zumindest nicht offensichtlich. Schließlich sieht man hier an jeder Ecke einen Promi – tagsüber in den Liftschlangen, abends in den Restaurants und nachts beim Tanzen in den Clubs der Stadt. Hier trifft sich eine kleine, exklusive Clique – und wer nicht ganz so berühmt und wichtig ist, verbirgt seine Neugier wenigstens hinter teuren Gucci-Gläsern.

Schon aus einiger Entfernung schoß ich ein paar Fotos von Vanna, die ihr Baby im Arm hielt, und ihrem Ehemann, einem Playboy-Typ wie aus dem Bilderbuch. Als ich näher kam, bemerkten sie mich, doch es schien Vanna nicht zu stören, daß das Objektiv auf sie gerichtet war. Mutig geworden, bat ich die beiden, für ein paar Bilder zu posieren, und sie spielten tatsächlich mit. Doch als ich dann die Videokamera aus dem Rucksack holte, kam Vannas Mann sofort angelaufen und bat mich dezent, nicht zu filmen. Auf meine überraschte Frage, wo denn der Unterschied zu Fotos bestehe, erwiderte er nur, daß das Medium ihm nicht gefalle. Ich hörte sofort auf, denn schließlich hatten sie für Fotos posiert, und gestellte Bilder ließen sich gut an jene Klatsch-Magazine verkaufen, die aus Prinzip keine Paparazzi-Fotos druckten. Auch kleine Verkäufe für 300 bis 500 Dollar läpperten sich schließlich.

Bis zum 26. Dezember tauchten die Stars dann spürbar ab. Wie es schien, verbrachten sie die Feiertage in privater Atmosphäre in ihren Villen und Luxusapartments. Allerdings hörten wir, daß unter anderem Jack Nicholson, Don Johnson und Supermodel Elle McPherson in der Stadt

sein sollten. Auch die „Klapperschlange" Kurt Russell und seine Lebens-
gefährtin Goldie Hawn, die zuletzt im *Club der Teufelinnen* zu sehen
gewesen war, kamen angeblich seit Jahren zu Weihnachten nach Aspen.
Sie besaßen in der Umgebung von Aspen eine Ranch, hieß es.

Nach zwei Tagen intensiver Recherche fanden wir diese Ranch inmitten einer verschneiten Hügellandschaft, rund 30 Kilometer von Aspen
entfernt. Das Anwesen, das einzige Grundstück weit und breit in dieser
menschenleeren, weißen Märchenlandschaft, erinnerte an die Southfolk-
Ranch aus der TV-Serie *Dallas*. Von dem Feldweg aus, auf dem wir
fast lautlos durch den tiefen Schnee fuhren, bog unter einem hölzernen
Torbogen hindurch ein Privatweg ab, der nach rund 200 Metern vor
einem riesigen Holzhaus endete. Vor dem Gebäude standen mehrere
Autos, in zwei Zimmern brannte Licht. Offenbar waren Kurt und Goldie
noch zu Hause, es war kurz vor 8 Uhr, die Skilifte öffneten in gut einer
Stunde.

Wir rollten langsam an der Biegung vorbei. In dieser unberührten
Schneelandschaft rund um die Ranch gab es keine Stelle, an der wir uns
mit dem Wagen zum Fotografieren hätten verstecken können. Und
draußen in Position zu gehen war bei den Temperaturen, die hier herrsch-
ten, völlig ausgeschlossen. Außerdem verkauften sich Fotos, die die Stars
beim Skilaufen zeigten, sehr viel besser. Also drehten wir den Wagen, um
uns weiter vorn in einem Waldgebiet auf die Lauer zu legen. Es gab keinen anderen Weg von hier aus in die Skiorte, also würden sie irgendwann
an uns vorbeifahren müssen.

An der nächsten großen Kreuzung, rund fünf Kilometer von der Ranch
entfernt, parkten wir den Bronco hinter einer Baumgruppe am Straßen-
rand und warteten. Über eine Stunde verging, dann, gegen 9.30 Uhr, rollte
ein schwarzer Suburban an uns vorbei, den wir auch vor dem Holzhaus
gesehen hatten. Durch die Scheiben des Wagens machten wir die Profile
von mindestens vier Personen aus. Kurt und Goldie hatten mehrere Kinder
– das paßte also!

Ohne Probleme folgten wir dem Suburban nach Snowmass – und auf
ging's. Da Andreas und ich beide gute Skiläufer sind, konnten wir auch
auf den Pisten an Kurt und Goldie dranbleiben. Insgesamt verschossen
wir allein von diesen beiden Stars sieben Rollen Film – Hawn und Russel
beim Skilaufen, in einer Liftschaukel, beim Essen auf der Lodge und so
weiter und so weiter . . .

Und dann ging es Schlag auf Schlag. Am nächsten Morgen, es war
Samstag, der 28. Dezember, weckte mich Sarah schon gegen 7.30 Uhr

und erzählte, daß Steve Martin und John Bon Jovi am Abend zuvor in einem Hotel eingecheckt hatten.

Eine Stunde später stand ich mit dem Bronco vor dem *Grand Hotel*. Jonathan, der in der Nacht in Aspen eingetroffen war, wollte sich heute in Snowmass umschauen, Andreas ging in Aspen Skilaufen. Mit Kamera, versteht sich.

Allzu lange mußte ich nicht warten, da tauchte schon Bon Jovi vor dem Edel-Hotel auf, ein Kind auf dem Arm, ein zweites an der Hand. Seine Frau war nicht dabei. In seinen bunten Skiklamotten erinnerte er nur von fern an den Popstar, den man aus dem Fernsehen kannte. Er ging mit den Kindern auf einen Spielplatz, und ich konnte aus dem Auto heraus ein paar Bilder machen, die für einen guten Verkauf schon ausreichten.

Danach stellte ich mich wieder vor das Hotel – und kurz darauf kam schon der nächste Kandidat: Steve Martin mit Freundin. Die beiden gingen zunächst in der Stadt einkaufen, ehe sie dann nach Buttermilk Mountain aufbrachen, einer Art Anfängerhügel zwischen Aspen und Snowmass. Ich bekam jede Menge netter Fotos. Wir konnten mehr als zufrieden sein, denn Andreas hatte zur selben Zeit Elle McPherson erwischt.

Inzwischen waren natürlich auch andere Fotografen in der Stadt eingetroffen, unter anderem Remy und sein Helfer. Der Franzose drohte Andreas sofort wieder mit Prügel, weil mein Partner es nicht lassen konnte, sein arrogantestes Grinsen aufzusetzen, als er die Konkurrenten an der Talstation bei einer Gondel traf. Wie mir Andreas mitteilte, wirkten die beiden etwas ratlos, auch weil Remys Assi nicht Skilaufen konnte. Seinem unzufriedenen Gesicht nach zu schließen, hatte Remy offensichtlich noch keine Stars vor die Kamera bekommen und war deshalb besonders wütend auf uns.

Am Abend sahen wir zufällig Diana Ross mit ihrer Tochter in der Fußgängerzone von Snowmass. Wir folgten ihr unbemerkt zu einem Luxusapartment außerhalb der Stadt – und am nächsten Morgen waren wir wieder vor Ort. Zu zweit verfolgten wir die schon seit fast 30 Jahren populäre Soulsängerin und ihre Familie im James-Bond-Stil mit Funkgeräten und Telefonen über die Pisten und machten dabei jede Menge Fotos. Erst gegen Abend wurden wir entdeckt. Dianas Mann ging mit seinem Skistock auf uns los, doch als ich die Videokamera auf ihn hielt und mit einer Klage drohte, ließ er zähneknirschend von uns ab.

Situationen wie diese waren mir verhaßt. Wann immer wir mit einem unserer Opfer konfrontiert wurden, versuchte ich mich zur Entschuldigung damit herauszureden, daß wir nur unseren Job erledigten und unser Tun nicht illegal wäre. Für die Stars war das der pure Hohn, aber in diesen Momenten war ich wirklich davon überzeugt, im Recht zu sein. Ich hatte mir diesen Beruf nun einmal ausgesucht, also übte ich ihn auch professionell aus, ob ich anderen damit auf die Nerven ging oder nicht. Und schließlich beleidigten, bedrängten oder bedrohten wir doch niemanden, also war es auch nicht angebracht, daß jemand Gewalt gegen uns ausübte.

Das Verhalten der Stars gegenüber Paparazzi ist im übrigen sehr unterschiedlich. Manche geben ihnen überhaupt keine Chance. Robert DeNiro, Harrison Ford oder Al Pacino sieht man einfach nie. Und werden sie ausnahmsweise doch einmal „erwischt", dann lassen sie allenfalls ihre Anwälte sprechen, nie aber ihre Fäuste. Andere Stars hingegen erscheinen ständig irgendwo auf der Bildfläche und werden auch entsprechend oft fotografiert. Entsprechend stärker sind sie also auch genervt, entsprechend öfter rasten sie aus. Für sie sind Paparazzi nicht Teil der Hollywood-Maschinerie mit ihren guten und schlechten Seiten, sondern schlichtweg Dreck. Und manchmal kann man diese Einstellung sogar nachvollziehen, beispielsweise dann, wenn Stars über zwei Wochen lang in ihrem eigenen Garten regelrecht ausspioniert werden. Aber wenn wir in den Straßen von L.A., Malibu oder hier in Aspen fotografierten, sah das doch ein wenig anders aus.

Die Tage in Aspen neigten sich allmählich dem Ende zu. Unser letzter großer Fisch hieß Jack Nicholson, den ich am 30. Dezember in einer Berg-Lodge in Aspen entdeckte. Nach dem Essen ging er ins Freie, rauchte in aller Ruhe eine Zigarette und flirtete mit ein paar jungen Frauen. Klick, klick, klick – in wenigen Sekunden ließ ich einen ganzen Film durchrattern. Auch Remy hatte endlich sein Erfolgserlebnis.

Nicholson schien das vollkommen egal zu sein, er gab sich auch hier so cool wie in seinen Filmen. Obwohl er uns bemerkt hatte, schnallte er sich jetzt gemächlich die Skier an und raste ins Tal – in einem Höllentempo, so daß selbst ich als erfahrener Skiläufer Mühe hatte, ihm zu folgen. Unten wartete allerdings schon Andreas mit der Kamera im Anschlag auf Jack – Funktelefone sind wirklich eine praktische Erfindung.

Am Morgen des 31. Dezember 1996 packten wir unsere Sachen und zogen Bilanz: Wir hatten annähernd zehn verschiedene Stars fotografiert und gute Chancen auf einen satten Profit. Soweit wir es mitbekommen hatten, waren die anderen Fotografen nicht annähernd so erfolgreich gewesen.

Zum Abschied wollten wir Sarah 300 Dollar für ihre Hilfe in die Hand drücken, doch sie lehnte ab. Die Sache hatte ihr einen Heidenspaß gemacht, und das genügte ihr.

Gegen 10 Uhr waren wir dann auf dem Weg nach L.A. An einer Tankstelle kauften wir den neuesten *Enquirer* – und wen sahen wir da auf einer Innenseite? Andreas ... auf der Flucht vor dem tobenden Charlie Sheen.

Noch von unterwegs schlossen wir die ersten Verkäufe unserer Aspen-Ausbeute ab. Andreas hatte die Bilder bereits am Vorabend via Laptop nach Australien und England verschickt; allein in diesen beiden Ländern nahmen wir zusammen rund 15 000 Dollar ein, und die Agenturen schlugen später noch mal dieselbe Summe für uns raus. Nach Abzug von rund 10 000 Dollar Kosten blieb eine stattliche Summe übrig. Und einen netten Urlaub hatten wir auch noch gehabt.

Gegen 22 Uhr erreichten wir Las Vegas. Wie es aussah, würde ich den Silvesterabend alleine mit Andreas in Vegas verbringen, wahrscheinlich im Hotelzimmer vor dem Fernseher. Schon Weihnachten hatte ich ziemlich einsam verbracht, hatte lediglich mit Sarah ein paar Runden um die Häuser gedreht. Und jetzt stand der größte Partyabend des Jahres vor der Tür, und ich war fern von meiner Familie und meiner Frau.

Wir checkten im *Hilton* ein, dem einzigen Hotel, das noch Zimmer frei hatte. Andreas schlief sofort vor dem Fernseher ein, und ich schlenderte ziellos durch die Stadt. Eine Freundin von Suzanne, die im *Westwood Ho Casino* als Cocktail-Shakerin arbeitete, spendierte mir zum Trost ein paar Drinks. Schon leicht angesäuselt, beschloß ich gegen 23 Uhr, kurzerhand nach Phoenix zu fliegen. Nachdem ich im Hotel Andreas den Autoschlüssel und eine kurze Nachricht hinterlegt hatte, nahm ich ein Taxi zum Flughafen. Gegen 23.45 Uhr saß ich in einer halbleeren Maschine nach Phoenix. Ich hatte mich kaum angeschnallt, da brachte mir eine Stewardess bereits den ersten Sekt. Beim vierten Glas – wir flogen gerade über die Mohave-Wüste – stieß ich mit einem Geschäftsmann aus Arizona auf das Neue Jahr an.

Fünf Minuten später rief ich dann vom Bordtelefon aus Suzanne in Phoenix an. Sie feierte dort mit alten Freunden Silvester, darunter auch ihr „Ex" Frank. Das Gespräch artete schnell in ein heftiges Wortgefecht zwischen mir und Frank aus, der ebenso besoffen war wie ich und mir

CHARLIE SHEEN ARRESTED FOR BEATING UP HIS DATE

THE UNTOLD STORY

Charlie Sheen is in "Major League" trouble after he was charged with beating a woman bloody and threatening to kill her — and The ENQUIRER has all the shocking details of the ugly incident.

"Charlie can't get away with this!" pretty brunette Brittany Ashland, 24, declared in an exclusive ENQUIRER interview after she accused the actor of attacking her. "He needs to be stopped before he does this to anyone else."

Charlie, 31, brought Brittany to his Los Angeles house by limousine in the early morning hours of December 20 — after the two had enjoyed a night of boozing.

"When he came home Charlie found that a woman he knows had stolen his Porsche," a source close to the star disclosed. "He was furious!" Said an insider: "Charlie immediately began downing shots of Jack Daniel's whiskey. He got on the phone, trying to track down the woman and his car.

"After a few calls, a deranged Charlie grabbed a baseball bat, ran outside and smashed in the windows of the missing woman's car, which was parked outside.

"Charlie went off on his tirade until 11 a.m. the next morning. By this point, Brittany was tired and ready to go home, but he was ignoring her.

"They got into a heated screaming match, according to Brittany. Charlie grabbed her and shoved her down. She banged her head on the hard marble floor and passed out cold.

"When she came to, Charlie was dragging her by the hair into another room. And she got the shock of her life when she saw that her entire white dress was soaked in blood and blood was pouring from her mouth.

"But Charlie kept on manhandling her and pushing her around, causing her body to have black-and-blue marks.

"Finally Charlie regained some sense of sanity and told Brittany she needed stitches. He called a friend to take her to his doctor.

"Brittany said that in a desperate attempt to clean her up, Charlie and his friend ripped off her clothes, leaving her stark naked, and then made her change into a pair of Charlie's sweatpants and a sweatshirt.

"Then Charlie told Brittany that if she tried to escape on the way to the doctor's office, she would die!"

After Brittany was treated at the doctor's office — receiving seven stitches in her lip — she filed a report at the Lost Hills Sheriff Station and Charlie was arrested.

"Charlie's side of the incident is that Brittany came after him and he tried to restrain her. She fell and bit through her lip. He says he did not beat her," said the close source.

But the actor was charged with assault with force to produce great bodily harm, terrorist threats and false imprisonment, and released on $20,000 bail.

— SUZANNE ELY and MARC CETNER

... & goes nuts after getting out of jail

Charlie Sheen's outrageous behavior didn't end even AFTER his arrest — as he left the police station he angrily cursed and tried to chase down a photographer snapping pictures!

"The moment he saw me, he flew into a total rage and began chasing me like a madman, running as fast as he could," said the startled photographer.

"Get the —— out of here!" he screamed at me. He was totally out of control."

The lensman raced 100 yards around the side of the building, with Sheen in hot pursuit, to the lot where deputies park their squad cars. He ran smack into a deputy, as he'd hoped he would.

"I just want to get out of here with my cameras and my film," the photog explained as the deputy held him away from the fuming Sheen.

Then the actor climbed into his lawyer's car — and flipped an upraised finger at the photographer.

"Charlie Sheen has completely lost his mind!" an insider declared.

"He has some dark demons to deal with — and sadly, this time he could very well have to pay for his actions by doing hard time in jail!

"All we can hope now is that Charlie learns his lesson and attempts to clean up his act."

HOT PURSUIT: Charlie Sheen, wearing only one sock, takes off at a run after a photographer snapping pictures of him outside the police station.

SHEEN'S ANGER erupts as he leaves. "He completely lost his mind," says an insider.

NATIONAL ENQUIRER 33

Am 7. Januar 1997 bringt der *National Enquirer* auf einer ganzen Seite die Geschichte von Charlie Sheens Inhaftierung samt der „Verfolgungsjagd" mit Andreas unmittelbar nach der Entlassung aus dem Gefängnis.

nun jede Menge „Freundlichkeiten" zuwarf. Ich mußte Suzanne versprechen, nicht vorbeizukommen, um eine Eskalation zu verhindern.

In dieser Silvesternacht, in zehn Kilometern Höhe und randvoll, wurde
mir zum ersten Mal bewußt, in welche Situation Suzanne und ich geraten
waren. Und ich sah keinen Ausweg. Drei Monate sollte es noch gut-
gehen ...

XV

Demis Nacht mit „Romeo"

Mit Beginn des neuen Jahres spürte ich, daß meine Motivation, den Job auszuüben, deutlich nachließ. Die Silvesternacht hatte ich bei Jonathan verbracht und war am nächsten Tag mit dickem Kopf nach L.A. zurückgeflogen. Suzanne wollte erst in ein paar Tagen nachkommen. Meine Laune war konstant schlecht.

Abgesehen davon, daß privat alles durcheinanderging, lief auch die Arbeit zunehmend schlechter. Ständig tauchten neue Paparazzi in der Stadt auf, die Preise für Fotos waren leicht gesunken, und Bilder, auf denen die Kinder der Stars zu sehen waren, verkauften sich miserabel. Zudem gingen uns allmählich die Promis aus, an annähernd hundert von ihnen hatten wir schon gearbeitet, und selbst hier war das Reservoir nicht unerschöpflich. Wir konzentrierten uns deshalb mehr und mehr auf junge amerikanische TV-Stars, deren Serien auch in Australien und England liefen, so daß wir unsere Fotos auch in diesen Ländern verkaufen konnten.

Neue Adressen herauszufinden war unser Hauptjob. Jeff forstete die Computer von befreundeten Immobilienmaklern durch, und wir nahmen uns die Gäste der *Jay Leno Show* vor. Jeder Talker wurde nämlich mit einer Limousine von zu Hause oder vom Hotel abgeholt, zu den *NBC Studios* in Burbank gefahren und nach der Show wieder zurückgebracht. Auf der Straße vor den Studios konnten wir mit einem Fernglas die Nummernschilder der jeweiligen Limos ausmachen und diese Info an den zweiten Mann auf der anderen Seite der Studios durchgeben, der dann die Verfolgung aufnahm, wenn die Wagen das Gelände wieder verließen. An sich war das eine relativ einfache Aufgabe, doch wandten andere Paparazzi und zunehmend auch Autogrammjäger denselben Trick an, um Adressen von Stars herauszufinden. Und diese Konkurrenten verhielten sich meistens nicht sehr dezent, sondern klebten den Limos an den Stoßstangen, so daß die Fahrer immer öfter Tricks anwandten, um die Verfolger abzuschütteln. Darunter litten auch wir, die normalerweise nicht so leicht entdeckt worden wären.

Anfang Februar kamen meine Eltern für ein paar Tage zu Besuch. Da sich die Situation zwischen Suzanne und mir ein wenig entspannt hatte, flogen sie mit der Illusion heim, daß wir ein glückliches Paar waren. Doch wir wußten, daß unsere Zeit allmählich ablief.

Andreas und Jenny hatten ihre Ehe bereits annullieren lassen. Da sie noch nicht sechs Monate verheiratet waren, ging das schnell über die Bühne, doch gleichzeitig konnte mein Partner auch die Hoffnung begraben, an seine Greencard heranzukommen. Da seit unserer Begegnung mit dem Ex-Mossad-Agenten Haim Koresh nichts mehr passiert war, machte Andreas sich darüber jedoch keine großen Gedanken. Außerdem hatte er auch schon wieder eine neue Freundin: Clarissa, eine Cousine meiner Frau. Clarissa war 26 Jahre alt, dunkelhäutig, und wie viele junge Leute in L.A. wollte sie ins Showbusiness. Da beide keinen Job hatten, verbrachten Suzanne und Clarissa viele Nachmittage miteinander. Als Andreas ein paar Modefotos von den beiden schoß, funkte es zwischen Clarissa und ihm – seitdem waren sie ein Paar.

Mitte Februar hatte Suzanne Geburtstag. Wir planten, gemeinsam mit Andreas und Clarissa nach Lake Tahoe im Norden Kaliforniens zum Skilaufen zu fahren und somit ein paar Tage freizumachen. Daß wir Andreas dazu überreden konnten, war der sicherste Beweis dafür, daß er tatsächlich verliebt war. Am 16. Februar packten wir also die Koffer und fuhren nach Tahoe, wo wir ein Ferienhaus gemietet hatten. Wir verbrachten hier fünf relaxte Tage mit Skifahren, Snowboarden, vor dem Kamin Herumhängen und Nachdenken. Ich hätte am liebsten noch ein paar Tage drangehängt, ließ mich jedoch von Andreas weitertreiben. Ohne große Gegenwehr, denn nach wie vor spielte das Geld eine große Rolle. Die Aussicht auf einen Scoop, mit dem wir über Nacht ein kleines Vermögen machen konnten, übertünchte meine Selbstzweifel.

Im selben Monat überließ uns eine Privatdetektei in Beverly Hills für 300 Dollar die Adresse von Leonardo DiCaprio, der im Frühjahr 1997 zum heißesten Jungstar Hollywoods aufstieg. Seit der damals 22jährige in *Romeo und Julia* die männliche Hauptrolle bekommen hatte, lagen ihm die Mädchen zu Füßen. Und nun war er auch noch im Cast von James Camerons *Titanic*, dem teuersten Streifen der gesamten Filmgeschichte.

236

Seit Beginn der Dreharbeiten häuften sich die Anfragen nach Leonardo-Fotos, und wir wollten sie liefern.

DiCaprio wohnte nur drei Minuten entfernt von Madonnas Anwesen in Los Feliz bei seiner Mutter. Sein eher bescheidenes Haus lag in einer kleinen Wohnstraße, in der so viele Autos parkten, daß wir uns problemlos verstecken konnten. Der Eingangsbereich des Grundstücks war aus 30 Meter Entfernung gut einzusehen, in der Einfahrt standen ein schwarzer Chevy Tahoe sowie ein neuer, silberner 5er BMW.

Schon am ersten Tag verfolgten wir den Jungstar kreuz und quer durch die Stadt. Er besuchte einen Freund im Valley, alberte später mit ihm in einem Café am Ventura Boulevard herum und fuhr wieder nach Hause. Wir hatten nicht das Gefühl, daß er sich um Paparazzi groß Gedanken machte. Auch an den nächsten Tagen bemerkte er uns nicht. Die Fotos, die wir bei diesen Gelegenheiten von ihm und seinen Freunden schossen, hielten wir aber vorerst zurück, da wir hofften, Leonardo mit einer Frau vor die Kamera zu bekommen. Das wäre mit Sicherheit ein kleiner Scoop.

Am 25. Februar stand ich wieder mit dem Camry auf der Lauer. Dieser Wagen war perfekt zum Observieren, da er aus irgendeinem unerfindlichen Grund von den Stars einfach nicht wahrgenommen wurde.

Zunächst holte DiCaprio, der diesmal die ganze Zeit chauffiert wurde, in Beverly Hills eine junge Frau ab und fuhr mit ihr Richtung Süden. Ich vermutete, daß es zu einem Versteck im Süden von Kalifornien ging, wo die beiden sich einen trauten Abend machen wollten. Die Reise führte nach San Diego, und als wir dort ankamen, war es bereits dunkel. Die beiden spazierten in einem Shopping-Center in Downtown, doch ich wagte nicht, sie zu fotografieren. Sollten sie, wie ich vermutete, zu einem Häuschen am Meer unterwegs sein, würde ich am nächsten Morgen viel interessantere Fotos bekommen.

Dann ging es weiter, doch DiCaprio steuerte den Flughafen von San Diego an, setzte das Mädchen dort ab und fuhr weiter Richtung Süden. Meine Love-Story-Fotos konnte ich erst einmal vergessen ... Es ging nach Mexiko, Leonardo war allem Anschein nach auf dem Weg zur Arbeit. Wenn ich das geahnt hätte, wäre ich sicherlich nicht ohne Pass losgefahren. So gab es nur eine Alternative: ohne das Dokument auf Risiko weiterzufahren – oder umzukehren und auf Fotos zu verzichten. Aber ich war dem Star schließlich nicht 200 Kilometer gefolgt, um jetzt mir nichts, dir nichts aufzugeben. Also blieb ich dran. Tatsächlich wurde ich an der Grenze einfach durchgewunken, problemloser hätte es nicht laufen können. Schon unterwegs hatte ich mich erinnert, irgendwo gelesen zu haben, daß *Titanic* teilweise an einer geheimen Location in Mexiko gedreht werden sollte. Wir fuhren also Richtung Set. Allerdings hatte ich keine Ahnung, wo das sein sollte. Und Mexiko ist groß.

Ich war in den Jahren zuvor mehrmals in Tijuana gewesen und kannte mich deshalb einigermaßen in der Stadt aus. Bald wurde mir klar, daß wir Richtung Süden fuhren, nach Baja California.

Nach 80 Kilometern auf der Küstenstraße 1 war dann Schluß. Ich starrte auf die Rücklichter der Limo, die einen halben Kilometer vor mir fuhr, als plötzlich auf der rechten Seite die Kulisse eines riesigen Ozeandampfers im Dunkeln auftauchte. Sämtliche Kabinenfenster waren erhellt, und das Schiff hatte eine leichte Neigung, so als würde es sinken – ein imposantes Bild!

In dem Örtchen Rosarito bog DiCaprios Wagen von der Küstenstraße ab und hielt an einem Checkpoint – dem Eingang zum Set. Ich gab für heute auf und mietete mich in einem nahe gelegenen Motel ein. Ich fühlte mich total erschöpft, und außerdem war es bereits 22 Uhr, DiCaprio würde sicher bald zu seinem Hotel fahren.

Vom Motel aus rief ich Andreas an und berichtete ihm, daß ich das *Titanic*-Set in Mexiko entdeckt hatte. Er wollte sofort nachkommen, so daß wir zu zweit ein Flugzeug oder einen Hubschrauber mieten konnten, um das Modell des sinkenden Ozeanriesen aus der Luft zu fotografieren.

Am nächsten Morgen trafen wir uns auf dem internationalen Flughafen von Tijuana. Tatsächlich fanden wir einen Hobbypiloten, einen Arzt aus Tijuana, der uns für 300 Dollar nach Rosarito flog. Zwanzig Minuten lang kreisten wir über dem Set und machten in aller Ruhe Foto- und Videoaufnahmen. Leonardo DiCaprio ließen wir erst einmal in Ruhe, denn auf das Studiogelände zu gelangen war nahezu unmöglich.

Aber auch ohne den neuen Superstar hatten wir einen Hit gelandet. Bereits am nächsten Tag verkauften wir die Set-Fotos für 5000 Dollar an den *Star*, und in den Wochen und Monaten darauf nahmen wir insgesamt mehr als 15 000 Dollar ein. Selbst „seriöse" Magazine wie das Kinojournal *Premiere* oder die *Cosmopolitan* kauften unsere *Titanic*-Fotos.

Als im Sommer Gerüchte aufkamen, daß das ursprüngliche Mega-Budget von 100 Millionen Dollar überschritten und die Premiere des Films von Spätsommer auf den Winter 1997/98 verschoben würde, kam das Geschäft noch mal in Gang. Eine große Rolle hierbei spielte auch die Hiobsbotschaft, daß mehr als 60 Crew-Mitglieder mit einer haluzinogenen Droge im Essen vergiftet worden seien. Jetzt berichteten nicht nur die

Klatsch-Blätter über die Dreharbeiten, sondern auch alle anderen Medien. Und alle wollten im Bild zeigen, warum der Film so teuer war. Welches bessere Symbol konnte es dafür geben als die sinkende Kopie der Titanic. Und wir hatten sie im Bild ...

Am 27. Februar hatten wir Leonardo DiCaprio wieder im Visier. Diesmal nahmen Andreas und Jonathan die Verfolgung auf und fotografierten ihn beim Basketballspielen mit seinen jungen, trendigen Freunden auf einem öffentlichen Platz im Valley. Nach dem Basketball begleitete er einen Freund nach Hause und blieb bis 15 Uhr bei ihm. Dann sprang er in seinen Tahoe und machte sich auf den Weg nach Beverly Hills. Wie am frühen Morgen trug er noch immer schlabbrige Jeans und ein blaues T-Shirt.

In Beverly Hills fuhr der Teenie-Schwarm auf den Robertson Boulevard und hielt direkt vor dem *Ivy Restaurant* in der zweiten Spur. Offensichtlich wartete er auf jemanden. Andreas und Jonathan bekamen schwitzige Hände – ein sicheres Indiz dafür, daß es spannend wurde. Und tatsächlich – nach etwa einer Minute kam eine Frau mit extrem kurzen, zur Seite gescheitelten Haaren zwischen den Autos hervorgelaufen. Sie trug einen schwarzen Rollkragenpulli und Jeans. Leonardo öffnete die Beifahrertür, und sie sprang ins Auto. Bingo – es ging los!

Nach kurzer Fahrt parkte Leonardo den Tahoe vor einer Galerie an der Melrose Avenue. Die beiden stiegen aus und liefen Richtung Eingang. Jonathan hielt mitten auf der Straße sein Auto an und filmte diese Szene mit der Videokamera. Das Paar war so sehr miteinander beschäftigt, daß es unseren „Assi" überhaupt nicht registrierte.

Als Leonardo und seine noch unbekannte Begleiterin die Galerie nach zwei Stunden wieder verließen, hatten Andreas und Jonathan noch immer keine geeignete Fotoposition gefunden und mußten deshalb weiter dranbleiben. Da es allmählich schon dämmerte, machte ich mich auf den Weg, um die beiden zu unterstützen. Auf dem Beverly Boulevard löste ich meine Freunde dann ab, schließlich konnten wir nicht sicher sein, daß Leonardo DiCaprio noch immer keinen Verdacht geschöpft hatte.

Jetzt steuerte Leonardo einen öffentlichen Parkplatz am Rodeo Drive an und verschwand mit der Frau in einem kleinen Café, das wir von außen nicht einsehen konnten. Um drinnen zu fotografieren, war das Café wiederum zu klein, also warteten wir auf der Straße. Ich stellte mich mit dem Camry in die zweite Spur und starrte auf den Eingang, die Videokamera startbereit in der Hand.

Nach zehn Minuten kamen „Romeo" und seine geheimnisvolle „Julia"
wieder heraus, überquerten die Straße und betraten nun auf der anderen
Seite das *Koo Koo Roo Chicken Restaurant.* Andreas war inzwischen zu
mir in den Wagen gestiegen. Gemeinsam beobachteten wir, wie sich
unsere Fotoobjekte in der Schlange anstellten und sich beim Warten
unterhielten. Sie wirkten irgendwie verspielt, so, als würde zwischen den
beiden irgend etwas laufen. Durch die Scheiben konnten wir sie gut
sehen, und es war drinnen hell genug zum Fotografieren; auch Videoaufnahmen waren von unserer Position aus kein Problem.

Inzwischen saßen die beiden an einem der Tische, und ich kam immer
mehr ins Grübeln. Irgendwie kam mir die Frau an Leonardos Seite
bekannt vor, und ich hatte den Eindruck, daß sie älter war als der Jungstar.
Während sie noch immer auf das Essen warteten, saßen sich die beiden
gegenüber und schauten sich tief in die Augen. In der Mitte des Tisches
stand ein Glas mit einer roten Rose – alles roch nach Flirt.

Endlich kam das Essen, eingepackt in Tüten. Die beiden standen auf,
bezahlten und gingen. Die Fahrt ging nun über den Wilshire Boulevard
Richtung Westen, dann auf den Freeway 405 nach Süden und auf den
Freeway 10 nach Westen – allem Anschein nach hieß das Ziel Malibu.
Während der Fahrt konnten wir manchmal von hinten durch die Scheiben
des Tahoe blicken, wenn Scheinwerfer sie durchleuchteten. Einmal konnte
ich erkennen, wie die Unbekannte zärtlich den Kopf des Jungstars streichelte.

Je länger wir dem Tahoe folgten, desto kribbeliger wurde ich. Wer war
bloß diese Unbekannte? Und was wollten sie in Malibu? Ging es zu einer
Party? Oder zu ihrem Haus? Aber dann mußte sie ziemlich viel Geld
haben ... und vielleicht war sie sogar berühmt?

Kurz vor dem Shopping-Center in Malibu verlor der Tahoe an
Geschwindigkeit und ordnete sich zum Abbiegen ein. Als der linke Blinker
aufleuchtete, machte es plötzlich Klick, es fiel uns wie Schuppen von den
Augen: DEMI MOORE!!! Diesen Abschnitt des Pacific Coast Highway
kannten wir nur zu gut, Demi und Bruce Willis besaßen hier eine Strandvilla. Und hatte sich Hollywoods derzeit teuerste Diva nicht für die Dreharbeiten zu *G. I. Jane* vor wenigen Monaten die Haare scheren lassen?
Inzwischen waren sie zwar nachgewachsen, aber immer noch sehr kurz.
Kein Zweifel, neben Leonardo saß niemand Geringeres als Demi Moore.

Der Tahoe parkte direkt vor dem Eingang der Villa, Demi stieg aus,
und Leonardo parkte den Wagen in rund 50 Metern Entfernung in derselben Straße. Vor dem Haus standen keine Autos, und das war sehr

ungewöhnlich. Waren Bruce Willis und die Kinder womöglich nicht zu Hause?

Seit Wochen gab es Gerüchte, in Hollywoods Musterehe würde es kriseln – und was wir hier beobachteten, war dazu angetan, diese Mutmaßungen zu bestätigen. Auf der anderen Seite erschien es mir doch sehr unwahrscheinlich, daß Demi ihre Ehe und das Schicksal von vier gemeinsamen Kindern für einen Flirt mit dem annähernd 15 Jahre jüngeren Leonardo DiCaprio aufs Spiel setzte – noch dazu im eigenen Haus!

Natürlich blieben wir vor Ort. Obwohl es schon ziemlich spät war, spürte keiner von uns Müdigkeit, dazu war diese Geschichte mit einem Schlag viel zu heiß geworden. Kurzzeitig kam mir „unser Freund" Haim Koresh in den Kopf: Hatte uns der Ex-Mossad-Agent nicht ausdrücklich ans Herz gelegt, die Finger von Demi und Bruce zu lassen? Aber wir versuchten uns zu beruhigen. Zum einen war von den Kindern nirgendwo etwas zu sehen, und zum anderen hatten wir nicht die Absicht, durch das Fenster hindurch zu fotografieren, was im Inneren des Hauses vor sich ging. Wir wollten Demi und Leonardo vor der Haustür „abschießen", auf quasi öffentlichem Grund. Außerdem hatten wir von Haim Koresh schon fast acht Monate lang nichts mehr gehört.

Etwa eine halbe Stunde später parkte ein Suburban vor der Haustür. Eine junge Frau, möglicherweise eine von Demi Moores Assistentinnen, stieg aus und ging in die Villa. Dann blieb es längere Zeit ruhig. Gegen 23 Uhr fuhr ein Lieferwagen von *Dominos Pizza Service* vor. Leonardo erschien kurz an der Tür, nahm das Essen entgegen und bezahlte. Zwei Stunden später wurden wir langsam müde und wechselten uns fortan ab – zwei schliefen, einer hielt Wache. Doch nichts passierte – Leonardo DiCaprio verbrachte die Nacht in Demis Haus, während Bruce verreist war – was für eine Geschichte!

Als es gegen Morgen dämmerte, ging ich am Strand in Stellung. Vielleicht würde ich sie ja Händchen haltend und turtelnd bei einem Morgenspaziergang vor die Kamera bekommen – das wäre ein Mega-Hit gewesen. Andreas und Jonathan warteten indes rund 150 Meter vom Haus entfernt auf der anderen Straßenseite in einer Hauseinfahrt. Sie saßen im hinteren Teil des Toyota-4-Runner und würden aus dem Heck heraus fotografieren und filmen, wenn irgend jemand auf die Straße trat.

Erst gegen 11 Uhr öffnete sich die Haustür. Klick. Die Assistentin trat heraus, setzte sich in den Suburban und wartete mit laufendem Motor. Wenige Minuten später kam DiCaprio zur Tür heraus, wieder mit Jeans und blauem T-Shirt bekleidet. Klick, klick, klick … Der Schauspieler winkte kurz zu der Assistentin hinüber, lief zu seinem Wagen und brauste davon. Dann erschien Demi auf der Bildfläche. Klick, klick, klick. Sie stieg zu der Assistentin in den Suburban und fuhr ebenfalls davon.

Ich war inzwischen vom Strand zum Auto gelaufen und hatte die Verfolgung Leonardos aufgenommen. Andreas und Jonathan blieben an Demis Suburban dran. Ms. Moore fuhr zu einem kleinen Flughafen im Valley, wo sie in einen Privatjet stieg. Und Leonardo traf sich wie tags zuvor mit seinen Kumpels zum Basketball ...

Die Bilder schlugen ein wie eine Bombe. Da hatten wir nun gehofft, daß sich Leonardo DiCaprio mit einer Frau traf – und er hatte uns doch tatsächlich ein Rendezvous mit Hollywoods Superstar Nummer eins geliefert. Die Blätter überschlugen sich förmlich. „Demis Nacht mit jungem Hollywoodlover" titelte der *Enquirer*. „Zerstört dieser Bengel Hollywoods Traumehe?" fragten andere Blätter. Für uns hieß die Story schlicht: „Demis Nacht mit ‚Romeo' ". Was wirklich in dieser Nacht gelaufen war, wußte natürlich niemand außer den drei Menschen, die in der Villa gewesen waren. Vor allem die Anwesenheit der Assistentin ließ Fragen offen. War die Frau vielleicht nur zur Tarnung dabeigewesen? Oder hatten sich die drei tatsächlich, wie später behauptet wurde, nur Vorab-Shots eines neuen Films angesehen?

Wie auch immer, die Fotos brachten uns weit über 60 000 Dollar ein – und doch wurden wir übers Ohr gehauen. Denn ein freier Mitarbeiter von RTL, der in diesen Tagen eine Reportage über uns drehen wollte, hatte von uns neben anderen Sachen auch das Foto- und Videomaterial über Leonardo und Demi bekommen. Das taten wir immer, wenn deutsche Fernsehteams Geschichten über uns brachten. Dafür, daß sie das Material in die Berichte einarbeiten durften, erhielten wir im Schnitt 2000 Dollar.

Doch dieser Typ wollte wohl auf die Schnelle ein paar Dollar extra machen und schmückte sich mit fremden Lorbeeren. Er verkaufte die Geschichte in Deutschland so, als ob er die ganze Zeit dabeigewesen wäre und selbst gefilmt hätte. RTL witterte eine Top-Quote, powerte die Geschichte mit Trailern und brachte am Abend einen Beitrag unter dem Motto: „Es kriselt in Hollywoods Traumehe!" Was ursprünglich als Reportage über die „Germans" in L.A. geplant war, hatte sich auf einmal in eine Klatsch-Geschichte über Demi und ihren Flirt verwandelt. Zu allem Überfluß gab der Sender das Fotomaterial auch noch als Promo für den Abendbeitrag an die *BILD*-Zeitung weiter, die damit am Tag der Sendung die halbe Titelseite zukleisterte. Und so hatten wir RTL für

DEMI SPENDS NIGHT H'WOOD HUNK

SATURDAY, 3:45 P.M.: Leonardo scales fence to keep his date with Demi.

SATURDAY, 4:30 P.M.: Demi and Leonardo stroll hand-in-hand as they enter a boutique.

Sexy screen siren Demi Moore spent a night with hot young actor Leonardo DiCaprio — while her hubby Bruce Willis was 3,000 miles away!

The "Striptease" beauty has been infatuated with Leonardo — who's 12 years her junior — ever since she saw him in "William Shakespeare's Romeo and Juliet" several months ago, said a friend of the actor.

"Demi recently began developing a film project that calls for a relationship between a younger man and an older woman, and she wanted to meet Leonardo to see if they had any chemistry together."

Their rendezvous took place on the weekend of February 22-23 as Bruce was shooting a new movie in Delaware.

"Demi's three daughters were with nannies at the Willis-Moore home in Hailey, Idaho," said an insider.

On February 22, Leonardo

DEMI and hubby Bruce. She's been infatuated with Leonardo for months.

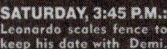

... while Bruce is 3,000 miles away!

spent the early afternoon playing basketball with buddies inside a fenced court in the San Fernando Valley. When the time for his meeting with Demi approached, he climbed a fence to get out of the locked court.

After changing clothes beside the road, he met 34-year-old Demi at the posh Ivy restaurant in Los Angeles at 4 p.m. — and The ENQUIRER was there to exclusively capture the encounter between the two.

"Demi was eagerly waiting as Leonardo pulled up in his Jeep Tahoe," revealed an ENQUIRER photographer who snapped them together.

"She hopped in and they drove to a fashionable boutique called Maxfield on Melrose Avenue — where Leonardo hung onto Demi's every word as they browsed for two hours.

"Then they jumped back into Leonardo's Jeep and drove to the Sunset Plaza.

"At times during the ride, Demi reached over and caressed the back of Leonardo's head and played with his hair."

The two snacked on chicken at a Koo Koo Roo restaurant, then drove to Demi and Bruce's palatial beach mansion in Malibu.

"After parking they sat in the car for about five minutes, enjoying their private time alone," said our photographer.

"And once the two went into Demi's compound at about 7:30 p.m., they didn't emerge until the next morning!"

About 1½ hours after Demi and Leonardo entered the home, Demi's female assistant arrived and went inside. Around 10 p.m. a Domino's pizza was delivered.

"Around 11 a.m. the following day, Demi and her assistant came out of the home," said the photographer.

"Leonardo emerged a few seconds later — in the same clothes he was wearing the night before!

"Demi and her aide drove away in a GMC truck as Leonardo left in his Jeep."

Contacted by The ENQUIRER, a spokesperson for Demi

Die Geschichte von Demi Moore und Leonardo DiCaprio war dem *National Enquirer* am 11. März 1997 eine große Seitenoptik auf dem Cover wert.

2000 Dollar Material verkauft, mit dem der Sender Hunderttausende Mark an zusätzlichen Werbezeiten einfuhr. Und weil wir das Material freiwillig herausgegeben hatten, gab es nicht einmal eine eindeutige rechtliche Handhabe für uns. Den Stress einer monatelangen gerichtlichen Auseinandersetzung wollten wir uns deshalb lieber ersparen. Wir hatten ein klassisches Eigentor geschossen.

Demi Moore, Bruce Willis und Leonardo DiCaprio erklärten wenige Tage später in Interviews und öffentlichen Statements, daß es nie eine Affäre gegeben habe ...

XVI

Mit Arnie und „Pippi Langstrumpf"
auf Hawaii

Anfang März 1997 wurde es zwischen Suzanne und mir immer kompli-
zierter. Zwar verstanden und mochten wir uns noch immer, aber ihre
Schuldgefühle gegenüber Frank machten ihr das Leben in L.A. zur Hölle.
Ihre Unzufriedenheit drückte sich nicht zuletzt darin aus, daß sie in Kalifornien einfach keine Wurzeln schlug, jedenfalls keine tiefen. Sie vertrieb
sich die Zeit mit Clarissa und ihren Freundinnen, aber sie versuchte nicht,
beruflich Fuß zu fassen. Als ihr kleine und zugegebenermaßen schlecht-
bezahlte Rollen in Filmen angeboten wurden, ging sie gar nicht erst zum
Casting. Und auch eine Model-Karriere sah sie für sich nicht – sie lehnte
alle diesbezüglichen Vorschläge meinerseits mit dem unsinnigen Argument ab, sie sei zu dick. Einen prestigeträchtigen Koch-Kursus an einer
Eliteschule brach sie nach zwei Wochen ab.

Dabei hatte Suzanne alle Chancen, sich in L.A. beruflich zu entfalten.
Menschen wie ihr bietet die „Stadt der Engel" alle nur erdenklichen
Möglichkeiten. Wann immer sie irgendwo auftauchte, strahlte sie mit
ihrer Schönheit und Eleganz eine unbeschreiblich freundliche und positive Aura aus. Sie war als Mensch und Frau unwiderstehlich – aber auch
sensibel und verletzlich.

Anfang März wurde mir immer stärker bewußt, daß wir uns vielleicht
trennen müßten – und das war schlimm für mich. Die Greencard war
dabei meine geringste Sorge, vielmehr fürchtete ich, daß unsere Freundschaft in die Brüche ging. In den letzten Wochen hatten wir uns zunehmend wie ein altes Ehepaar verhalten, das nicht mehr miteinander reden
kann. Und das war die eigentliche Katastrophe!

Anfangs hatten wir unsere Heirat wie einen großen Joke betrachtet,
hatten uns wie Kinder verhalten, die sich der Konsequenzen ihres Han-
delns nicht bewußt sind. Jetzt wurde mir immer deutlicher vor Augen

geführt, was sie alles für mich getan und vor allem was sie für mich aufgegeben hatte. Und ich sah es als meine Pflicht an, dafür zu sorgen, daß
sie nicht unter dieser Situation litt. Denn Suzanne war wie paralysiert, sie
konnte sich nicht entscheiden, ob sie nun bleiben oder nach Phoenix
zurückgehen sollte. Irgend etwas mußte geschehen – und zwar bald!

Dann kam endlich ein Lichtblick in unseren Alltag. Am 7. März 1997,
nur knapp zwei Wochen nach der „Demi-und-Leonardo-Geschichte",
saßen Andreas und ich mit Suzanne und Clarissa im Flieger nach Maui
auf Hawaii. Die Frauen dienten uns wieder einmal als Tarnung, wir wollten als ganz normale Paare im Urlaub auftreten. In Wirklichkeit ging es
uns natürlich in erster Linie um den Job, denn in letzter Zeit waren in den
Magazinen immer öfter Paparazzi-Bilder aus Hawaii zu sehen gewesen.
Die Insel war ein beliebtes Urlaubsziel vieler Stars, und Fotos waren hier
oft leichter zu bekommen als in L.A. Allerdings mußte man wissen, wann
und wo ein Star auf Hawaii Urlaub machen würde – d. h., wir brauchten
Informanten.

Unser letzter Versuch, einen Informanten in einem Promi-Ort zu finden, war jämmerlich fehlgeschlagen. Juan vom *Las Brisas* in Acapulco
hatte sich nie bei uns gemeldet, selbst nicht, nachdem ich ihn Ende Oktober noch ein zweites Mal besucht und ihm dummerweise auch noch weitere 300 Dollar zugesteckt hatte. Das Ganze war eine glatte Fehlinvestition, abgesehen von den drei Tagen Urlaub für mich und Suzanne.

Trotzdem wollten wir auf Maui, der zweitgrößten der Hawaii-Inseln,
einen weiteren Versuch wagen. Von L.A. aus hatten wir Zimmer im *Four
Seasons* reserviert, einem wunderschönen Hotel mit großen, nach außen
offenen Hallen, deren Böden mit Marmor ausgelegt und die mit tropischen Pflanzen dekoriert sind. Alles ist luftig, warm und ruhig. Der Service ist perfekt, die Küche hat ihre fünf Sterne voll verdient, und der
Blick vom Hotel-Pool auf einen Sonnenuntergang über dem Meer ist
unbeschreiblich.

Unsere Mission war genau nach meinem Geschmack. Die ersten beiden
Tage lagen wir relaxed am Pool, während die Frauen sich erst einmal mit
sämtlichen männlichen Hotelangestellten „anfreundeten". Offiziell waren
wir die Kids reicher Eltern, die ein paar Tage im Paradies spendiert
bekommen hatten. Schon am dritten Abend nahmen uns ein paar Hotel-
kellner mit in eine Bar in Kihei an der Südseite Mauis, die als Treffpunkt
vieler jüngerer Hotelangestellter galt.

Bei dieser Gelegenheit lernten wir Jeff kennen, einen 27jährigen, athletisch gebauten Surfer aus Oregon, der seit drei Jahren im *Four Seasons* kellnerte und in seiner Freizeit die Monsterwellen von Hookipa abritt. Da wir uns von Beginn an gut mit ihm verstanden, pickten wir ihn als unseren möglichen Informanten heraus. Irgendwie hatten wir das Gefühl, er würde mitziehen. Sollten wir uns getäuscht haben, hätten wir das *Four Seasons* vergessen können.

Wir paßten einen günstigen Moment ab und fragten ihn, ob er einen Moment Zeit hätte. Dann setzten wir uns zu dritt vor der Bar in unseren Miet-Van. Ich übernahm den Anfang, da ich als ebenfalls leidenschaftlicher Surfer gewissermaßen auf einem Level mit ihm war und er so vielleicht eher Vertrauen faßte. Nachdem er uns auf meine Bitte, dieses Gespräch streng vertraulich zu behandeln, seine absolute Verschwiegenheit zugesichert hatte, kam ich zur Sache.

„Wir sind Paparazzi", eröffnete ich ihm. Er schaute mich ausdruckslos an, also fuhr ich fort. „Ich nehme an, daß du weißt, was Paparazzi sind ... Jedenfalls wissen wir, daß bei euch im Hotel regelmäßig Stars unterkommen ..."

„Ständig", warf Jeff ein und nickte.

„Genau! Und deshalb wollen wir dir einen kleinen Deal vorschlagen. Wir würden dich gut dafür bezahlen, wenn du uns auf dem laufenden hältst ... Du hörst doch bestimmt manchmal schon im voraus, wann ein Promi eintrifft ..."

„Ey, Jungs, kein Problem, ich weiß immer, wann die Leute kommen. Vor kurzem war Don Johnson hier, und Schwarzenegger kommt jedes Jahr im Frühling. Kein Problem, Mann."

Unsere Anspannung schlug in Freude um. „Also, paß auf!" meinte nun Andreas. „Hier hast du sämtliche Telefonnummern, unter denen wir in L.A. zu erreichen sind. Wenn du anrufst, kommen wir sofort her. Und wenn der Star vor Ort ist, bekommst du schon mal 300 Dollar als Garantie. Wenn wir dann noch Fotos kriegen und damit Geld verdienen, gibt's 'ne Provision für dich." Er lachte. „Man kann 'ne Menge Geld verdienen mit solchen Fotos ... Da können schon mal ein- oder zweitausend Dollar nur für dich drin sein." Er kramte 500 Dollar aus der Tasche und hielt sie Jeff hin. „Hier, als kleines Dankeschön für den Start."

„Ey, Jungs, wir sind Partner! Davon kann ich endlich mein Auto reparieren", meinte Jeff und schüttelte uns die Hand.

Anschließend gingen wir grinsend in die Bar zurück und feierten bei Bier und Cola unseren „Vertragsabschluß".

Wir blieben noch vier Tage, die ich überwiegend mit Windsurfen an der Nordküste von Maui verbrachte. Als ich durch das türkisfarbene Wasser glitt, tauchten vor mir riesige Schildkröten ab, und über dem Vulkanberg Haleakala an der Ostseite der Insel hing eine gigantische Gewitterwolke, während über mir die Sonne schien. Es war traumhaft, ich fühlte mich so wohl wie seit langem nicht mehr.

Für ein paar Tage vergaßen Suzanne und ich unseren Streß. Sie belegte sogar einen Windsurfkurs und hatte eine Menge Spaß dabei. Andreas und Clarissa verbrachten viel Zeit am Hotel-Pool und trieben nebenbei in einem anderen Hotel noch einen zweiten Informanten auf.

Allerdings waren die Kraftreserven, die ich auf Maui getankt hatte, schon nach zwei Tagen in L.A. wieder aufgebraucht. Zwischen Suzanne und mir war es verdächtig ruhig – also konzentrierte ich mich auf die Arbeit.

Am 17. März schickte uns der *Enquirer* zum Flughafen LAX. Angeblich sollte Debbie Rowe, die Ehefrau von Michael Jackson und Mutter seines Kindes, gegen 22 Uhr mit einer Air-France-Maschine aus Paris zurückkehren. Jackson war zu dieser Zeit auf Europa-Tournee, und Debbie hatte ihn in Paris besucht.

Schließlich kam die Ex-Arzthelferin und leidenschaftliche Harley-Davidson-Fahrerin aus demselben Ausgang wie alle gewöhnlichen Passagiere heraus. Wir schossen gleich in der Ankunftshalle Fotos. Obwohl Ms. Rowe sich die Hand vors Gesicht hielt, druckte der *Enquirer* die Bilder, die sich hier und da auch international verkauften. Aber das ganz große Geschäft war dieser Job nicht gewesen.

In der Woche darauf saß ich drei Tage lang vor Johnny Depps Schloß in West Hollywood, direkt am Sunset Boulevard. Es war tatsächlich ein kleines Schloß – mit hohen Mauern, Türmen und brückenartigen Übergängen. Hollywoods „junger Rebell" hatte es vor ein paar Jahren für seine Freundin Kate Moss gekauft, aber da sich die beiden ständig trennten und versöhnten, war er schließlich gleich selbst dort eingezogen.

Am 24. März, dem dritten Tag meiner Observation, verließ *Edward mit den Scherenhänden* endlich sein Schloß und steuerte seinen schwarzen Porsche 911 mit verdunkelten Scheiben auf den Sunset. Über den Freeway 101 fuhren wir Richtung Valley und näherten uns den *Warner Bros. Studios* in Burbank. Meine gute Laune schlug sofort wieder um, da ich in den Studios kaum eine Chance hatte, Fotos zu bekommen.

Dann jedoch parkte Depp zu meinem Erstaunen in einer der Seitenstraßen, in denen wir uns immer versteckt hielten, wenn wir irgendeinen Star vom Studio aus verfolgen wollten. Im ersten Moment dachte ich, er hätte mich entdeckt und wollte checken, ob ich ebenfalls stoppte. Doch dann lief er zu einer Bushaltestelle genau gegenüber dem Haupteingang zu dem *Warner*-Gelände. Dort saß auf einer Bank ein Mann mit einem Paket oder einer Tasche in der Hand, und Johnny Depp setzte sich zu ihm. Die beiden unterhielten sich.

Während ich die Straße vor dem Studio auf und ab fuhr, versuchte ich mir einen Reim auf dieses seltsame, fast schon konspirative Treffen zu machen. Kriminelle Aktivitäten, selbst Drogengeschäfte, erschienen mir eher unwahrscheinlich – am ehesten noch wirkte der Mann auf der Bank wie ein verarmter Drehbuchschreiber, der den berühmten Star für sein neuestes Projekt zu gewinnen versuchte. Vor einer roten Ampel blieb ich kurz stehen und schoß ein paar Fotos, dann drehte ich weiter meine Runden.

Schließlich löste der Unbekannte selbst das Rätsel, indem er einen Fotoapparat aus der Tasche holte und Johnny Depp vor einen Bauzaun lotste, der mit Gemälden von Filmlegenden verziert war. Der Jungstar posierte nun in James-Dean-Manier vor einem Bild von Edward G. Robinson und hielt dem berühmten Gangster-Darsteller der Dreißiger und Vierziger eine Zigarette an den Mund. Der Unbekannte fotografierte – und als ich wieder vor der Ampel stand, bekam auch ich gestochen scharfe Bilder.

Obwohl ich bereits zum vierten Mal innerhalb von nur 20 Minuten an dieser Ampel stand, hatten Depp und der Fotograf mich noch nicht entdeckt. Nur ein junges Pärchen, das an der Bushaltestelle wartete und die Männer am Zaun nicht sehen konnte, starrte auf mein Auto. Ich fotografierte durch die leicht heruntergelassene hintere rechte Scheibe, und die beiden beobachteten mich durch das Beifahrerfenster und wunderten sich wohl, was zum Teufel ich hier fotografierte.

Schließlich machte ich mich davon, wartete in der Nähe des Porsche, bis Johnny zurückkam, und machte noch ein paar Bilder, wie er wieder in seinen Wagen einstieg. Dann fuhr ich nach Hause.

Der Job war erfolgreich verlaufen, aber Freude verspürte ich nicht. Ich kam mir eher vor wie ein Fabrikarbeiter, der Feierabend machte. Ich hatte meinen Job erledigt, mehr nicht. Abenteuer? Spannung? Ehrgeiz? Nichts von allem, die Zeiten, da ich morgens gespannt dem neuen Tag entgegensah, waren definitiv vorüber, alles war nur noch Routine. Und immer häufiger fühlte ich mich erleichtert, wenn ich nicht entdeckt worden war. Meine Rolle als Paparazzo gefiel mir von Tag zu Tag weniger – nicht zuletzt, weil es anderen kaum beizubringen war, aus welchen Gründen jemand tagelang im Auto vor irgendeinem Haus auf der Lauer lag, nur um im Privatleben irgendeines Promis herumzustochern. Und nichts anderes machten wir. Nachrichten, von denen die Welt wissen mußte, dokumentierten wir mit unseren Fotos jedenfalls nicht – und das gefiel mir immer weniger. Noch ärgerlicher waren dann die Fälle, wenn Redakteure sich zu unseren Fotos Märchen ausdachten. Als ausgebildeter Journalist fühlte ich für diese Art von Nachrichten keinerlei Stolz.

Am 25. März saß ich mit einem Bier in der Hand auf der Veranda des Holzhäuschens in Venice Beach, in das wir uns Ende Februar eingemietet hatten, und wartete auf Suzanne, die ein paar Tage in Phoenix verbracht hatte. Inzwischen fuhr sie fast jeden Monat einmal zu Besuch nach Hause. Gegen 22 Uhr war sie endlich da. Sie wirkte nicht besonders glücklich.

Nach einer knappen Begrüßung atmete ich tief durch. „Suzanne,“ fragte ich, plötzlich fest entschlossen, die Sache auf den Punkt zu bringen, „glaubst du, es würde dich glücklicher machen, wenn du nach Phoenix zurückziehst?“

Sie starrte in meine Richtung, aber ihr Blick ging dabei durch mich hindurch und wurde glasig. Dann drehte sie den Kopf zur Seite, legte die Hände vors Gesicht und fing an zu weinen. Ich legte meinen Arm um ihre Schulter und schwieg. Allmählich wurde aus dem leisen Weinen ein lautes Schluchzen.

Schließlich faßte sie sich wieder. „Ja, ich glaube, ich werde nach Phoenix zurückziehen, Christoph. Es tut mir leid.“

Wir besprachen, daß sie noch bis Ende April in L.A. bleiben und in Ruhe ihren erneuten Umzug vorbereiten würde. Als ich vorschlug, daß wir uns scheiden lassen könnten, lehnte sie ab, weil sie mir die Aussicht auf die Greencard nicht verbauen wollte.

Am nächsten Morgen fühlte ich mich merkwürdig erleichtert. Natürlich war ich traurig und hatte fast ein wenig Panik davor, plötzlich ohne sie leben zu müssen, so sehr hatte mich in dem halben Jahr an unser Eheleben gewöhnt. Doch wir waren in eine Sackgasse geraten, und im Moment gab es keine andere Möglichkeit, als daß jeder für sich allein versuchte, aus dieser Misere herauszufinden, auch wenn es erst einmal schmerzte.

In dieser Situation kam es fast wie gerufen, daß zwei Tage später unser Freund Jeff aus Maui anrief und uns mitteilte, Arnold Schwarzenegger sei samt Familie im *Four Seasons* abgestiegen. Der *Terminator* wolle für mindestens eine Woche bleiben.

Am nächsten Morgen saß ich im Flieger. Da wir das Hotel gut kannten, waren Andreas und ich übereinstimmend der Meinung, daß einer von uns den Job allein machen konnte. Suzanne mochte mich nicht begleiten, da Ostern vor der Tür stand und sie „ihre Familie und ihre Freunde" besuchen wollte. Spätestens jetzt wurde mir bewußt, daß unsere Entscheidung richtig war.

Im Flugzeug fühlte ich mich von Minute zu Minute besser. Ich spürte, daß eine neue Phase in meinem Leben begann, ich war wieder frei und ungebunden – und wo konnte man den Beginn einer neuen Epoche besser genießen als auf Maui?

Schon beim Landeanflug sah ich einen Teppich von Schaumkronen das Meer bedecken. Der Himmel war strahlend blau, nur über dem Vulkan Haleakala lag wie immer eine dunkle Wolke. Ich konnte mich nicht beherrschen und fuhr direkt vom Flughafen aus zu einer Windsurfvermietung in Kahului, der Hauptstadt, und von dort aus gleich weiter nach Kanaha Beach, einem Windsurfspot nahe der Stadt. Durch die Zeitverschiebung zwischen dem Festland und Hawaii hatte ich drei Stunden eingespart, die ich nun nutzte, um mich auszutoben.

Als ich gegen 15 Uhr zum *Four Seasons* aufbrach, fühlte ich mich gut wie lange nicht mehr. Sicher spielte es auch eine Rolle, daß Andreas in L.A. geblieben war und mir kein schlechtes Gewissen einreden konnte, weil ich ein paar Stunden nicht gearbeitet hatte.

Im Hotel machte ich mich kurz frisch, dann ging es zum Pool, der viel belebter war als noch vor einem Monat. Deshalb bekam ich nur einen der schlechteren Liegeplätze weiter vom Wasser entfernt, was mir aber nur recht war. Schließlich wollte ich ja nicht auffallen.

Um nicht aus dem Rahmen zu fallen, hatte ich mich möglichst yuppiemäßig angezogen: weißes Leinenhemd mit hochgekrempelten Ärmeln, Segler-Shorts und die obligatorische Sonnenbrille auf der Nase. In einer Strandtasche hatte ich die nötigste Kameraausrüstung dabei – das 500er, das 35-350er, eine Kamera, Einbein, Filme und ein Fernglas. Ich stellte die Tasche unter meiner Liege ab und kramte die *New York Times* hervor. Natürlich tat ich nur so, als würde ich lesen, während ich in Wirklichkeit die Leute musterte, die sich um den Pool herum aalten. Es roch nur so nach Geld, die Bäuche der Männer kamen nicht vom Bier, sondern von den zwei Geschäftsessen, die sie täglich absolvieren „mußten", und die Brüste ihrer Ehefrauen waren einfach zu perfekt, als daß sie alle hätten natürlich sein können. Die meisten Gäste gehörten zur Schickeria aus der Unterhaltungsindustrie von L.A., diese Spezies Mensch gibt es kein zweites Mal.

251

Schließlich entdeckte ich auch Arnie, der mit seiner Frau, der Fernseh-journalistin Maria Shriver, eine geborene Kennedy, und zwei Kindern unter einem Sonnenzelt direkt am Pool lag. Er war nicht zu verkennen – Muskeln am ganzen Körper, im Mund die unvermeidbare Zigarre, Son-nenbrille und in der Hand ein Buch. Maria trug einen schwarzen Badean-zug, ihr leicht gerundeter Bauch verriet, daß sie im dritten oder vierten Monat war. Und Bilder von der erneut schwangeren Mrs. Schwarzenegger gab es noch nicht!

Neben dem Sonnenzelt stand ein Typ mit kurzen, dunklen Haaren in einem weißen Poloshirt und Shorts. Auch er trug eine Sonnenbrille. Der Typ stand einfach nur da und musterte die Leute, die um den Pool herum-lagen. Am Gürtel seiner Shorts trug er ein Funkgerät – kein Zweifel, wel-chen Job er ausübte!

Nachdem ich Arnie entdeckt hatte, checkte ich nun erst einmal die Hotelanlage nach einer Stelle ab, von der aus man ihn und seine Familie hätte fotografieren können. Aber wo auch immer ich nachsah, es gab nur eine Stelle, von der aus ich ihn vor die Linse bekommen konnte – nämlich direkt am Pool. Aber das wäre der helle Wahnsinn gewesen, da nicht nur der Bodyguard, sondern jede Menge Hotelangestellte hier herumliefen und mich jederzeit hätten überraschen können. Also begab ich mich zu meinem Platz am Pool zurück und blieb dort, bis Familie Schwarzenegger schließlich aufbrach und vor Sonnenuntergang auch nicht mehr zurück-kehrte.

Am Abend traf ich mich in einer Bar mit Jeff und gab ihm 300 Dollar für den Tip. Wir tranken noch ein paar Bier, und gegen 23 Uhr fiel ich todmüde ins Bett.

Am nächsten Morgen saß ich gegen 9 Uhr beim Frühstück im Restaurant des Hotels. Als ich die Gäste so beobachtete, fiel mir auf, daß ich offen-sichtlich der einzige Alleinreisende war, wohin ich auch blickte, saßen nur Pärchen oder Familien. Ich kam mir ein wenig blöd vor, doch ich konnte es nicht ändern.

Nach einer halben Stunde kamen auch Arnold und Anhang zum Frühstück, begleitet von einem älteren Paar, möglicherweise seinen oder Marias Eltern. Der Bodyguard war natürlich mit von der Partie. Er stand etwas abseits und musterte die anderen Gäste. Ich tat so, als wäre ich in meine Zeitung vertieft – ans Fotografieren war hier nicht zu denken.

Bevor der Schwarzenegger-Clan sein Frühstück beendet hatte, machte ich es mir wieder am Pool bequem. Ich wollte auf keinen Fall verpassen, wenn er zum Strand ging – denn das waren die Fotos, die ich bekommen mußte und die wir auch gut verkaufen würden.

Ich hatte mich kaum auf meiner Liege niedergelassen, als plötzlich ein zierliches Mädchen an mir vorüberlief. Ich schätzte sie auf Anfang, höchstens Mitte Zwanzig. Sie trug eines dieser bunten Blumentücher um die Hüfte, für die die weiblichen Ureinwohner des Inselreichs bekannt sind, und dazu ein orangefarbenes Bikinitop. Ihre langen, braunen Haare waren an den Seiten zu Pippi-Langstrumpf-Zöpfen geflochten, und in der Hand hielt das Mädchen ein Glas mit Fruchtsaft, in dem ein langer, bunter Strohhalm steckte.

Für einen Moment nahm ich die Zeitung herunter und sah sie an. Sie lächelte mich kurz an. Ich wäre fast von meiner Liege gefallen – und als ich wieder zu mir kam, wurde mir bewußt, daß ich zum ersten Mal in diesem Hotel eine für meinen Geschmack attraktive Frau gesehen hatte. Denn die meisten weiblichen Hotelgäste waren entweder zu alt für mich, oder sie waren häßlich, manchmal auch beides zusammen. Aber dieses Mädchen war nicht nur in meinem Alter und attraktiv, sie strahlte zudem noch etwas aus, das mich sofort in ihren Bann schlug, auch wenn ich nicht sagen konnte, was genau es war.

Ich schaute ihr hinterher und beobachtete, daß sie sich etwa zehn Meter entfernt auf eine Liege setzte. Neben ihr lagen zwei weitere Mädchen in ungefähr ihrem Alter, zwei kleine Jungen und eine elegante Frau von Mitte Vierzig. Sie hatte ebenfalls lange braune Haare und ähnelte auch sonst jenem Mädchen, das mich eben so sehr beeindruckt hatte.

Meine Blicke schweiften hin und her zwischen dem Mädchen und jener Treppe, die Arnold herunterkommen mußte. Dabei blätterte ich in meiner *Times*. Noch war ich wohl niemandem aufgefallen, aber mit der Zeit würde es bestimmt seltsam wirken, wenn man mich immer nur allein hier im Hotel herumlungern sah. Am Morgen hatte ich noch einmal versucht, Suzanne zum Nachkommen zu überreden, aber sie hatte abermals kategorisch abgelehnt. Vielleicht war auch das ein Grund dafür, daß ich auf einmal kein schlechtes Gewissen mehr spürte, einer schönen Frau hinterherzuschauen. Suzanne war auf einmal ganz weit weg.

Die Tarnung blieb trotzdem ein großes Problem, wenn ich hier am Pool fotografieren wollte. Wahrscheinlich mußte ich tatsächlich warten, bis Arnie zum Strand ging oder aus irgendeinem anderen Grund die Hotelanlage verließ. Und um auf die Situation des heimlichen Fotografierens am Strand vorbereitet zu sein, sollte ich wohl besser schon mal im voraus Verstecke ausspähen. Also machte ich mich auf den Weg. Als ich um den

Pool herumlief, passierte ich „zufällig" auch die Liegen, auf denen mein neuer „Schwarm" und ihre Begleiter lagen. Wie es aussah, handelte es sich wohl um ihre Familie. Inzwischen war auch ein Mann von circa 50 Jahren dazugestoßen, ich tippte auf den Vater. Er war vermutlich Araber. Darauf ließen jedenfalls die leicht dunkle Hautfarbe, die scharfen Konturen des Gesichts, die krausen schwarzen Locken und eine starke Brustbehaarung schließen. Die kleine Gruppe hatte offensichtlich eine Menge Spaß hier am Pool, alle lachten, die kleineren Kinder kitzelten ihren Dad, eines der älteren Mädchen machte Fotos.

Im Vorbeigehen traf mein Blick für eine Sekunde den von „Pippi Langstrumpf", wie ich das Mädchen mit den braunen Zöpfen getauft hatte. Sie lag neben der Mutter und bräunte sich. Ich lächelte, und sie lächelte zurück ... Dann stapfte ich die Holztreppen zum Strand hinunter.

Der Strand war traumhaft. In einer etwa 400 Meter langen Halbmondbucht plätscherten türkisfarbene Wellen vor imposanten Felsenformationen rechts und links zu dem palmengesäumten Sand hin, auf dem sich nur wenige Touristen breitgemacht hatten. Massentourismus war hier nicht angesagt, denn das *Four Seasons* teilte sich diesen Privatstrand mit dem *Wailea Resort Hotel*, einer weiteren Luxus-Herberge, wenn auch nicht ganz so vornehm.

Schon bei unserem letzten Besuch hatte ich das linke Ende des Strandes oberhalb der Felsen vergeblich nach geeigneten Verstecken abgesucht. Also suchte ich jetzt rechts. Zwischen dem *Four Seasons* und dem *Wailea Resort* lag ein kleiner Hügel, von dem aus man den Strand problemlos überblicken konnte. Auf diesem Hügel standen zudem noch Palmen, die Schatten und auch ein wenig Schutz boten. Der Badestrand war von hier aus ungefähr 50 Meter Luftlinie entfernt, mit dem 500er-Objektiv und dem 1,4-Konverter war dies eine perfekte Position zum Fotografieren. Wenn ich überhaupt Bilder bekommen wollte, dann von dieser Stelle aus.

Wenig später lag ich wieder neben dem Pool und beobachtete Arnie, der mit seiner kleinen Tochter im Wasser planschte. Ich wurde kribbelig – keine zehn Meter von mir entfernt spielte einer der „Top 5"-Hollywood-Stars mit seiner Tochter, und ich konnte nicht fotografieren, obwohl ich meine Kamera dabei hatte. Wäre Andreas hier gewesen, hätten wir eine Unterhaltung vorgetäuscht. Der eine hätte vielleicht heimlich auf den Auslöser drücken können, während der andere ihm Deckung gab. Aber so war nichts zu machen, jeder Versuch wäre viel zu gefährlich gewesen, sie hätten mich mit Sicherheit entdeckt.

Nach ein paar Minuten stiegen auch Maria Shriver und das zweite Kind in den Pool. Der Security-Typ stand dezent am Rand des Schwimmbeckens und starrte gelangweilt in die Gegend. Einige Hotelgäste waren so sehr bemüht, nicht auf die Schwarzeneggers zu starren, daß man die Stielaugen unter ihren Sonnenbrillen geradezu „riechen" konnte. Plötzlich erhob sich auf einer der Liegen neben mir ein kleiner, dicker Mann mit einer goldenen Elvis-Sonnenbrille auf der Nase und einer fetten Goldkette um den Hals. In der Hand hielt er eine dieser neuen digitalen Mini-Videokameras, die ein Vermögen kosten und fast Fernseh-Qualität bieten. Seine ebenfalls ziemlich rundliche und mit Klunkern behangene Frau stand ebenfalls auf und lief an den Pool. Die beiden wirkten wie texanische Öl-Millionäre aus einer schlechten Seifenoper.

Der Dicke postierte seine Frau am Poolrand und begann sie zu filmen. Einige Meter hinter ihr schwammen die Schwarzeneggers durch den Pool. Es sah ganz so aus, als benutzte der Dicke seine Frau nur als Alibi, um in Wirklichkeit Arnie samt Anhang in den Sucher zu bekommen. Ich tippte auf einen promigeilen Neureichen, der später mit diesem Video vor seinen Freunden protzen wollte.

Auch der Bodyguard hatte mitbekommen, was hier ablief, und war prompt zur Stelle, um den Dicken zu stoppen. Ich verstand nicht, was er sagte, aber der Dicke nahm sofort die Kamera runter ...

Gegen Mittag wurde es plötzlich richtig geschäftig. Arnold und Familie verschwanden für eine halbe Stunde im Hotel, ehe er mit seinem Sohn Richtung Strand spazierte. Das Muskelpaket aus Graz trug einen Strohhut, ein Hawaiihemd und Shorts. Außer dem Kleinen begleitete ihn nur der Sicherheitstyp. Ich wartete ein paar Sekunden, dann folgte ich ihnen. Schon als ich die Holztreppe zum Strand hinunter erreichte, hatte ich ihn wieder im Blick. Arnie stand neben einem Strandkorb und plauderte mit irgend jemandem.

In Windeseile rannte ich zu „meinem" Hügel, der ungefähr zehn Meter über dem Meeresspiegel lag, und kauerte mich nieder, so daß ich mit Mühe noch den Strand ins Blickfeld bekam. Von unten waren nur mein Kopf und die Kamera beziehungsweise das dunkle Rund des Objektivs zu sehen.

Schwarzenegger stand noch immer am Strandkorb, der Bodyguard einen guten Meter hinter ihm. Die Szene war nicht gerade spektakulär, aber ich drückte trotzdem auf den Auslöser. Es sah nicht so aus, als wollte Arnie schwimmen gehen, und irgendwann mußte ich doch mit dem Fotografieren anfangen. Allerdings schlug mein Herz wie rasend. Was, wenn der Security-Typ mich hier sah? Ich hatte einen wahnsinnigen Horror davor, entdeckt und vor den Hotelgästen bloßgestellt zu werden. Und „Pippi" wäre bestimmt auch nicht beeindruckt, wenn man mich aus dem Hotel werfen würde.

Jetzt drehte sich Arnold um und lief zurück Richtung Treppe. Ich holte das Objektiv aus der Tasche, schraubte es auf die Kamera, fixierte Arnold und drückte auf den Auslöser, bevor der Star hinter ein paar Sträuchern verschwand, die den Blick auf die Holztreppe versperrten.

Ein paar Minuten später hatte ich es mir wieder auf meiner Liege am Pool bequem gemacht und blätterte in einer Zeitung. Als ich in der Gesundheits-Beilage der *USA Today* zufällig auf einen Artikel über Hautkrebs stieß, kam ich ins Grübeln. Wenig später saß ich im Schatten der Poolbar – und stellte fest, daß der Schreck, den mir der Bericht eingejagt hatte, mich zu meinem Lieblingsplatz im Hotel geführt hatte. Nicht nur, daß ich gegen die gefährlichen Strahlen einigermaßen geschützt war – an diesem Platz fiel ich auch als „loner", also einsamer Idiot, weniger auf und hatte zudem einen noch besseren Überblick über das Geschehen am Pool. Der weiße Punkt auf dem Poloshirt des Bodyguards war ständig in meinem Blickwinkel – und wo er war, konnten auch Arnold und Familie nicht weit sein.

Nach einiger Zeit auf meinem neuen Posten registrierte ich, wie der Sicherheitsmann mit Maria Shriver und den Kindern im Schlepptau vom Strand zum Pool kamen. Offenbar waren sie schwimmen gewesen, und ich hatte ein paar interessante Bilder verpaßt. Aber egal, meine Stunde würde schon kommen.

Jetzt legten sie sich wieder unter ihr weißes Zelt, und der Bodyguard lehnte sich an das silberne Geländer der Treppe, die den Poolbereich mit dem Frühstücksrestaurant verband. Von Arnie war nichts zu sehen, möglicherweise war er gerade in seinem Zimmer beschäftigt. Immerhin war zu dieser Zeit der Dreh von *Batman und Robin* – Schwarzenegger spielte in diesem vierten neuen *Batman* den Bösewicht „Mr. Freeze" – noch nicht beendet, und außerdem kursierte in Hollywood das Gerücht, der knapp fünfzigjährige ehemalige Bodybuilder müsse sich nach Abschluß der Arbeiten an diesem Film dringend einer Bypass-Operation unterziehen. Davon war hier allerdings nichts zu spüren – Arnie wirkte absolut fit und gutgelaunt und paffte ständig an einer dicken Havanna. Doch tatsächlich fand die erwähnte Operation wenige Wochen später in L.A. statt.

Gegen 14 Uhr – von den Schwarzeneggers war weit und breit nichts zu sehen – bestellte ich bei einem Barmann, der wie Tom Cruise in *Cocktail* aussah, ein kühles, gezapftes Bier und zündete mir eine Zigarette an. Der Typ hinter der Theke hieß Gary, ich kannte ihn von unserem letzten Aufenthalt hier, und er hielt mich wahrscheinlich noch immer für den verwöhnten Sohn reicher Eltern aus Hollywood. Wir sprachen über das Surfen, und ich zeigte ihm stolz die Blasen, die ich mir am ersten Tag eingehandelt hatte. Gary wiederum erzählte, daß er 27 Jahre alt war und sich hier in der Hotelszene hocharbeiten wollte. Je länger wir quatschten, desto stärker schöpfte ich den Verdacht, daß er mich aushorchen wollte, was ich eigentlich hier so trieb. Als ich durchsickern ließ, daß Andreas und ich aus Deutschland kämen, wurde er immer direkter. Er erzählte von einem Besuch in Deutschland, wobei er leider das „Oktoberrfässt" verpaßt hatte, aber die vielen hübschen Mädchen in Germany waren ihm in guter Erinnerung. Und dann wurde es richtig „männlich"-vertraulich. Gary lehnte sich vertrauensvoll über die Theke und flüsterte mir zu:

„Hier gibt es viele hübsche Frauen, aber alle sind mit irgendwelchen Filmbossen verheiratet ... kommen alle aus L.A. ... Kannste vergessen, da ist nichts zu machen!"

Plötzlich aber lehnte er sich zurück, und sein Blick ging über meinen Kopf hinweg, als würde er jemanden ansehen. Dann wanderte sein Blick lächelnd nach rechts – und ich entdeckte links neben mir „Pippi Langstrumpf" auf einem Barhocker. Sie lächelte kurz zu mir herüber und bestellte bei Gary einen exotischen Drink, von dem ich noch nie gehört hatte.

Durch meine Sonnenbrille geschützt, konnte ich sie unauffällig fixieren. Da sie selbst als eine der ganz wenigen Hotelgäste keines dieser dunkelglasigen Statussymbole von Gucci oder Armani trug, sah ich ihre wunderschönen grünen Augen, die mich vor wenigen Stunden erstmals angestrahlt hatten. Plötzlich kam ich mir vor wie ein Trottel, ich hatte nicht die geringste Ahnung, wie ich mit dieser Situation umgehen sollte. Denn erstens war ich kein machomäßiger Frauenaufreißer, zweitens war mir nach der Geschichte mit Suzanne nicht unbedingt nach einem neuen Abenteuer, und drittens war ich hier, um Fotos zu machen und mich von dem Streß der letzten Wochen zu erholen.

Aber die Augen dieser Frau strahlten irgend etwas aus, das mich magisch anzog. Ich war wie hypnotisiert. Noch einmal drehte ich mich nach rechts, um den Pool besser überblicken zu können – doch von Arnold war noch immer nichts zu sehen. Dann, aus heiterem Himmel, drehte ich mich zur anderen Seite und ließ den wohl dämlichsten Spruch ab, mit dem ich jemals versucht habe, mit einer Frau ins Gespräch zu kommen:

„Entschuldige bitte, aber du bist mit Abstand die schönste Frau, die ich in diesem Hotel bisher gesehen habe!"

Es war die „Holzhammer"-Methode – aber sie funktionierte.

Noch am selben Abend schauten Florence, wie „Pipi" im realen Leben hieß, und ich uns im Kino *Shine* an. Geoffrey Rush bekam wenig später für seine Darstellung des getriebenen Kindes, das zum Star-Pianisten aufsteigt und darüber verrückt wird, zu Recht den Oscar. Anschließend aßen wir in einer Pizzeria, und danach begleitete ich sie bis zum Fahrstuhl in der marmornen Eingangshalle des *Four Seasons* und bedankte mich mit einem braven Kuß auf die Wange für den schönen Abend.

Sie hatte mir meine dumme Anmache nicht übel genommen, sondern nur auf meinen linken Ringfinger gezeigt und gefragt, ob ich nicht verheiratet sei. Und nach einem kurzen Zögern hatte ich ihr dann meine ganze Geschichte erzählt. Und im Gegenzug hatte ich alles über sie erfahren.

Florence kam ursprünglich aus Vancouver in Kanada, aber ihre Mutter Angie hatte sich früh von ihrem Vater getrennt und war mit ihren damals noch jungen Töchtern nach L.A. gezogen. Dort unterhielt sie ihre Familie mit dem Komponieren von Filmmusik, bevor sie den iranischen Filmproduzenten Hanaz Sharin kennenlernte, einen jener millionenschweren Drahtzieher in Hollywood, die sich dezent im Hintergund halten und nur ihr Geld, nicht aber ihre Namen und Gesichter ins Rampenlicht rücken. Angie heiratete den Iraner, und Jahre später kamen noch die zwei kleinen Jungen nach. Florences Schwester aus Angies erster Ehe war zwei Jahre älter und arbeitete als Maskenbildnerin am Broadway in New York.

Florence selbst war 27, also wesentlich älter, als ich sie zunächst geschätzt hatte. Als ihre Mutter zum zweiten Mal heiratete, war sie gerade 7 gewesen. Sie war aufgewachsen mit einem Stiefvater, der im eigenen Privatjet durch die Welt flog und von Staatsoberhäuptern zum Dinner empfangen wurde. Denn Hanaz Sharin machte sein Geld nicht nur als Filmproduzent, sondern verdiente auch am Merchandising seiner Mega-Hits kräftig mit. Florence erkannnte schnell, daß sie in einer solchen Umgebung nur zwei Optionen hatte: Sie konnte entweder ein Leben lang von Stief-Daddy abzocken und ein lockeres Partyleben führen – oder sie mußte sich auf ihre eigenen Füße stellen und selbst Karriere machen. Wie ihre Schwester Mariel wählte Florence die zweite Option und beschloß, Schauspielerin zu werden. Als ich sie traf, stand sie kurz vor dem Durchbruch: Wenn alles gutging, würde sie bald eine Rolle in der TV-Serie *Melrose Place* bekommen.

Merkwürdigerweise störte sich Florence nicht an meinem Job, wenngleich sie es kategorisch ablehnte, damit in Verbindung gebracht zu werden. Vom ersten Tag an war für mich klar, daß ich sie nie fotografieren würde – und sie würde mich nie auffliegen lassen. Irgendwie schien sie mich zu mögen, und auch daß ich verheiratet war, störte sie allem Anschein nach nicht. Daß ich mit Suzanne verheiratet und sie mir alles andere als gleichgültig war, schreckte Florence keinesfalls ab.

Nach dem Küßchen am Fahrstuhl ging alles rasend schnell. Am nächsten Morgen machte ich Fotos von Arnold Schwarzenegger – im Whirlpool und mit Zigarre im Mundwinkel. Dazu versteckte ich mich in einem der offenen Gänge des Hotels – einem Platz, von dem aus ich den *Terminator* gerade noch erkennen konnte und den ich zuvor seltsamerweise übersehen hatte. Es war riskant, da jeden Moment jemand den Gang heruntergelaufen kommen konnte, aber ich ließ es darauf ankommen und schoß einfach drauflos. Ich fühlte mich relaxed an diesem Morgen, der Abend mit Florence hatte mir gutgetan.

Am Nachmittag dieses Tages lud ich Florence ein, mit mir zum Windsurfen an die North Shore zu fahren. Sie sagte zu, und wir düsten in meinem gemieteten Cabrio quer über die Insel Kahului. Während der Fahrt erzählte mir Florence, daß sie froh war, endlich einmal das Hotel verlassen zu können, da sie jedes Jahr zu Ostern mit ihrer Familie hier war. Und wie komfortabel das *Four Seasons* auch immer sein mochte, Waui hatte doch noch einiges mehr zu bieten.

In Kahului fuhren wir zu einem der Surfshops, wo man uns sagte, daß an diesem Tag zu wenig Wind und gigantisch hohe Wellen das Surfen unmöglich machten. Wir fuhren dennoch die Nordseite der Insel entlang und schauten den Wellenreitern vor Hookipa zu, die in 12 Meter hohen Wasserwänden surften. Im Hintergrund sahen wir die Fontänen der migrierenden Wal-Familien – ein gigantisches Naturschauspiel, in das sich ein paar wagemutige Menschen eingeklinkt hatten.

Anschließend fuhren wir die Landstraßen hinauf, die sich am Halaekala-Vulkan im Osten der Insel entlangzogen. Je höher wir kamen, desto kühler wurde es. Florence genoß diesen Ausflug und setzte sich irgendwann selbst ans Steuer. Wir düsten noch eine Weile durch die Gegend, ehe wir uns dann gegen 17 Uhr langsam auf den Rückweg begaben.

Am Abend fuhren wir zu einem griechischen Restaurant in Kihei. Was

ALOHA, BABY!

Mom-to-be Maria & Arnie make a splash in Hawaii

Talk about Muscle Beach! Ironman Arnold Schwarzenegger enjoyed a Hawaiian family vacation with wife Maria Shriver — who's four months pregnant with their fourth child. America's No. 1 action hero relaxed in a hot tub and strolled along the magnificent beach in Maui. And hard-driving newswoman Maria, 41, took time out to romp in the water with her daughter.

PROUD PAPA Arnold Schwarzenegger and company soak up the sun.

SURF'S UP! Four-months-pregnant mom Maria Shriver and her daughter frolic in the Pacific.

AH, WATER WAY TO RELAX! Arnie puffs on one of his trademark cigars while soaking in a hot tub.

DARN THIS SUIT! Fun-loving Maria gives her wayward suit a tug and frolicks in the water (left).

NATIONAL ENQUIRER

33

Arnold Schwarzenegger mit Familie beim Badeurlaub auf Hawaii. *National Enquirer*, 22. April 1997.

hier ablief, war fast filmreif. Wir verhielten uns wie zwei Teenager, die den ersten Kuß nicht wagten, aber sich von Minute zu Minute tiefer ineinander verguckten. Wir redeten, gaben unser Essen zur Hälfte zurück und leerten eine Flasche Rotwein. Ich fühlte mich gigantisch gut. Und dabei waren wir noch immer kein Paar und wußten zu diesem Zeitpunkt auch nicht, ob wir es je sein würden. Wir verabredeten, daß ich nach meiner Rückkehr erst einmal mit Suzanne ins Reine kommen mußte – dann würden wir weitersehen.

Wir verbrachten noch vier romantische Tage auf Maui, dann beschloß ich, nach L.A. zurückzufliegen. Andreas hatte mich schon mehrfach gefragt, was ich hier so lange trieb, Arnold Schwarzenegger würde demnächst abreisen, und ich hatte allein für das Hotelzimmer schon mehr als 3000 Dollar ausgegeben. Meine Fotos würden ausreichen, um die Spesen zu decken, und einen kleinen Gewinn konnten *CA Images* auch einfahren.

Am letzten Vormittag schoß ich noch Bilder von Maria Shriver am Strand, mit Kindern und sichtbar schwanger. Das war's, ich hatte jetzt ein komplettes Familien-Set. Gegen 11 Uhr ging ich aufs Zimmer und packte. Mein Flugzeug sollte um 15 Uhr starten. Ich duschte und zog mir frische Klamotten an.

Bereits am Vorabend hatte ich mich von Florence verabschiedet. Wir waren „tapfer" geblieben, und sie hatte mir ihre Telefonnummer gegeben. Meine wollte sie nicht haben. „Ich bin da, du mußt nur zugreifen", hatte sie lachend erklärt. „Krieg aber vorher dein Leben auf die Reihe!"

Bevor ich endgültig verschwand, ging ich ein letztes Mal zur Poolbar. Es war Mittagszeit, Florences gesamte Familie saß an einem langen Tisch auf der offenen Terrasse der Bar. Hanaz plauderte mit dem Chef des Hotels.

Ich setzte mich an die Theke, bestellte einen Obstsalat und sah zu Florence hinüber. Im selben Moment drehte sie sich um. Für einen Augenblick erstarrte sie, wahrscheinlich hatte sie nicht erwartet, daß ich noch im Hotel war. Ich lächelte, und sie drehte sich wie in Trance zur Seite. Nach etwa einer Minute stand ich auf und lief zu ihrem Tisch. Als ich mich näherte, blickten ihre Mutter und ihr Stiefvater freundlich in meine Richtung. Anscheinend erwarteten sie den Journalisten aus Deutschland, als den Florence mich beschrieben hatte.

„Ich wollte mich wenigstens verabschieden", stammelte ich. „Jetzt war ich eine Woche hier und habe Sie immer noch nicht kennengelernt."

Bei diesen Worten sah ich zuerst Florences Mutter, dann ihren Stiefvater an. Florence, die mit dem Rücken zu mir saß, drehte sich um, lächelte und stellte mich vor. Ich gab allen die Hand und bekam von den Eltern einen besonders herzlichen Händedruck. Offenbar mochten sie mich.

„Gute Heimreise", sagte Sharin zum Abschied. „Und grüßen Sie mir ihre Landsleute, wenn Sie mal wieder in Deutschland sind. Ich war schon oft dort, es gefällt mir sehr." Er blickte mir tief in die Augen und lächelte.

Dann lief ich Richtung Bar. Ich schaute noch einmal zu Florence. Sie sah glücklich aus.

XVII

Das grausam schöne Spiel von Hollywood und Das Ende eines Abenteuers

Zurück in L.A., überschlugen sich die Ereignisse. Die nächsten Monate vergingen wie im Flug.

Als ich Suzanne von Florence erzählte, schien es zunächst so, als wäre ihr das egal. In Wahrheit war sie jedoch schwer enttäuscht und ging schon zwei Wochen später zurück nach Phoenix, wo sie wieder mit ihrem Ex zusammenzog. Wir reichten die Scheidung ein, womit ich natürlich die Hoffnung auf meine Greencard vergessen konnte. Aber das war im Moment nebensächlich. Daß Suzanne und ich nun doch im Streit auseinandergingen, machte mir viel stärker zu schaffen. Es dauerte Monate, bis wir uns wieder so gut verstanden wie früher – wenn auch auf rein platonischer Ebene.

Suzanne war kaum fort, da schlitterte ich schon in eine neue Beziehung – mit Florence. Was folgte, war eine total unwirkliche Zeit. Nicht nur, daß ich bis über beide Ohren verliebt war, ich wurde überdies in eine Welt eingeführt, die mir völlig fremd war. Aus nächster Nähe lernte ich das Leben der Megareichen kennen, das Leben von Leuten, die nicht über ein paar Millionen verfügen, sondern deren Reichtümer von 100 Millionen Dollar aufwärts gerechnet werden. Zu diesen Leuten gehörte Florences Stiefvater Hanaz Sharin.

Die Eltern meiner neuen Freundin besaßen eine Strandvilla in Malibu, eine Stadtvilla in Beverly Hills sowie als „Zugabe" eine riesige Ranch in den nahe gelegenen Bergen, die von schwerbewaffneten Sicherheitspatrouillen bewacht wurde. Das Hauptgebäude hatte mindestens 20 Zimmer und ein eigenes Kino. Zum Anwesen gehörten ein japanischer Garten, zwei Tennisplätze, ein Swimmingpool mit Wassersportpark für die Kinder und was man sich noch so wünschen konnte.

An einigen Wochenenden war ich zum Dinner auf die Ranch geladen und lernte dabei so illustre Gäste kennen wie etwa den australischen Medienmogul Rupert Murdoch, der ein enger Freund der Familie und wichtiger Geschäftspartner von Hanaz Sharin war. Auch andere Größen des Showbiz gaben sich hier die Klinke in die Hand, aber zwischen Florence und mir herrschte das Übereinkommen, daß wir nicht über die Gäste ihrer Eltern redeten. Wie sie betonte, machte sich Florence so gut wie nichts aus dem ganzen Zauber.

Ich brauchte allerdings schon eine Weile, um mich an diese Umgebung zu gewöhnen. Manchmal mußte ich mich regelrecht in den Arm kneifen, wenn ich mit Florence auf der Ranch Tennis spielte und mir in den Pausen ein Butler Wasser reichte. Und auch die beiden deutschen Schäferhunde, die Florences Mutter für 40 000 Dollar samt Trainer aus Germany hatte einfliegen lassen, kamen mir eher unwirklich vor.

Das unwirklichste dieser Erlebnisse war die private Premiere eines Films, den Sharin mitproduziert hatte. Zu den Gästen dieser exklusiven Vorführung zählten unter anderem der Bürgermeister von L.A., ein Star-Anwalt aus dem O. J.-Simpson-Zivilprozeß und Ryan O'Neal, ein alternder Hollywood-Star und Ex-Schwiegervater der Tennis-Legende John McEnroe.

Nach nur zwei Wochen unserer Beziehung zog ich zu Florence, die ein kleines Haus im Topanga Canyon besaß, einer romantischen Schlucht, die sich auf halbem Wege zwischen Santa Monica und Malibu vom Meer aus in die Berge schlängelte. Hier war es nicht nur tagsüber idyllisch ruhig, sondern auch nachts. In Venice hatte es in den letzten Wochen rund hundert Meter von meiner Haustür entfernt drei „Drive-Bys" gegeben, Gang-Schießereien aus dem fahrenden Auto heraus. Mehrere Schwerverletzte wurden in Krankenhäuser eingeliefert, ein Mann starb sogar. Das war wirklich nicht mehr die Gegend, in der man beruhigt schlafen gehen konnte.

Im Topanga Canyon war es hingegen auch nach Sonnenuntergang noch so sicher, daß wir oft mit Florences Boxer-Rüden Joey Spaziergänge zum Strand machten, der rund 400 Meter von ihrem Haus entfernt lag. Florence wußte zu dieser Zeit noch immer nicht, ob sie die Rolle in *Melrose Place* bekommen würde.

Mein Job gestaltete sich immer problematischer. Das ständige Schnüffeln und Verfolgen ging mir zunehmend auf die Nerven, und außerdem wurde es immer schwieriger, gute Geschichten zu bekommen. Selbst Andreas baute deutlich ab, war längst nicht mehr so fanatisch wie noch vor wenigen Wochen. Bei mir kam hinzu, daß ich immer häufiger mit dem Gedanken spielte, mit der Promi-Jagd aufzuhören und ein Buch über meine Erfahrungen als Paparazzo zu schreiben. Den ersten Anstoß dazu hatte mir bereits vor vielen Monaten in Acapulco der *Enquirer*-Reporter Paul Weller gegeben. Seit der Liz-Taylor-Geschichte führte ich deshalb regelmäßig Tagebuch, und inzwischen hatte sich beruflich wie auch privat so viel Stoff angesammelt, daß ich damit locker die leeren Seiten zwischen zwei Buchdeckeln füllen konnte.

Neben der Tatsache, daß ich in dieser Aufgabe eine journalistische Herausforderung sah – immerhin hatte ich ja mal als Reporter begonnen –, gab es über den Paparazzo-Job so viele Dinge zu erzählen, die in der Öffentlichkeit unbekannt waren und die man doch nur herauslassen konnte, wenn man nicht mehr im Tagesgeschäft war.

Andererseits würde ich mit solch einer „Beichte" natürlich auch einen Teil von mir selbst preisgeben – und ich war mir nicht hundertprozentig sicher, ob ich das wirklich wollte. Und dann war da ja auch noch Andreas, mein Freund und Partner. Konnte ich ihn von heute auf morgen einfach so sitzenlassen? Das war nicht möglich, denn immerhin hätte ich ohne ihn wohl kaum den Schritt von Berlin nach L.A. gewagt. Trotzdem arbeitete ich allenfalls noch mit halben Herzen, kam morgens so spät wie möglich und machte mich abends schnell wieder aus dem Staub, um noch möglichst viel Zeit mit Florence verbringen zu können.

Genaugenommen hatte ich mich im Mai 1997 also schon innerlich von meinem Paparazzo-Dasein verabschiedet, auch wenn bis zum definitiven Bruch noch Wochen vergehen sollten. Anfang Juni erfuhr Florence, daß sie ihre Rolle bekommen hatte. Die Dreharbeiten sollten im Herbst beginnen, aber die „Preproduction" war bereits für die kommenden Wochen vorgesehen. Wir feierten das Ereignis mit einer Grillparty in unserem Garten. Florences Freunde wußten inzwischen über mich Bescheid, aber alle schienen mich zu akzeptieren, niemand stellte mir irgendwelche komischen Fragen. Dabei waren viele von ihnen wie Florence junge, unbekannte Schauspieler oder hatten einen anderen Job in der Filmindustrie. So gesehen hätten sie durchaus mißtrauisch sein können, auch wenn ich keinen von Florences Freunden je fotografiert hätte.

Im Juni flog ich mit Jonathan für eine Woche nach Berlin. Er war seit knapp acht Jahren nicht mehr dort gewesen, erinnerte sich aber noch gut an seinen einzigen Besuch im Spätherbst 1989, weil er bei dieser Gelegenheit den Mauerfall miterlebt hatte. Andreas nörgelte wie üblich, aber im Grunde genommen kratzten mich diese Auseinandersetzungen kaum noch.

Die Woche in der Heimat verlief völlig entspannt, ich spürte, daß ich bald meinen Job endgültig an den Nagel hängen würde, und mein Privatleben hatte sich allmählich wieder eingerenkt. Ich war glücklich mit Florence – und sie mit mir. Dachte ich jedenfalls! Verliebt und naiv, wie ich zu dieser Zeit war, erzählte ich meinen Eltern auch noch, daß es so aussah, als hätte ich nun die Richtige gefunden.

Kaum war ich wieder in L.A., platzte die Bombe – Florence hatte sich auf einmal um 180 Grad gedreht. Irgend etwas mußte vorgefallen sein, auch wenn ich bis heute nicht weiß, was. Vielleicht hatte ihr jemand eingeredet, daß ein Verhältnis mit einem Paparazzo ihr schaden konnte. Jedenfalls sah sie auf einmal ihre Karriere in Gefahr, wenn sie weiterhin mit mir zusammenbliebe. Sie befürchtete einen Skandal, und das wollte sie jetzt, wo sie kurz vor dem Durchbruch stand, auf keinen Fall riskieren.

Wir beschlossen, uns für ein paar Tage zu trennen, um unabhängig voneinander klare Köpfe zu bekommen. Doch als ich sie danach wieder anrief, wurde es völlig verrückt: Sie beschuldigte mich, ich hätte sie in den vergangenen Tagen heimlich verfolgt. Schon früher hatte sie bisweilen im Spaß darüber gewitzelt, daß ich in Wirklichkeit nur durch sie an das Geld ihres Stiefvaters heranwollte. Auf einmal klangen diese Witzeleien gar nicht mehr lustig, sie meinte es völlig ernst, als sie sagte, ich sei schlecht für ihre Karriere, und deshalb wolle sie die Beziehung mit mir so schnell wie möglich aus ihrem Leben ausradieren.

Ich verstand die Welt nicht mehr. Anscheinend hielt sie mich wirklich für einen Betrüger, der erst versucht hatte, sich die Greencard zu erheiraten, und nun die Töchter reicher Leute verführte. Den Versuch, ihr das auszureden, ließ ich lieber gleich bleiben, zu sehr hatte sie sich bereits in ihre Wahnvorstellungen hineingesteigert. Auch wenn es schmerzte – ich stimmte einer Trennung zu.

Nach ein paar Tagen schlug meine Stimmung dann um. Je länger ich über die Vorfälle nachdachte, desto mehr kam ich zu der Überzeugung, daß alles, was geschehen war, Teil des grausam schönen Hollywoodspiels war. Jeder verkauft sich, so gut er eben kann, und wenn er seine Karriere gefährdet sieht, kompromittiert er notfalls sein Gewissen und radiert auch eine Liebesbeziehung mir nichts, dir nichts aus seinem Leben aus. Ich hatte mich auf dieses Spiel eingelassen, und nun mußte ich damit zurechtkommen, daß auch mein Leben mehr und mehr wie ein Film ablief. Und inzwischen war ich fast schon darauf gespannt, was die nächste Szene zu bieten hatte.

Nachdem ich mich von diesem Schock erholt hatte, rückte wieder die Frage in den Vordergrund, wie es beruflich mit mir weitergehen sollte. Der Countdown meines Paparazzo-Lebens lief an. Immer öfter dachte ich an mein Buchprojekt, und während ich noch irgendwo im Auto auf der Lauer nach einem Promi lag, notierte ich immer häufiger erste Aufzeichnungen über das, was ich in den letzten eineinhalb Jahren in der Glitzer- und-Glamour-Welt von Hollywood erlebt hatte.

Inzwischen arbeitete noch ein zweiter Assistent für uns, ein Möchtegern-Schauspieler, der auch eine kleine Rolle in *Smiley* bekommen hatte. Die Dreharbeiten zu diesem Streifen waren inzwischen in vollem Gange, doch wurde schnell klar, daß hier allenfalls Halbprofis am Werk waren. Jeff hatte den Laden einfach nicht im Griff, die Klagen über unbezahlte Rechnungen von Subunternehmen seiner Produktionsfirma häuften sich, das Budget mußte ständig erhöht werden. Jeff bettelte uns abermals um Geld an. Ich sagte sofort nein, und selbst Andreas ließ sich nur noch einmal einen „share" von 5000 Dollar herausleiern, ehe auch er den Geldhahn zudrehte.

Gordon, wie unser neuer Assi hieß, war ein ziemlich schräger Vogel. Er machte nicht einfach seinen Job, sondern konnte es nicht lassen, über die Promis, deren Häuser er beobachtete oder die er im Auto von der *Leno*-Show nach Hause verfolgte, in übelster Weise herzuziehen. Das hätten weder Andreas noch ich je getan. Wir brauchten die Stars, um unseren Job zu machen, es gab keinen Grund, sich über sie lustig zu machen oder gehässige Gerüchte über sie zu verbreiten.

Gordon hingegen schlug ständig unter die Gürtellinie, aus welchen Gründen auch immer – vielleicht war es Neid, weil seine „Karriere" nicht vorankam, vielleicht war er auch einfach von Natur aus gehässig und gefühlskalt. Viel schlimmer war für mich, daß er mit seiner Einstellung nicht allein dastand, sondern gewissermaßen die neue „Generation" von Paparazzi repräsentierte. Typen wie er tauchten in letzter Zeit immer häufiger auf, und sie turnten mich ab!

Zu allem Überfluß ließ dann auch noch unser „alter Kumpel" Pete mal wieder von sich hören. Gegen einen Vorschuß von 500 Dollar wollte er uns eine Exklusiv-Geschichte erster Klasse liefern – wir einigten uns schließlich auf 200 Dollar. Sein Tip klang allerdings wirklich verlockend: Angeblich war er befreundet mit Griffin O'Neal, dem Sohn meines „alten Bekannten" Ryan, und konnte uns so zu Versöhnungsfotos von einem der legendären Hollywood-Pärchen verhelfen. Erst im Frühjahr 1997 hatte sich Ryan von seiner Frau Farrah Fawcett, in Deutschland vor allem bekannt geworden als einer der *Drei Engel für Charlie*, getrennt, doch jetzt waren die beiden angeblich schon wieder auf Flirtkurs. Und Pete wollte sie uns wie auf dem Silbertablett servieren.

„Ihr müßt nur draufdrücken, dann kassieren wir groß ab", erklärte er in seiner leicht größenwahnsinnigen Art.

Es sollte ein Kinderspiel werden – und wurde ein Schlag ins Wasser. Stundenlang saßen wir in unseren Wagen vor Ryans Haus herum, aber nichts geschah. Niemand kam zur Tür heraus, und von den versprochenen Versöhnungsfotos konnten wir nur träumen. Schließlich zogen wir unverrichteter Dinge und stinksauer wieder ab; unser Informant hatte seit Stunden kein Lebenszeichen mehr von sich gegeben.

Als ich Pete am nächsten Tag, noch immer stinkwütend, unter die Nase rieb, daß wir ihm 200 Dollar für nichts und wieder nichts in den Rachen geworfen hatten, rastete er völlig aus und drohte mir Prügel an.

„Du Penner", brüllte er, „spiel dich bloß nicht so auf. Ihr schuldet mir doch immer noch Kohle von der Tom Cruise-Geschichte. Ihr miesen kleinen Abzocker."

Anscheinend hatte er sich noch immer nicht damit abgefunden, daß die am Set von *Jerry Maguire* geschossenen Fotos nicht der große Renner waren. Jetzt hatte er uns 200 Dollar für nichts abgenommen und würde sie nicht wieder rausrücken. Jedenfalls nicht freiwillig, wie er mir mit einem schäbigen Grinsen versicherte. Es kotzte mich an, diesem Typen das Geld zu überlassen, aber ehe ich ihm den Gefallen tat, mich auf eine Schlägerei einzulassen, pfiff ich lieber auf die 200 Dollar. Er war für uns gestorben.

Ende Juli gab es dann noch einmal einen Lichtblick. In Australien wurde der Film *A Thin Red Line* gedreht, unter anderem mit Sean Penn, John Travolta, George Clooney und Nick Nolte. Andreas hatte darüber im *Hollywood Reporter* gelesen und glaubte, daß wir dort auf einen Schlag gut absahnen konnten. Vor allem „Batman" George Clooney war zu dieser Zeit ein heißbegehrtes Objekt der Klatsch-Magazine.

Da es schon immer mein Traum gewesen war, einmal nach Australien zu reisen, ließ ich mich nicht zweimal bitten.

Das Set sollte irgendwo im Nordosten des Kontinents liegen, mitten in der Wildnis. Ich flog alleine vor, um die Lage zu checken. In dem Hafenort Port Douglas im Bundesstaat Queensland mußte ich aber feststellen, daß dieser Job recht schwierig werden konnte. Im Nordosten bedecken riesige Flächen tropischen Regenwaldes das Land, und das Set lag mitten in diesem Urwaldgebiet und wurde von Sicherheitsposten streng abgeriegelt. Dort war nichts zu machen.

Im Ort erfuhr ich, daß bisher lediglich Sean Penn im Land sei, Clooney würde jedoch auch bald eintreffen. Als ich am nächsten Tag durch Zufall Penn mit seiner Familie auf Fahrrädern durch die Stadt fahren sah und davon Fotos machte, wurde Andreas in L.A. ganz aufgeregt. Schon am nächsten Tag kam er nach – und im Schlepptau hatte er nicht nur Clarissa, sondern gleich noch ein kleines Team der ARD, das eine Reportage über uns drehen wollte.

Der Kameramann hieß Christian, kam aus Hellersdorf im Osten von Berlin, war etwa in unserem Alter und erinnerte mich auch sonst stark an uns beim Einstieg in L.A. – er war ehrgeizig, arbeitete professionell und zeigte eine schier unermüdliche Energie. Rainer, der Reporter, war ein Norddeutscher wie aus dem Bilderbuch: hellblond, ein wenig wortkarg und mit einem für unsere Ohren äußerst lustigen Dialekt. Er war immer höflich, immer taktvoll, blieb stets am Thema – und wenn er irgendwie auch immer streng nach dem Handbuch für TV-Journalisten zu arbeiten schien, verlor sich seine Sprödigkeit doch ein wenig, nachdem er in einer Bar ein paar Aussi-Bierchen gekippt hatte. Es war schon seltsam, daß wir hier, quasi am Ende der Welt, von einem Fernsehteam aus der Heimat bei der Promi-Jagd begleitet wurden.

Die Recherche gestaltete sich äußerst schwierig, so daß wir uns schließlich für Statistenrollen bewarben, um so aufs Set zu gelangen. Das war unsere einzige Chance. Kurz darauf sprach ich dann für eine kleine Rolle vor. Ich sollte einen Soldaten spielen, der inmitten seiner niedergemetzelten Kameraden steht, weint und seinen Truppenführer anschreit – aus lauter Verzweiflung. Und ich wurde tatsächlich genommen.

Da der Drehbeginn erst in einer Woche sein sollte, flogen Andreas, Clarissa und das ARD-Duo wieder zurück nach L.A., um Kosten zu sparen. Rainer und Christian wollten dort mit Andreas an ihrer Reportage mit dem Titel „Der Mann, der Madonnas Baby abschoß" weiterarbeiten. Daß nicht Andreas oder ich, sondern unser Assi Jonathan diesen „Big Money Shot" gemacht hatte, schien Rainer nicht weiter zu stören.

Die nächsten Tage vertrieb ich mir mit Faulenzen am Strand und Sightseeing und kramte nebenbei in meinen Erinnerungen, um mir Notizen für mein Buch zu machen. Als ich mich am Abend vor Drehbeginn im Production Office meldete, erlebte ich dann eine böse Überraschung: Ich mußte ein Blatt ausfüllen, auf dem unter anderem auch die Daten für mein Arbeitsvisum eingetragen werden sollten. Da mich niemand darauf hingewiesen hatte, daß ich so etwas brauchte, stand ich dumm da.

Die Leiterin des Büros zuckte die Achseln und meinte nur, dann müßten sie eben jemand anderen für meine Rolle anheuern. Denn ohne Visum durfte ich nicht arbeiten, und über Nacht noch so ein Dokument aufzutreiben sei unmöglich. Auch ich war nicht gerade erfreut, hatte ich doch schon ein wenig herumgesponnen, wie es wohl wäre, wenn ich tatsächlich Schauspielerqualitäten hätte und plötzlich entdeckt würde.

Am 1. August 1997 hatte mich der Alltag von L.A. wieder. Ohne große Verschnaufpause ging es sofort weiter über Las Vegas zum Lake Mead. Jonathan und Andreas hatten Pamela Anderson beobachtet, wie sie mit Suburban und Boot das Grundstück in Beverly Hills verlassen hatte; alles deutete darauf hin, daß sie wie im Vorjahr zum Hausboot-Urlaub unterwegs waren. Allerdings hatten meine Freunde den Suburban aus den Augen verloren. Mißmutig setzte ich mich ans Steuer, denn mir graute vor einer Wiederholung der letztjährigen Strapazen, und zudem würden sich die Bilder bei einer Neuauflage weniger gut verkaufen.

Als Pamela nach zwei Tagen noch immer nicht in der Callville Bay Marina aufgetaucht war und auch niemand wußte, ob sie überhaupt kommen würde, brachen wir die Aktion ab und fuhren zurück.

Keine drei Tage später waren wir dann schon wieder auf dem Freeway Richtung San Francisco. In Hollywood war bekannt geworden, daß sich Sharon Stone in Phil Bronstein, den Chefredakteur des *San Francisco Examiner*, verliebt und außerhalb der Stadt, in Sonoma County, eine Villa erworben hatte. Da es von Stone und Bronstein noch keine Bilder gab, witterten wir unsere Chance.

Nach einer Woche intensiven Suchens hatten wir nicht nur diese Villa gefunden, sondern kannten auch Bronsteins Stadthaus in San Francisco sowie ein Luxus-Apartment in Downtown, daß Stone zusätzlich angemietet hatte. An einem sonnigen Sonntagmorgen folgten wir dem Pärchen unentdeckt zu einem unscheinbaren Frühstücksbistro in San Francisco – und als sie wieder herauskamen, schossen wir eine Reihe von Fotos, die Bronstein und Stone dabei zeigen, wie sie sich küssen, umarmen, Hand in Hand die Straße entlanglaufen und so weiter. Besser konnte es nicht kommen!

Als wir an diesem Tag zurück nach L.A. fuhren, ahnte ich noch nicht, daß dies meine letzte große Geschichte als Paparazzo gewesen sein sollte.

Der 31. August 1997 verlief ausgesprochen ruhig. Tagsüber hatten wir an dem TV-Serienstar Teri Hatcher gearbeitet, der „Lois Lane" an der Seite unseres alten Bekannten Dean Cain alias „Superman". Es war brütend heiß, und während ich schwitzend herumsaß und wartete, dachte ich wieder einmal darüber nach, wann ich nun endgültig aussteigen würde.

Gegen 18 Uhr saß ich zu Hause vor dem Fernseher und zog mir beim Abendessen einen alten Schwarzweiß-Schinken rein. Plötzlich klingelte mein Funktelefon, auf dem Display erschien Andreas Nummer. Ich drückte den grünen Sendeknopf, um das Gespräch entgegenzunehmen.

„Andreas? Was ist los?"

„Prinzessin Diana ist in Paris von Paparazzi verfolgt worden", stammelte er. „Sie hatte einen schweren Autounfall. Sie ist tot ..."

Der Ausstieg

Der erste Gedanke, der mir an diesem 31. August 1997 nach dem Telefonat mit Andreas durch den Kopf schoß, war: Das könnte dir auch passieren – auch dich könnte einmal der Vorwurf treffen, du hättest einen Menschen in den Tod getrieben.

Zwar hatten wir die Stars nie so auffällig und aggressiv verfolgt wie die Pariser Fotografen die Limousine von Lady Diana, aber auch bei unserem Vorgehen hätte es durchaus zu einer Katastrophe kommen können. Denn obwohl wir meistens mehrere Autos verwendeten, den größtmöglichen Abstand hielten und auch ansonsten eher wie „Spione" arbeiteten, um unentdeckt zu bleiben, kam es doch hin und wieder vor, daß wir irgendwann im Rückspiegel bemerkt wurden. In der Regel gaben die Stars dann sofort Gas, ignorierten rote Ampeln oder ließen sich zu riskanten Überholmanövern hinreißen. Sie wollten uns entkommen – um jeden Preis, und deshalb brachten sie sich und andere in Gefahr. Und natürlich verstießen auch wir regelmäßig gegen Verkehrsvorschriften, um an den Stars dranzubleiben – zum Beispiel dann, wenn wir plötzlich vor einer roten Ampel standen und sich der Abstand zwischen den Verfolgten und uns extrem vergrößerte. Auch wenn wir sie selbst dabei nicht gefährdeten, hätte es doch uns oder, noch schlimmer, einen unbeteiligten Dritten treffen können.

Daß unsere Verfolgungsfahrten fatale Folgen haben konnten, wußte ich von Beginn an, doch so lange nichts passierte, konnte ich dies gut verdrängen; in diesen Momenten überwog die Furcht, durch zu große Vorsicht vielleicht die Chance auf *das* entscheidende Foto zu verpassen. Von diesem 31. August 1997 an war das nicht mehr möglich – bei der Vorstellung, persönlich an einem solchen Horrorszenario beteiligt zu sein, lief es mir eiskalt den Rücken hinunter. Und so war Lady Dianas Unfalltod letztlich der Auslöser dafür, daß ich den Job schon am nächsten Tag und nicht erst einige Wochen später unwiderruflich an den Nagel hängte.

Der alleinige Grund für meinen Ausstieg war dieser Unfall jedoch nicht. Schon seit Monaten hatten sich in mir Frust und Unzufriedenheit über meinen Job aufgestaut – und es waren nicht selten private Erlebnisse, die mich mehr und mehr über mein Tun und Lassen nachdenken ließen.

Nachdrücklich in Erinnerung ist mir beispielsweise eine Geschichte, die mir Florence erzählte, als wir wieder einmal kontrovers über meinen Job diskutierten. Ich versuchte mich gegen ihre Kritik zu rechtfertigen, indem ich erklärte, es gehöre zum Alltag eines Stars, ständig im Rampenlicht der Öffentlichkeit zu stehen – und zu dieser Öffentlichkeit würden eben auch Paparazzi gehören.

Als Schauspielerin und Tochter prominenter Eltern sah Florence das natürlich anders. Und sie erzählte mir die Geschichte ihres Kollegen David Schwimmer, mit dem sie eng befreundet war. Schwimmer spielt in der TV-Serie *Friends* eine Hauptrolle und stieg durch diesen Quotenhit quasi über Nacht zum Star auf. Mit seiner plötzlichen Berühmtheit hatte er weiter keine Probleme – bis auf eine Ausnahme: Bald lungerten fast täglich Videopaparazzi vor seinem Haus in West Hollywood herum, und Schwimmer konnte keinen Fuß mehr vor die Tür setzen, ohne daß ihn ein halbes Dutzend Kids überall hin verfolgte. Florence wußte, daß er schon wenig später unter schweren Depressionen und Verfolgungswahn zu leiden begann und noch heute psychische Probleme mit dieser Situation hat.

Auch wir hatten an Schwimmer gearbeitet. Im Sommer 1996 waren wir ihm und seiner Freundin stundenlang kreuz und quer durch L.A. gefolgt, hatten aber keine brauchbaren Fotos bekommen. Am späten Nachmittag parkte Schwimmer dann seinen Wagen vor einem Museum und lief Arm in Arm mit seiner Begleiterin über eine breite Straße; die beiden sahen wie frisch verliebt aus. Als sie dann auf dem Mittelstreifen kurz stehen blieben und sich innig küßten, hielt Andreas seinen Wagen mitten auf der Straße an, ließ das Fenster herunter und fotografierte die beiden aus wenigen Metern Entfernung. Natürlich wurde er bemerkt. Schwimmer sagte keine Wort, sondern ging hastig weiter – aber der Blick, den er Andreas zuwarf, sprach Bände: Er drückte Furcht, Ohnmacht und Unsicherheit aus; Gefühle, die ihn unseretwegen überkommen hatten. Das begriff ich aber erst, als ich mit Florence über diese Dinge sprach.

Denselben verängstigten Blick eines Menschen, dem schlagartig bewußt wird, daß er stunden-, vielleicht tagelang observiert worden ist und daß alle privaten Momente, die er in dieser Zeit durchlebt hat, wahrscheinlich binnen einer Woche als Fotos weltweit veröffentlicht werden, hatte ich im übrigen schon einmal erlebt. Damals war ich – wie schon erzählt – Melanie Griffith von ihrem Haus bis zum Flughafen gefolgt, wo sie ihren Sohn abholte. Als sie mich beim Fotografieren entdeckte, sprach sie mich völlig unerwartet an. Sie fragte, warum ich das täte, und als ich erwiderte, dies sei mein Job, die Leute seien daran interessiert zu erfahren, was Stars tun, äußerte sie zwar ihr Unverständnis, blieb dabei aber völlig ruhig. Anders als etwa Charlie Sheen, der in einer ähnlichen Situation ausrastete und auf uns losging, hatte mich Griffith durch ihr Verhalten entwaffnet. Indem sie sachlich mit mir sprach, führte sie mir meine Argumentationsarmut deutlich vor Augen.

Im nachhinein fragte ich mich auch oft, wie sich Madonna wohl gefühlt haben muß, als sie am letzten Tag unserer Observation das Versteck erahnte, von dem aus wir sie beobachtet und fotografiert hatten. Sie stand mit verschränkten Armen in ihrem Garten und starrte in unsere Richtung. Obwohl ich rund 50 Meter entfernt war, hatte ich das Gefühl, sie würde mir direkt in die Augen schauen. Wahrscheinlich ist ihr in diesem Augenblick klargeworden, daß sie womöglich seit Wochen aus nächster Nähe beobachtet wurde – ausgerechnet dort, wo sie sich am sichersten fühlte, auf ihrem eigenen Grundstück. Und von unsichtbaren Leuten, die nur ein Ziel verfolgten: sie in einer der intimsten Situationen „abzuschießen", die es im Leben einer Frau gibt, mit dem neugeborenen Baby im Arm. In Momenten wie diesen verletzten wir zutiefst die Gefühle von Menschen wie du und ich, auch wenn die Betroffenen Stars sind, die eigentlich immer im Licht der Öffentlichkeit stehen. Madonna äußerte später, daß sie sich in der Sekunde, als sie unser Versteck entdeckte, wie vergewaltigt vorkam – und ich kann und will dieser Einschätzung nicht widersprechen.

Trotzdem sollte man nicht vergessen, daß Stars, die sich noch nicht voll durchgesetzt haben, auch von den Paparazzi profitieren. Madonna wurde nach der Veröffentlichung der Fotos von ihren Fans gewiß nicht weniger geliebt als zuvor. Im Gegenteil, die Bilder trugen dazu bei, das Image des Stars als liebevolle und verantwortungsbewußte Mutter zu festigen. Aber ein Superstar ist nicht auf Paparazzi angewiesen, um sich vor der Öffentlichkeit in Szene zu setzen.

Wenn jedoch junge, aufstrebende Stars im Auftrag von Boulevard-Blättern erstmals von Paparazzi verfolgt werden, ist das gleichbedeutend mit der Erkenntnis: Ich habe es geschafft! Mit einem Schlag tauchen ihre Gesichter in Dutzenden von Magazinen auf. Die Interview-Anfragen von seriösen Medien häufen sich, der Marktwert steigt, neue Film-Angebote sind die Folge. Diese Kategorie von Stars profitiert also tatsächlich von der Paparazzi-Fotografie, der extremsten Form des Boulevard- und Sensationsjournalismus. Und ebenso profitieren die Magazine, die solche Fotos abdrucken, davon. Denn handelte es sich nicht um auflagensteigernde Produkte, würden wohl kaum solch horrende Summen für die Bilder gezahlt.

Solange die Gesetze es zulassen, wird es deshalb immer das Geschäft mit der Sucht nach Details aus den Leben der Schönen und Reichen geben. Und es wird immer Paparazzi geben, die die Fotos zu den Geschichten liefern – oder, viel schlimmer, die irgendwelchen Redakteuren den Anlaß liefern, eine Geschichte zu den Fotos einfach zu erfinden. Ob und in welcher Form sie ihre Ware produzieren, ist dabei jedem der Lieferanten persönlich überlassen.

Ich allerdings wollte und werde es in dieser Weise nicht mehr tun. In meinem früheren Berufsleben als Journalist hatte ich immer einen gewissen Stolz auf meine Arbeit verspürt, eine Befriedigung darüber, daß das, was ich schrieb, Hunderttausende, ja, vielleicht sogar Millionen von Lesern erreichte. Und daß ich in gewisser Weise Nachrichten produzierte. Doch konnte ich dies auch noch angesichts meiner Paparazzo-Fotos behaupten? Wenn ich den Star X zwei Wochen lang verfolgte, um ihn dann zufällig eines Morgens unrasiert und schlechtgelaunt abzulichten, und die Magazine dann schrieben, er sei drogenabhängig und depressiv, dann hatte ich mit meinen Fotos zwar viel Geld verdient, aber keine Nachrichten produziert. Ich hatte Klatsch kreiert.

Nach wie vor bin ich kein Gegner des Boulevard-Journalismus, aber heute weiß ich, daß es bestimmte Grenzen gibt, die eingehalten werden müssen. Und das sind Grenzen, die eingehalten werden können, ohne daß die bunten Blätter und TV-Magazine dadurch an Attraktivität einbüßen würden. Die Beachtung dieser Grenzen wurde mir immer wichtiger, je länger ich in diesem Job arbeitete und je öfter ich darüber nachdachte.

Hinzu kamen meine persönlichen Erfahrungen durch das kurze Zusammensein mit Florence. Die Tatsache, daß wir einem Großteil ihrer Freunde und Bekannten nichts von meinem Job erzählen konnten, spielte dabei eine große Rolle. Außerdem lernte ich die andere Seite besser kennen und versuchte immer öfter, mich in deren Position zu versetzen. Mir wurde klar, daß ich selbst niemals in die Situation geraten möchte, keinen Schritt mehr vor die Haustür setzen zu können, ohne befürchten zu müssen, daß da draußen irgend jemand nur darauf wartet, mich „abzuschießen".

Dies alles kam zusammen, auch wenn es Monate dauerte, bis ich das alles begriffen hatte. Letztlich aber fiel es mir dann überhaupt nicht mehr schwer, mit dem aufzuhören, was einmal als Abenteuer begonnen hatte. Ich hatte viel gelernt, nicht nur über mich.